筑摩選書

脇田 成

Wakita Shigeru

賃上げはなぜ必要か

日本経済の誤謬

賃上げはなぜ必要か　目次

賃上げはなぜ必要か

日本経済の誤謬

はじめに

２０１３年の初頭より、政府首脳は企業経営者に賃上げ要請を行ってきました。首相官邸は財界、労組の指導者を呼んで、経済の好循環実現に向けた政労使会議を設立し、２０１４年の春闘での賃上げを目指しています。自由な市場主義経済において、この異例の要請がなぜなされているのか、その背景には何があるのか、誰もが気になるのではないでしょうか。

本書の目的はこの疑問を探り、今後の日本経済のあり方を検討することです。背景に伝統的な経済学では前提としていない「想定外」の事態が日本経済にあること、そしてそれを是正するためには、日本経済のどこを押し、どこを動かすのか、現状と構造をともに知る必要があります。

本書の診断とメッセージを一言でいうならば、日本は企業貯蓄増大に苦しんでおり、内部留保から賃上げを促すことが、やっぱり正しい、ということです。実は筆者は10年来、日本経済には賃金上昇が必要という持論を細々と主張してきましたが、巨大組織に守られた官僚やビジネスマンの評判は散々で、感情的な反発を受けてきました。しかし、企業貯蓄の増大は是非とも治療しなくてはならない「致命傷」であり、そんなことは無理だからできないと言う冷笑的な態度ですまされるものではありません。しかもこの結論は、貯蓄過剰ではマクロ経済が回らず、貯蓄主体に支出を促すというマクロ経済政策の本筋に沿っており、日本経済のさまざまなデータをまとめたうえで、統合的に判断すると、ごく自然にこの結論に至るものです。

本書では、ミドル層の大きな反発の背景にはマクロ経済的な「合成の誤謬」があること、そして異例の政策発動の背景には、これまでの政策論の行き詰まりがあることも説明していきます。

より具体的には、これまでの政策論は以下の2つに分けられます。

A 企業を支援し、規制緩和を行って、市場化を徹底し、国際化に活路を求める解決策

実際、輸出志向、海外志向はペースを速めすぎ、リーマンショック後の世界不況で大きな痛手をかえって負いました。この結果が民主党への政権交代につながったと言ってよいでしょう。そこで対抗する考え方は、

B「格差」問題を重視し、再分配政策など政府が介入の度合いを強め、内需を高める解決策

になります。しかし財政危機のもと、社会保障拡大策は支持されず、自民党への回帰をうみました。日本の現状はこの「効率」か、「平等」か、あるいは「成長」か、「分配」かという選択肢の前で、身をすくませ、苦しまぎれの金融緩和に走ったかのようです。しかし日本経済の先行きを悲観する必要はありません。企業に賃上げを促し、粛々と少子化対策を打てば良いのです。

本書は前著に引き続き筑摩書房の永田士郎さんにお世話になりました。御礼を申し上げます。

著者

第1章

成長と循環のあいだ

「監督の仕事って何ですか」
という質問をぶつけてみました。岡田監督の答えは
「そんなん、選手の給料を上げてやることやん」というものでした。
矢野燿大『捕手目線のリーダー論』

日本経済は、金融の異次元緩和という賭に出ました。永年続いてきた閉塞状況をとにかく打破しようとする「実験」です。しかし筆者は日本のマクロ経済は思われているほど状態は悪くはなく、「実験」は危険ではないかと考えます。また日本経済にはシステマティックに変動するパターンがあり、それを無視した「あてずっぽう」の政策にも疑問があります。その背景には日本経済のメカニズムへの無理解があるのではないでしょうか。これまで問題を複雑にしてきたのは、何といっても**不良債権問題**とそれに伴う「**失われた10年**」の影響です。本章ではまず、

a　不良債権問題と銀行危機という金融面のショックに対する**企業の自己防衛行動**がマクロ経済拡大を抑制し、

b　ケインズ的な処方箋で対応できる短期変動を超えた「**中期**」の動きをもたらしたことを説明しますが、まず筆者が大きな問題とみなしている成長促進策とマクロ経済の現状の乖離から考えていきましょう。

3つの政策① 裏目に出た成長促進政策

閉塞した日本経済の現状をふまえて、「成長戦略」が常に検討されてきました。一方で戦略は常に検討中ですから、さほど成功したように見えません。[1] そこで経済成長が本当に必要かどうか、と議論になることがあります。この意見は分からなくはないのですが、結局のところ経済成長は必要です。なぜなら先進国は毎年平均1～3%は、潜在的に作業効率が改善すると見る人もいます。また日本経済では実質GDPが1%低下するごとに失業率が0・3～0・4%程度悪化（後述するオークン法則）します。つまり**成長しないと失業者が増加してしまう**状況が問題なのです。

自発的な努力が過剰であり、それならその努力を止めればよいのではないか、という成長懐疑論があてはまる状況ではありません。世界のどこかで技術革新が生じ、作業効率が改善し労働力が必要でなくなる競争が生じ、その競争についていくと必然的に経済成長が生じるのです。世界中で一定以上、仕事をしない、そして効率を改善する創意工夫をしない、という取り決めをしない限り、経済成長は不可避です。筆者は実際に経済成長がある程度（実質2〜3％以上）生じれば、究極的にはほとんどの日本の経済問題を解決すると考えています。[2]

この認識が大前提ではあるのですが、問題は成長が必要だからといって無理矢理な促進策が有効であるとは限らないことです。よく長期の経済成長をもたらす要素として、以下の政策が唱えられますが、現状との関連はどうでしょうか。

ａ：**資本増大**　過剰な設備投資など活用されない資本は不良債権となります。「失われた10年」は過剰資本によってもたらされました。もともとバブル期には「資産倍増計画（宮沢内閣）」や「ストック・エコノミー」などの言葉が叫ばれ、迫りくる少子高齢化社会に対して、（社会）資本整備が唱えられました。その行き過ぎにより生じたことがバブルであり、その後の財政政策による公的債務増大です。さらに大きな問題は、国民経済計算統計でみれば、フローの投資（総資本形成）の半分以上は建造物であることで、これでは生産性増加に結びつきません。一方、生産性増加をもたらすであろう機械の対GDP比率は安定しています（図1－1、ストックについての図表は脇田（2012）p.139参照）。[3]「失われた10年」は建造物の比率が正常化するプロセスであったとさえ言えるのです。なお第4章では投資について再検討し、**投資収益率でみれば過剰投資であり、ＧＤＰ比でみれば過少投資**というパズルについて、解答を与えます。

図１－１ 形態別の総資本形成

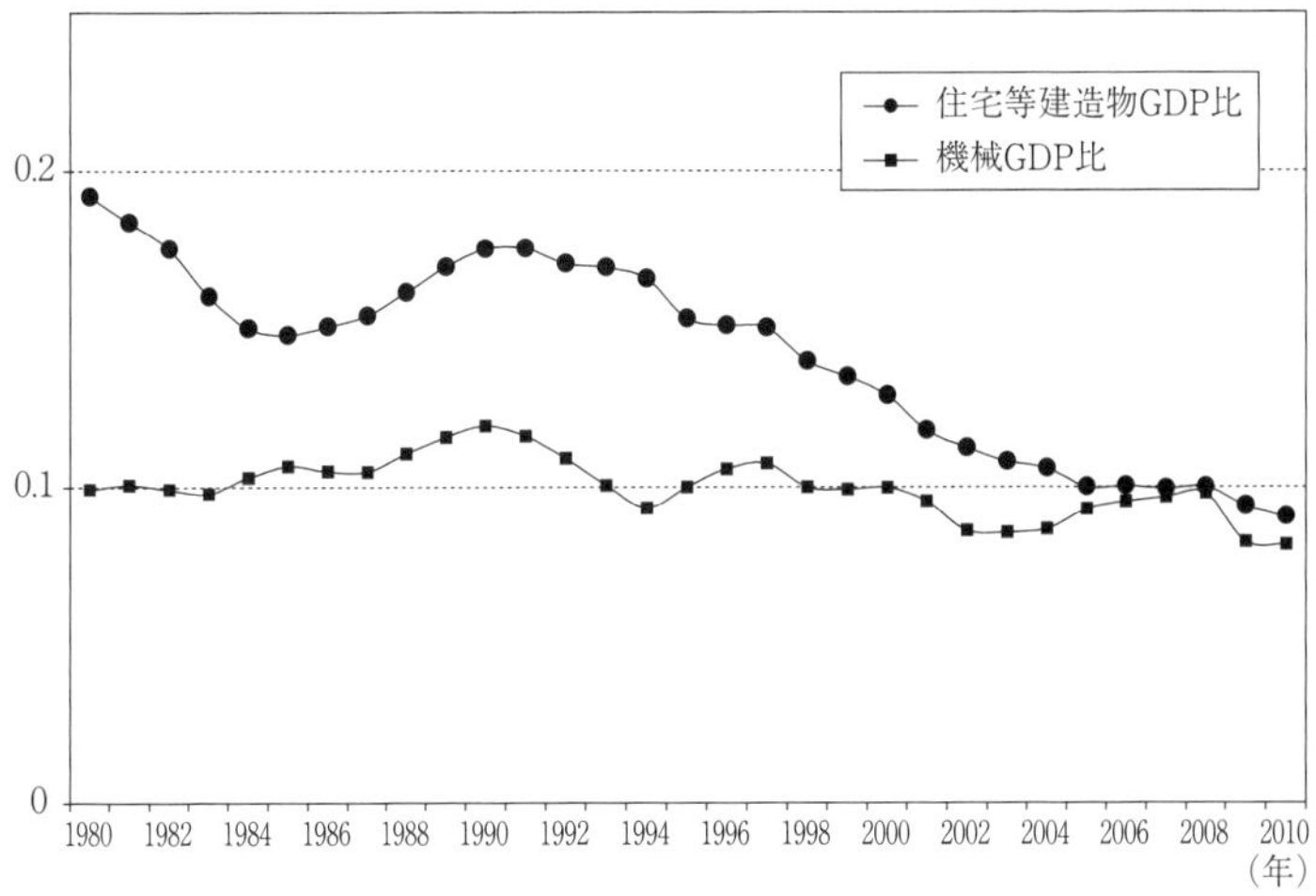

（データ出所） 国民経済計算

図１－２ 労働保蔵と TFP 変化率

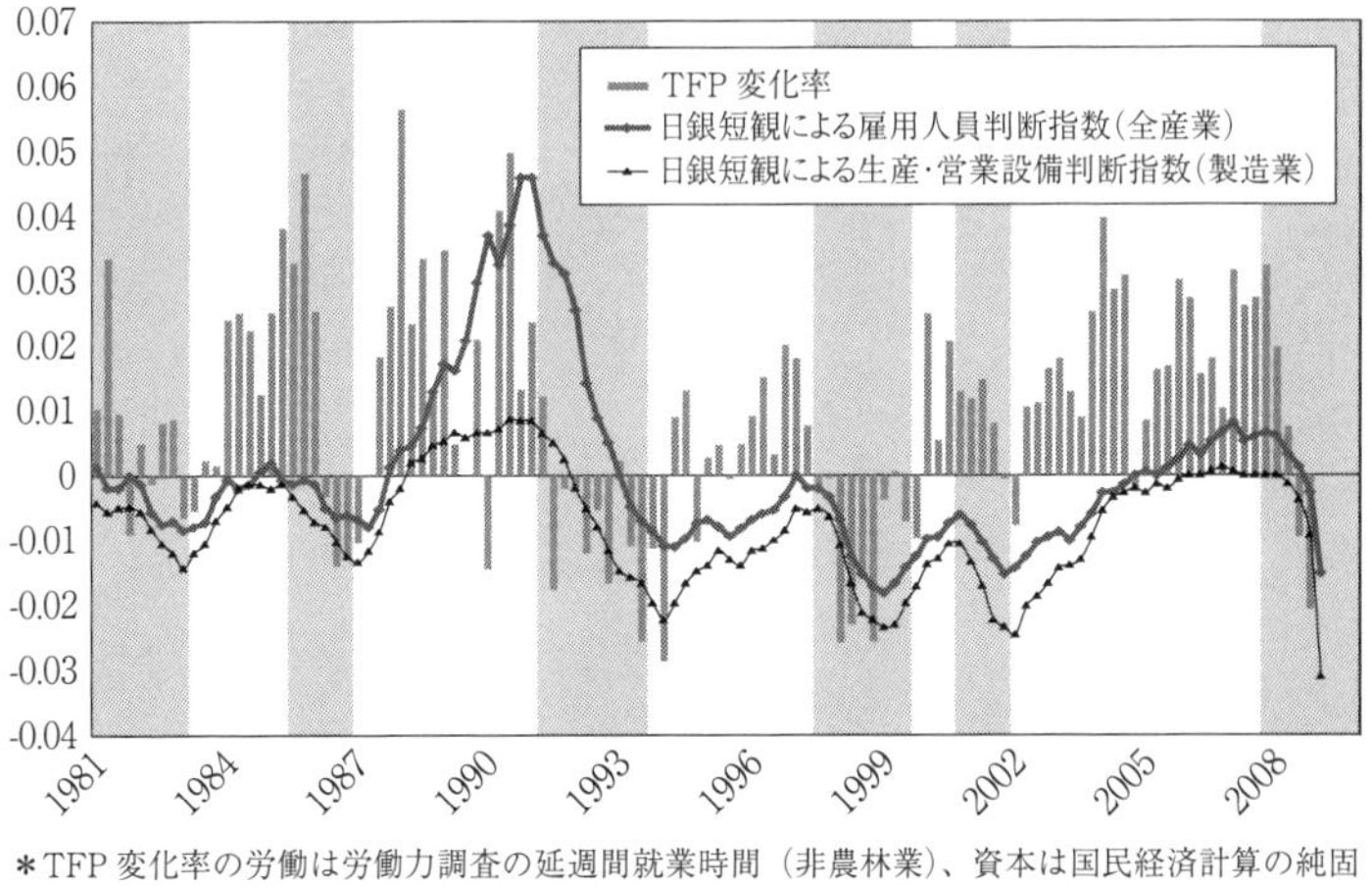

＊TFP 変化率の労働は労働力調査の延週間就業時間（非農林業）、資本は国民経済計算の純固定資産を使用、判断指数は（「不足」比率－「過剰比率」）/「普通」比率に 0.05 をかけて計算

b：**労働力増大**　仕事がないのに、労働供給を促進すれば低質で低賃金の職が増えてしまいます。長期的な少子高齢化に対応するためという名目で、足元の失業率が高まっているのに、定年延長やパート優遇税制で労働供給を促進してきました（第2章）。その結果、非正規雇用が増加し、社会不安が増大しました。また未婚化と女性の非正規雇用化は同時進行し、少子化を促進しています（第6章）。

c：**生産性上昇**　需要がないのに、生産性だけが高まれば、供給過剰になってしまいます。生産性と景気循環の関係は一時さかんに研究されましたが、生産性変動の大部分（すべてではありません）は**労働保蔵**――不況になっても労働者を解雇せず保蔵するため、労働密度が変化する――現象であると思われます（図1‐2）。生産性を高めよという議論には2つのバリエーションはありますが、基本的に日本経済は不完全雇用の状態が長かったわけですから、短期的には生産性が高まらなかったことはやむを得ないところがあります。[4]

以上の分類は生産関数に基づき3分類されており、**供給側の政策**と呼ばれるものです。これらの政策はそれだけを取ってみれば、確かに正しい政策です。長い目で見れば、これらの3要素が機能しなくてはならないでしょう。しかし日本経済の現実と照らし合わせてみて現実的でしょうか。どうも問題があり、かえって裏目に出たと感じられるのではないでしょうか。

このジレンマ――成長戦略はもっともだが、足元の状況に即して考えると現実的ではない――

に折り合うための補助線は、2本あります。まず第一は経済にはゆっくりとした大きな動き（長期トレンド）と小さな動き（短期サイクル）があることを理解することです。この2つの動き、つまり大きな歯車と小さな歯車をうまく嚙み合わせて理解する必要があり、既存の成長促進策（格差是正策や金融政策も含まれます）の問題の多くは時期尚早ということでしょう。サイクルが上昇し需要が増えて、はじめて供給促進策を取るべきであり、その難しさはまず**タイミングの決定**にあります。

第2のポイントは政策における「**量と質**」の区別にあります。サイクルが上昇して、はじめて労働力不足のような「量」的指標に注目すべきです。一方で科学技術振興策など「質」的に高める政策はサイクルを超えたタイムスパンで（妙案があれば）実行すべきでしょう。

もともとマクロ経済はアップダウンを繰り返しながら、循環的に成長してゆくものです。しかし循環をいちいち考えて、政策やメカニズムを考察することは煩雑ですから、トレンド部分だけを抜き出して分析することが多くの分野で通例です。この作業は本来は省略化のための便法ですが、いつも行っているうちに、トレンドだけを簡単に動かせると考えるようになってしまったのではないでしょうか。

なお第3のポイントとも言うべき点として、労働市場と生産物市場の区別があります。有効需要の裏付けとなる労働市場については、より慎重さが必要です。

3つの政策② 成功した後ろ向きの政策

タイミングという観点からリーマンショック後の経済政策を考えてみましょう。当時は既存企業の労働保蔵に補助金を与える雇用調整助成金や車や家電（問題点は後述）購入に補助金を与えるエコポイントなど、成長戦略というよりも産業構造温存の「後ろ向き」の政策がとられました。そして2010年には多少の中だるみがあったものの、東日本大震災までは順調に景気は回復していたと言ってよいでしょう。それではなぜこのような「後ろ向き」の政策が功を奏したのでしょうか。その理由は危機以前の好況は輸出機械産業中心であり、金融危機は日本経済が直撃を受けたというより、輸出相手国、つまり**得意先が打撃**を受けたからです。

日本経済は得意先向け輸出にすでに多大の投資をしていたので、内需転換といっても（本書の主張の一つですが）すぐにはできないし、自動車や機械を国内だけでそんなに需要するわけではありません。つまり日本経済は世界経済の歩みよりも先に行き過ぎてしまったことが問題であり、そこで世界経済（得意先）の回復を待つ状況が続いてきたからです。考えてみればバブルの経験も「やりすぎ」「行き過ぎ」といった面があり、前向きなのかお先走りなのかという問題は難しいものです。

3つの政策③ 限界に達した伝統的マクロ政策

表1－1 本書の見立て

	理論	病状	処方箋
サイクル	ケインズ理論	過剰貯蓄	金融財政政策
トレンド	新古典派的成長理論	技術革新や人的資本形成	規制や税制
日本の「中期」	（本書）	金融危機と不良債権	（本書）

以上の考察は供給側の政策に需要側であるオーソドックスなケインズ経済学の考え方からみた反論を日本経済に当てはめたものといえます。供給側政策への反論は確かに鋭いのですが、「処方箋」である需要側の政策、つまり、

- 極度に悪化した財政状況のもとで、**財政政策**や、
- ゼロ金利や量的緩和政策にまで追い込まれた**金融政策**は、

後述しますが、もはや限界といっていいでしょう。

ケインズ的な「診断」は正しくとも、「処方箋」はもはや有効ではなくなった状態と言えます。ここが次に問題になる点であり、長期新古典派の成長促進策に加えて、短期ケインズ派の有効需要管理政策も、両者ともにそれだけを独立に処方することは問題を抱えていることになります。なおこの短期と長期のパッケージを伝統的に**新古典派総合**と言いますが、ケインズ的な政策が完全雇用をもたらすことを前提として、新古典派ミクロ的な政策を実行する伝統的な処方箋は、日本経済の現状では問題が生じてしまうわけです。[5] 前述の成長戦略が政府から乱発される背景には、伝統的マクロ政策の行き詰まりがあり、また各省庁の業務がもともと供給対応であるからということもあり

ます。

長期の成長と短期の循環をつなぐプロセス① 家計の乗数効果は生きている

そこで本書の目的はこの状況でどうすれば良いのか、を考察することです。即効性のあるケインズ的金融財政政策の大量使用はもはや無理だとしても、成長軌道に乗せる方向へ後押しする「つなぎ」の政策は可能なのではないか、という認識が筆者にはあります。言い替えると、「長期の成長戦略」と「短期の景気循環」をつなぐプロセスが必要であり、そのルートはあるのではないか、市場メカニズムが円滑に動く方向へ押してやることが可能ではないか、ということです。

そしてこのルートの特徴は第一に好循環つまり**所得‐消費のスパイラル的上昇メカニズム（乗数効果）**を生かすことです。たしかに政府が大量に資金を投入して財政政策を行う力業はもはや大きく使えないでしょうが、短期の有効需要政策が依拠する乗数効果自体は生きている、と筆者は認識しており、消費関数についても第4章で詳述します。[6]

長期の成長と短期の循環をつなぐプロセス② 企業には過剰貯蓄がある

第二に市場メカニズムが動く方向にどこを押せばよいか、といえば、具体的には**企業の分配活動**だと筆者は考えています。企業は生産活動により、付け加わった付加価値を、労働・資本・内部留保などにどのように分配するか、それが大きな役割を果たすと考えているのです。実際にも第4章で後述するように、バブルや不良債権処理がもたらした「失われた10年」などの大事件は、分配活動から明らかにできます。また現在では、増大した企業の内部留保が、どこに向かうのか、設備投資など海外へ向かう懸念はないのか、が関心の的となるでしょう。

この分配の重視という観点は国民経済計算でいわれる三面等価（支出・生産・分配）にも対応し、これまでの議論の空白を埋めるミッシングリンクとなると筆者は考えています。「需要」側か「供給」側かという議論がありますが、本書で展開する議論は「所得」側であるといえます。

- 短期の景気変動を需要サイドを中心に考えるケインズ経済学によりとらえることが可能なら、
- 長期の成長と循環をつなぐ政策は分配ではないか、

と考え、本書を進めてゆきます。

長期の成長と短期の循環をつなぐプロセス③　政府の指示や規制が必要

第三に政府の指示や規制が必要だ、ということです。経済のあらゆる側面を政府がコントロールできないとしても、ポイントを押さえることはできるでしょう。ここで大事なことは、マクロで大きく市場メカニズムを動かすことであり、ミクロの部分均衡的に考える市場原理主義ではありません。むしろ市場原理に反するのではないか、と考えたり、教科書的なロジックにとらわれすぎるため、適切な規制や税制誘導にあまりにも及び腰ではないでしょうか。マクロ経済運営は

「お茶のお稽古」ではないのです。われわれ自身のために、より良い方法であるからこそ、市場原理が使われるのであって、「市場の失敗」が明らかな場合に補正策は必要です。

もともと標準的な経済政策の考え方では、短期の景気循環上のアップダウンにはケインズ的金融財政政策を割り当て、長期には規制や税制を割り当てます。現状でケインズ政策的処方箋が可能ならば、規制や税制誘導はそんなに使わなくて良いでしょう。しかしこれらが限界値に近い以上、市場メカニズムを有効に動かすためには、規制等も機動的に動かすことも必要だと筆者は考えています。ただし、その機動的対応が難しいことも事実です。この難しさの認識が一般に不充分なため、いつまでも保護策が続いたり、規制が不充分であったりするのでしょう。

1　日本のマクロ経済観測の基本

マクロ経験法則①　シフトしないフィリップス曲線を基本として考える

日本経済のすべての側面を政府の指示や規制でコントロールすることはできません。しかし一方で、市場メカニズムがあらゆる分野で円滑に働いているとも限りません。「失われた10年」と呼ばれる低迷期に、市場原理主義と呼ばれる政策がとられましたが、効果が発揮されたとは言いかねます。しかしバブル期以前は好調な時期が長く、マクロ経済は円滑に動いていました。

図１－３ 物価版･賃金版フィリップス曲線

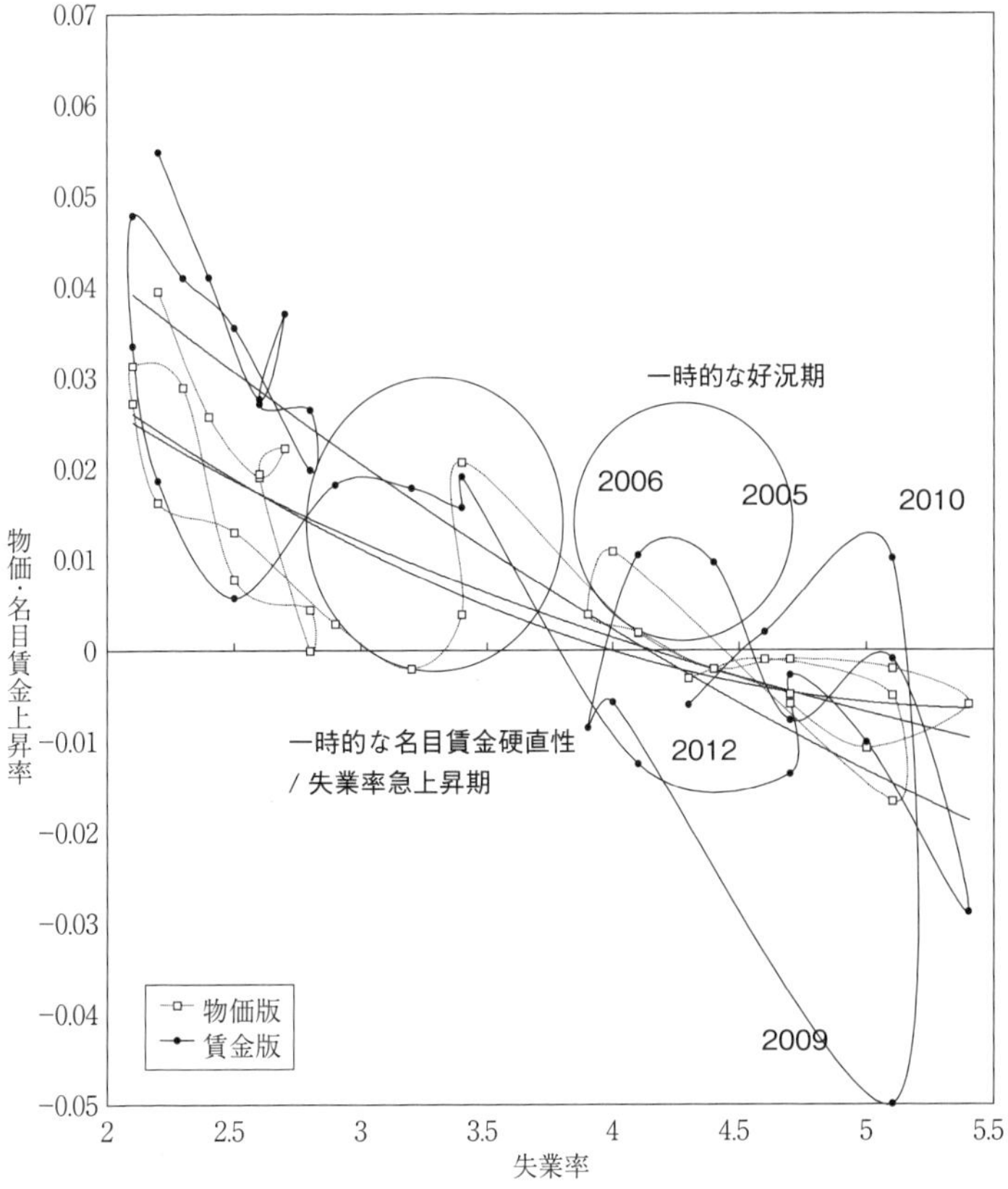

（データ出所）総務省、厚生労働省 名目賃金上昇率は毎月勤労統計調査の現金給与総額（30人以上事業所）より

それでは市場メカニズムが円滑に動き始めるポイントを示すデータは何でしょうか。それは失業率であり、伝統的な**フィリップス曲線**であると筆者は考えています。フィリップス曲線とは失業率と名目賃金上昇率あるいはインフレ率の関係を表すマクロ経済の経験法則です。[7] 名目賃金上昇率を使った図1－3が表す2本の曲線は明らかに、4％強のところで屈折しています。つまり、

- 失業率が4％以下に下がれば、賃金は上昇し、（労働市場タイト化の状況）
- 失業率が4％以上となれば、賃金は上がりません。（ルーズ化の状況）

つまり失業率4％が、きわめて重要な数字、**自然失業率**と呼んでいいでしょう。実はバブル崩壊後の「失われた10年」には、永らくフィリップス曲線の**フラット化**と呼ばれる状況が続きました。[8] 短期の景気循環は幾度か生じましたが、それをまたいで失業率だけが横に変動し、インフレや名目賃金はほとんど変動しない状況です。本書ではこの状況を**中期**と呼びますが、それは4～5年の「短期」の景気循環を超える期間にあたるからです。

さてこのフラット化が続いた中期の結果、筆者も含めて多くの経済学者、エコノミストは、つい最近までフィリップス曲線をあまりに旧態依然なツールと誤解してきました。[9] しかしここで大事なことは2014年のみならず2006年、2007年には失業率は4％近傍まで達し、**労働市場が逼迫（タイト化）**して、市場メカニズムが動き始めるところまで達していたことです。さ

らにこの時期には、

- 四半期ベースで有効求人倍率がバブル期以来の1となり、
- 日銀短観における中小企業の資金繰り判断が中立水準とまでなっています。
- また中途採用も増加し、雇用流動性も比較的増加しています。

つまりこの時期には、**それなりの正常化が達成**されていたのです。この事実はあまり重視されていませんが、きわめて重要です。当時はマクロ経済の安定を前提に、安倍内閣（２００６年９月～２００７年８月）や福田内閣（２００７年８月～２００８年９月）のもとで教育問題や憲法改正が大きな話題となっていました。中国産ギョーザの中毒事件などに大騒ぎしたのもこの時期です。２００７年夏には自民党は参議院選挙に大敗し、その後短命政権が続くために状況は見えにくいのですが、とにもかくにも日本経済には、いったんは失業率が低下しデフレ脱却を果たしたわけですから、正常化を達成する「基礎体力」が残っているのです。

わずかなデフレがなぜ問題とされるのか

この労働市場のタイト化は、フィリップス曲線を通して、同時にデフレ脱却をもたらしますから、議論の激しい金融政策とも関連があります。筆者はインフレ促進策については、90年代より一貫して疑問を持っており、懐疑をすでに脇田（2010）などで述べてきました。筆者の意見はデフレそれ自体が大問題だというものではありません。「**物価は経済の体温計**」であるから、マクロ経済全体が低調という状態を表すシグナルとして意味があると考えているのです。体温を平熱に無理に戻しても、もとの病気が快癒するとは限りませんから、デフレ脱却さえすればよいわけではありません。結局、筆者は右で述べたようなフィリップス曲線のフラット化に代表される**中期の低迷**を表す適当な言葉がなかったため、デフレという言葉が「一般物価水準の下落」という本来の意味を超えてさかんに使われていると考えてきました。

もちろんデフレ基調とインフレ基調では、インフレ基調のほうがマクロ経済調整はやりやすいのは事実です。しかしながら、インフレにするためには、まず個別の企業が、値上げをしなくては始まりません。

- 一般にインフレ促進論では、お金を借りやすくするため金利を下げたり貨幣量を増やしたりする中央銀行の金融政策が貨幣量増加をもたらし、そこから（何らかの理由で）インフレをもたらすことになります。しかし後でも述べるように金融市場はお金はジャブジャブであり、資金が借りやすいからといって、簡単に値上げに結びつくとは思えません。一方、
- 労働市場において、需給が逼迫して賃金が上昇し、企業が収益を確保するため値上げせざるをえない状況は（２００６・０７年に生じたことですが）、今後も日本経済にとって起こりやすいと思われます。

実例を考えてみましょう。マクドナルドがアルバイトなど人件費高騰などの理由により、地域別価格を導入しました（２００７年６月）。たとえばビッグマックは３１０円から２８０円までの開きがあり、都心部では高価格です。その理由は言うまでもなく都心部でアルバイト賃金が高いからです。物価の動きにさまざまな要因がありますが、最大の要因は費用の過半を占める人件費の変動であり、その限界水準は非正規雇用の賃金に表されることを、マクドナルドの事例は示しています。

お金が借りやすいから好況となってインフレになるのか（デマンドプルといいます）、労働市場が逼迫して賃金が上昇してインフレになるのか（コストプッシュ）、日本経済の現状でどちらが早いといえば、もちろん後者でしょう。図１－３におけるフィリップス曲線の形状も賃金調整が大きく物価の変動はそれより小さくなっています。そう考えるとインフレ率は労働市場により決定され、第４章で考える賃金決定の労使交渉が重要な意味を持つことになります。[10]

雇用者報酬の低迷こそ問題

デフレの主要な原因が賃金低迷にあるとすれば、それは国民経済計算にもあらわれています。前回の好況期を見ると、雇用者数は１９９０年の４６９０万人から２００８年には５５６２万人で２割近く増加していますが、雇用者報酬全体は２３０兆円から30兆円程度しか増加していません。実際、２００２年と２００７年の実質ＧＤＰを比較すると、25兆円の増加となりますが、雇用者報酬は７兆円の増加にすぎません。一方、90年代を通して設備投資拡大を反映した固定資本減耗が大きくなっています。これでは国民の不満がたまるのはいたしかたありません。

さらに、２００８年までの好況期には名目ＧＤＰの上昇分は少なく、そのほとんどは民間企業設備増大が占めています。デフレの結果、実質ＧＤＰは上昇したことを考え合わせると、名目賃金は横ばいのまま、設備投資増大の結果、価格が下がって財が多く買えるようにはなりました。それは実質所得の増大を意味するとしても、新しいものや品質の良いものが買えるようになったのではなく、既存の商品が値下がりしたこと、企業努力の方向が専らコスト削減に向かったことを示唆しています。

マクロ経験法則② 失業率の減少速度を示すオークンの法則

それでは次に失業率が４％割れになるには、どのような状況になればよいのかみてみましょう。この作業の助けになるのが、オークンの法則です。失業率と実質ＧＤＰには**オークンの法則**と呼ばれる以下のきれいなマクロ経験法則があり、生産と労働需要こそが失業率を動かすことを示しています。ここでは被説明変数を失業率階差に取った労働需要的定式化でみてみましょう。

今年の失業率－昨年の失業率＝定数項a＋係数b×実質GDP成長率＋c×ダミー変数

図1－4 派遣比率を考慮したオークンの法則

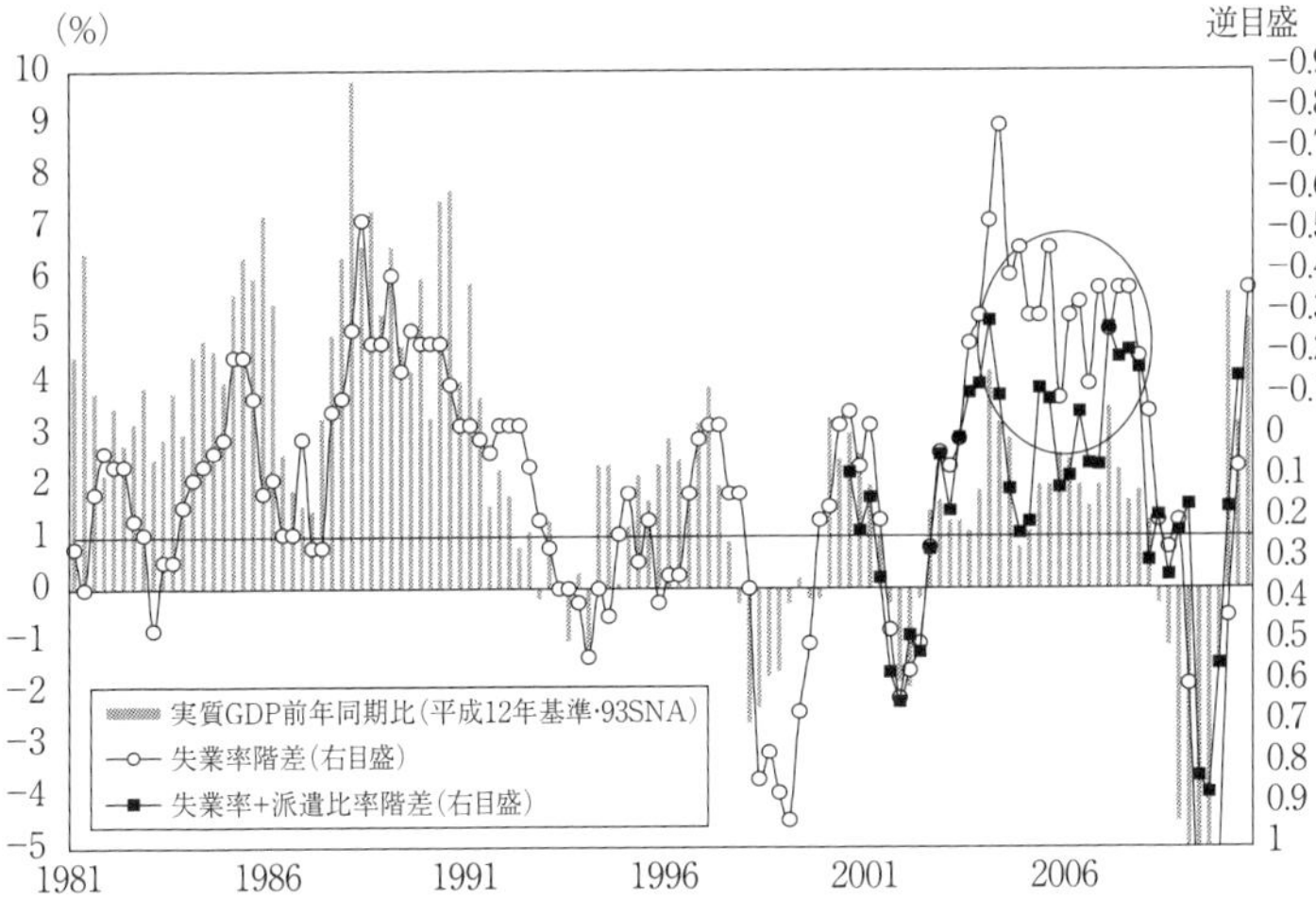

（データ出所）労働力調査、国民経済計算

筆者などたいていの計測では、ＧＤＰに反応する部分bがマイナス０・１（米国はマイナス０・４、英国はマイナス０・５（**Blanchard**（2009））であり、定数項aが０・４〜０・３となります。つまり実質ＧＤＰ成長率が３％を超えると、失業率が下落することになります。この実質３％はだいたい各国共通であると思われ、またさまざまな意味で分岐点となる数字です。

今回のリーマンショック以降の急激な悪化に対しても、この法則は有効です。ＯＥＣＤの各国の定義の相違を調整した失業率でみると、日本の失業率の上昇率は明らかに低く、10％程度まで達した欧米とは大きな差がありますｓ。ＧＤＰの減少幅は輸出を中心に逆に大きいので、日本の労働市場はよく踏みとどまったと言えます。ただしこの踏ん張りは今回に限った話ではなく、伝統的なオークン法則に示される過去の延長線上にあります。

失業率の最大変化幅は2008年9月の失業率、4・1%と、2009年10月の5・5%であり、幅は1・4となりますが、定数項の0・3を引くと、だいたい実質GDP成長率10%低下に対応します。年度平均で失業率は1%上昇とみると、実質GDPは30兆円ほど低下であり、だいたい少し多めに失業率は上昇したといってよいでしょう。この失業率の変動規模は小さなもので、ある程度政府の「腕力」で左右できる規模です。たとえばリーマンショック後の雇用調整助成金は6000億円であり、巨額は巨額ですが、数兆円の補正予算額や予算総額に比べて小さなものです。

マクロ経験法則③ 景気の体感温度を示すGDP実質成長率

実はこの実質成長率3%は日本のマクロ経済において大きな意味を持つ数字です。

- オークン法則における失業率改善の目安となる水準であるばかりか、
- 日銀短観というアンケート調査がありますが、そこにおける業況判断DIがゼロとなる水準

だったのです。これまで実質成長率が3%を超えると、日銀短観において景況がよいと判断する

企業が悪いと判断する企業の数を超え、それにつれて失業率も減少してゆきます。[11]

実は「失われた10年」期の中期の低迷の問題は、一度もこの３％を超えなかった点にあります。当時、市場メカニズムの貫徹が規制緩和等で叫ばれながらも、それが自立的に動き出す段階に達しなかったのが最大の問題と言えます（一方、直近の好況期には実質成長率３％を達成〔２００７年度固定基準年方式〕しており、実は自立的な発展メカニズムが動き始めるところまで、何とか到達していました）。

この３％と実績の１％の差は２％です。ＧＤＰはだいたい５００兆円ですから、景況感は10兆円程度に左右されるといって良いでしょう。実際、注目されることの多い経常収支も、10兆円程度の幅で変動します。

この10兆円程度という数字は覚える必要があります。本書の随処で述べることですが、いくつかの政策提言はあまりに短期の変動規模に無頓着ですから、日本経済の基礎体力を超えた手術を要求しています。たとえば後述する年金の積立方式は毎年40兆円の資金、総額で５００兆円以上の資本増大を必要としますが、それはバブル期の不良債権30兆円（10年間の総額で１００兆円）と比べてもあまりにも巨額の数字なのです。

ベンチマーク水準実質成長率３％は高すぎないか

ただし今後の日本経済にとって、実質３％の成長率水準は高すぎると考えられるかもしれません。東日本大震災を含まない２０１１年暦年の成長率は実質３・９％であるものの、リーマンショック以降の反動が大きいためでもあります。

この閾値を考えるにあたって考慮すべき要因は、**非正規労働と人口減少の影響**です。まず非正規労働はオークンの法則に対しては反応度が高く（図１－３）、フィリップス曲線（図１－４）については賃金総額を減少させるため、インフレ率の反応度を低めると考えられます。

またここまで考察している成長率はＧＤＰの総額の実質成長率です。人口減少の下、１人当たりＧＤＰで考えた方がよいかもしれません。実はここ20年ほど生産年齢人口（15～65歳）は減少しましたが、労働力人口はほぼ横ばいですので、今のところデータからは違いがうまく出ません。ただ今後の方向性としては労働力人口の増減を加えて考察した方がよさそうです（ただし現在までは、賃金が上昇せず、労働力人口が横ばいのところから、仕事があれば家計はより働くことを示し、供給制約には達してはいないことを示していると考えられます）。

今後、労働力人口も減っていくことですから、ベンチマーク水準成長率はもう少し低く２％強と考えることがよいかもしれません。そう考えると、内閣府発表の経済財政の中長期試算の成長戦略シナリオなど試算の前提は実質約２％成長ですが、適当なところではないでしょうか。

２　日本経済はなぜ一進一退したのか

図1－5 短期在庫サイクルと中期デフレ

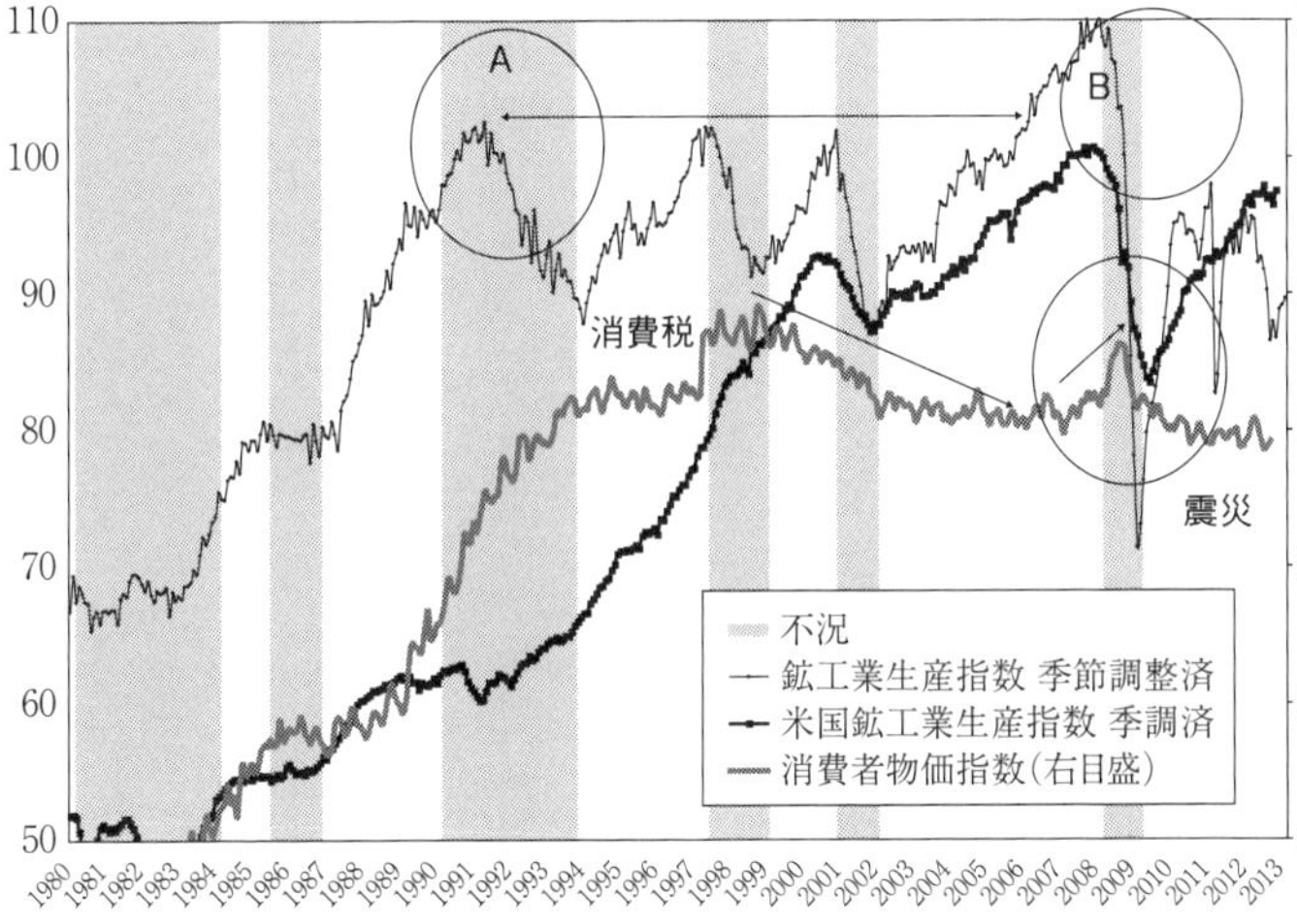

（データ出所）経済産業省、日本銀行、米国FRB

中期の低迷と「洗面器のカニ」生成のプロセス

さて短い期間にせよ、デフレ脱却やフィリップス曲線の正常化がなぜ進んだのでしょうか。そのためには不良債権問題の影響を受けた「中期」の低迷、頭打ちの具体的プロセスを理解しなくてはなりません。図1－5はこ20年の経済産業省発表の鉱工業生産指数（季節調整済）のレベルをプロットしており、それに比較のために消費者物価指数と米国の鉱工業生産指数も加えています。

日本の鉱工業生産指数は、せっかく這い上がっても、ずり落ちてしまう90年代の日本経済の苦闘をビビッドに表しており、筆者は「洗面器のカニ」状態と呼んでいます。しかしバブル期のA点以前の80年代には「カニ」ではなく、不況期はせいぜい足踏み状態であったことが分かるし、子細にみれば小泉改革以降のB点ではこれまでの頭打ち傾向を脱却したことも分かります。

この図を理解するポイントは、先述のマクロ経済に加わるショックの「波」の区別にあります。通常、

- 大きな波は少子高齢化などの影響を受け、潜在成長率を表す長期トレンド、
- 小さな波は在庫循環を中心とした短期サイクル

です。これらの波が合わさってマクロ経済変動が生まれるのですが、図1-5をみれば、4～5年周期のサイクル（循環）に加えて、サイクルを貫くトレンド（趨勢）があることが簡単にみてとれます（デフレと人口減少を考察した第6章も参照して下さい）。

さて問題は、金融危機の影響を受けた日本経済の場合、このサイクルとトレンドの2分法だけでは十分ではなかったことです。通常、トレンドは人口や技術進歩の影響でなめらかに動くものですが、日本経済は図のB点でトレンドが大きく屈折しています。人口や技術水準がこの時点で大きく屈折することは考えにくいものですから、これは明らかにバブルとバブル崩壊後の不良債権の影響です。そしてこれらをシンボリックに表しているマクロ経済現象が屈折点後になめらかに動くデフレであり、図1-5は鉱工業生産指数の**短期のサイクルを平準化する形で、中期のデフレが生じている**ことを示しています。[12] 本書では日本の「失われた10年」を考える場合、もう一

つの波を「中期」として導入し、トレンドとサイクルに併せて3つの波に分類して考察しますが、図1－5はその理由を明快に表しています。

「洗面器のカニ」を行き詰まった企業から理解する

それでは日本経済は洗面器のカニのように、せっかく這い上がっても、なぜずり落ちてしまう一進一退期を経験したのでしょうか。サイクルの進行プロセスから考えてみましょう。ポイントは、その進行プロセスのなかに不良債権処理など金融面の問題の影響を考察することです。もともと労働力の調整が遅い日本企業は、

- 好況初期には保蔵された労働力を使って生産が早く立ち上がる一方、
- 賃金など費用の上昇は企業利潤が確定してから、おもむろにゆっくりと進む

という特性を持ちます（脇田（2010））。企業利潤を分割して、

企業利潤＝売上（＝生産）－費用

とすると、売上の調整は早いのですが、費用の調整は遅く、利潤をみてから決定されます。輸出が伸びて売上が伸びるのが好況の第一段階とすれば、費用である賃金が伸びる第二段階は設備投資や消費がもたらす内需中心となるのです。図1－5では近年では日米の鉱工業生産指数がシン

クロしていること、そして米国と比べて、日本の変動が激しいことを示しています。
この売上と費用の調整の間のタイミングに入るのが、

ⓐ特別損失などに反映される不良債権処理問題と、それに誘発された
ⓑ自己防衛のための自己資本比率の上昇（第4章参照）

です。「失われた10年」においては企業利潤が増加すると、まず不良債権処理や自己資本比率増大による自己防衛が始まるので、設備投資や人件費になかなか波及せず、景気のさらなる拡大の前に停滞する「洗面器のカニ」状態となってしまいます。直観的に個別企業の借金返済プロセスに即して説明すれば、多少は儲かってきたものの、積年の借金処理が優先され、規模拡大は後回しという至極当然のプロセスとなるわけです。そして借金処理だけならばやむをえないのですが、これに誘発された企業貯蓄増大が問題です。このように、

- 通常の景気循環（脇田（2010）参照）は「ものを作りすぎた」ことが主因の在庫循環ですが、
- 「失われた10年」のように「借金をしすぎた」クレジット変動が加わる

と両者の効果が複合されて、変動は「洗面器のカニ」型となっていくわけです。

さらにリーマンショック以降の世界経済が動揺しがちであるのも、同様の複合プロセスに基づきます。たとえば債務を抱えた欧州小国（ギリシャやポルトガル）の問題が世界株価の動揺をもたらしてきました。この動きは、世界的金融危機後の小康状態のもとで、借金取りが小国に返済を強制していると考えればよいでしょう。また、財政当局が増税を図ることも借金取り行動に基づきます。なお借金整理は負担の押し付け合いになるもので、日本の場合はメインバンクの負担比率で混乱しましたが、ユーロ圏のソブリン危機は国際金融機関の負担と管理の問題になってきています。欧米各国も「洗面器のカニ」のようになるのかどうかは、不良債権処理を今時不況期に徹底的に行うことが可能かどうか、あるいは行うことがよいのかどうかに依存することになります。

不良債権問題の量的なインパクトと経済成長率

この不良債権問題の量的なインパクトはどのくらいだったのでしょうか。まず不良債権総額は100兆円、年平均10兆円に達しており、約500兆円のGDPとの比率を考えれば、先程の景況感を左右する水準と同じく2％に達します。つまりこのGDP比2％はまったく後ろ向きに使われていた直接的効果であるわけで、この2％をこれまでの実績の平均成長率1％に足せば、年率3％の成長が可能であったかもしれないとの推論も成り立ちます。

ただ話は直接的効果だけでは終わりません。日本の場合、不良債権の多い業種は建設・不動産・流通など内需関連の産業に限られていましたが、そうした企業が増えると銀行危機が生じて、マクロ経済全体が停滞します。その結果、不良債権を抱えていない企業までが自己防衛に走り**「要塞化」**することが問題を悪化させてしまいます。

この間接的な「波及」プロセスも重要です。第4章で詳述するように、実は企業部門の純資産(≒自己資本)は、98年以降12年までで240兆円から537兆円へ急増しており、法人企業統計でみるとその大部分は不良債権業種以外の業種です(第4章図4-3)。不良債権と金融危機に対応した間接的効果として、自己資本の厚みを増したこの行動のきっかけ自体は企業側からみてやむを得ない側面がありますが、いつまでも**金融危機対応モード**では困ります。やはり停滞の原因として、いわば**企業埋蔵金**を冷静に認識することが必要です。

以上の不良債権の直接的効果と間接的効果の2つから、(a)日本の底力はまだまだあること、そして(b)日本の経験を評価するためには伝統的な短期サイクルと長期トレンドの2分法に、不良債権処理とその反動からなる中期の問題を組み入れる必要性が分かります。ところがこの不良債権問題は誰でも知っているものの、困ったことに専門家の使う米国産の精緻なモデルにうまく組み入れて使われているわけではありません。多くの分析者の場合、日本の現実に合わない米国モデルを無理矢理適合させるのに精いっぱいというところもあります。そのためデータの表す前提条件の違いに、残念ながら認識が到達していません。また米国流一色に染まってしまうと、日本的慣行など認識の障害物にしか見えないのでしょう。これらが経済分析混乱の一因です。いずれ米

表1－2 マクロ経済変数と経験法則

	代表する変数	変動周期	ベンチマーク水準	関連する経験法則
労働市場（ヒト）	失業率	短期	4％	オークンの法則（短期）
生産物市場（モノ）	実質経済成長率	短期	2～3％	
貨幣市場（カネ1）	インフレ率	中期	0～1％	フィリップス曲線（中期）
金融資本市場（カネ2）	実質利子率	中期	実質経済成長率 +1	オイラー方程式（中期）

国の学界でも金融危機と不良債権の調整プロセスが認識されてくるでしょうが、そうしてはじめて英文の文献を読んで日本の学界に波及するということでは、後手後手に回ってしまいます。

3 ひもは押せない――金融政策の限界

以上で筆者の考える日本のマクロ経済変動プロセスの概観を説明しました。マクロ経済はヒト・モノ・カネの3つの市場に分けて考えることが通例です（表1－2）。フィリップス曲線やオークン法則からヒトとモノの相互作用を重視したこのプロセスは労働市場を中心に考察したものであり、現在の日本経済には労働を中心とした考え方が適当であると考えています。マクロ経済にはもうひとつ、資本をめぐるメカニズム（モノとカネ）が存在します。マクロ経済学ではＩＳ－ＬＭ分析など、むしろ後者のメカニズムのほうが重要と考えられてきたと言っても良いかもしれません。しかし筆者は以下の金融市場のルーズ化と国際化という2つの理由から、資本市場中心の見方を日本に当てはめることに懐疑的です。まず金融政策一般について考察しましょう。

分かりやすい米国の金融政策

まず図1－6をみてください。この筆者の工夫した図は米国のマクロ経済状況をコンパクトに表しており、ここで大切なことは短期政策金利と長期市場金利の区別です。

> ① まず大きく見れば成長率（図上の棒グラフ）と長期市場金利（黒丸付きの実線）はほぼ相関して、だいたい以下の式が成り立ちます。
>
> 名目長期利子率＝名目成長率＋定数項（約1％）

この点は近年の政策論争をめぐる議論において重要な結果です。成長率は現在と将来の生産の比であり、利子率は相対価格です。右式が成立することは新古典派メカニズムが成り立っていることを意味します。本書では導出過程を省略しますが、異時点間の動学的最適化の結果から導出され、**オイラー方程式**と呼ばれます（より詳しい議論は脇田（2012）を参照してください）。

図１−６ 大安定期の米国金融政策とオイラー方程式

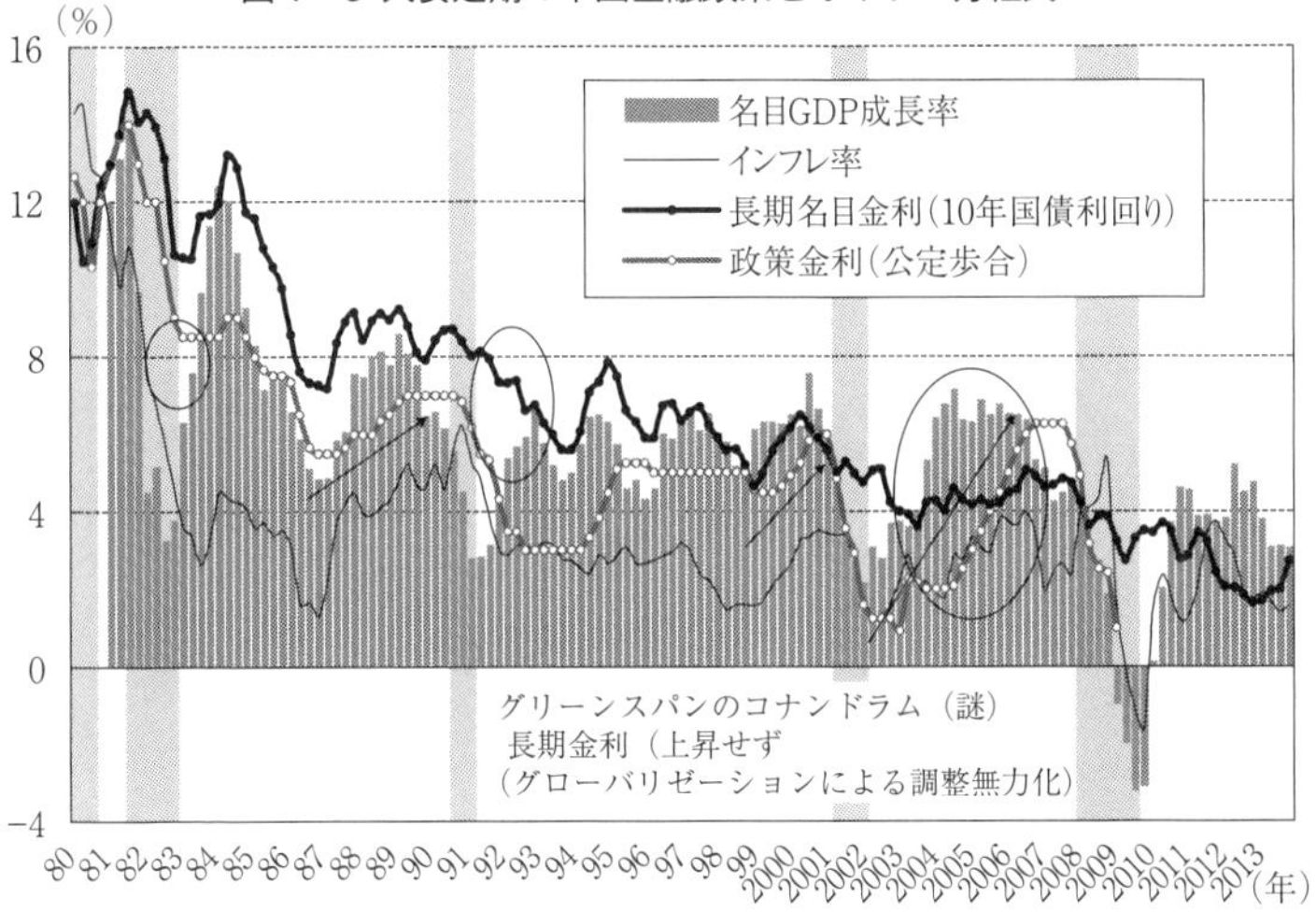

（データ出所）日本銀行、米国商務省

② 不況期には長期利子率が高止まりして成長率と乖離しています。そこで利子率と成長率を近づけるため、政策当局が動かす短期政策金利が公定歩合（近年では基準割引率）です。

③ 好況が続くと、インフレが激しくなり、中央銀行は政策金利を上昇させるので景気は下落します。

つまり通常は、以下のように、インフレ懸念を中心に景気循環を考えます。

金融緩和（利子率引き下げ）
⇓ 銀行借入増大 ⇓ 投資増大
⇓ 生産増大 ⇓ 過熱

⇓ 金融引き締め（利子率上昇）⇓ 不況

このプロセスは日本でもたとえば固定相場制時代の景気循環にはみごとに当てはまります。つまり、金利と成長率が相関する長期（新古典派的メカニズム）と乖離する短期（ケインズ的メカニズム）の2つでもって、マクロ経済をとらえるわけです。そしてこのメカニズムにおける金融政策の調整は短期政策金利と長期市場金利の連動が暗黙裡に前提となっており、そのため通常のIS－LM分析などでは短期と長期の区別を行いません。ところが、

④ 2004年頃から短期政策金利を上昇させたにもかかわらず長期金利低下局面が出来し、米国FRB議長グリーンスパンが謎（コナンドラム）と言明しました。その後、世界経済はリーマンショック後の世界不況に突入したことは周知の通りです。

実はこのグラフを理解するには、マクロ経済学のかなりの部分の知識が必要です。逆に言えば、この1枚のグラフでマクロ経済学のエッセンスを表しているともいえます。このようにシステマティックに動いていた変数のグラフを見れば、米国で金融政策の効果が大きかったことが理解できますし、インフレと利上げのいたちごっこをやめるために、多くのマクロ経済学者が金融政策

図１－７ 相関がない日本の成長率と利子率

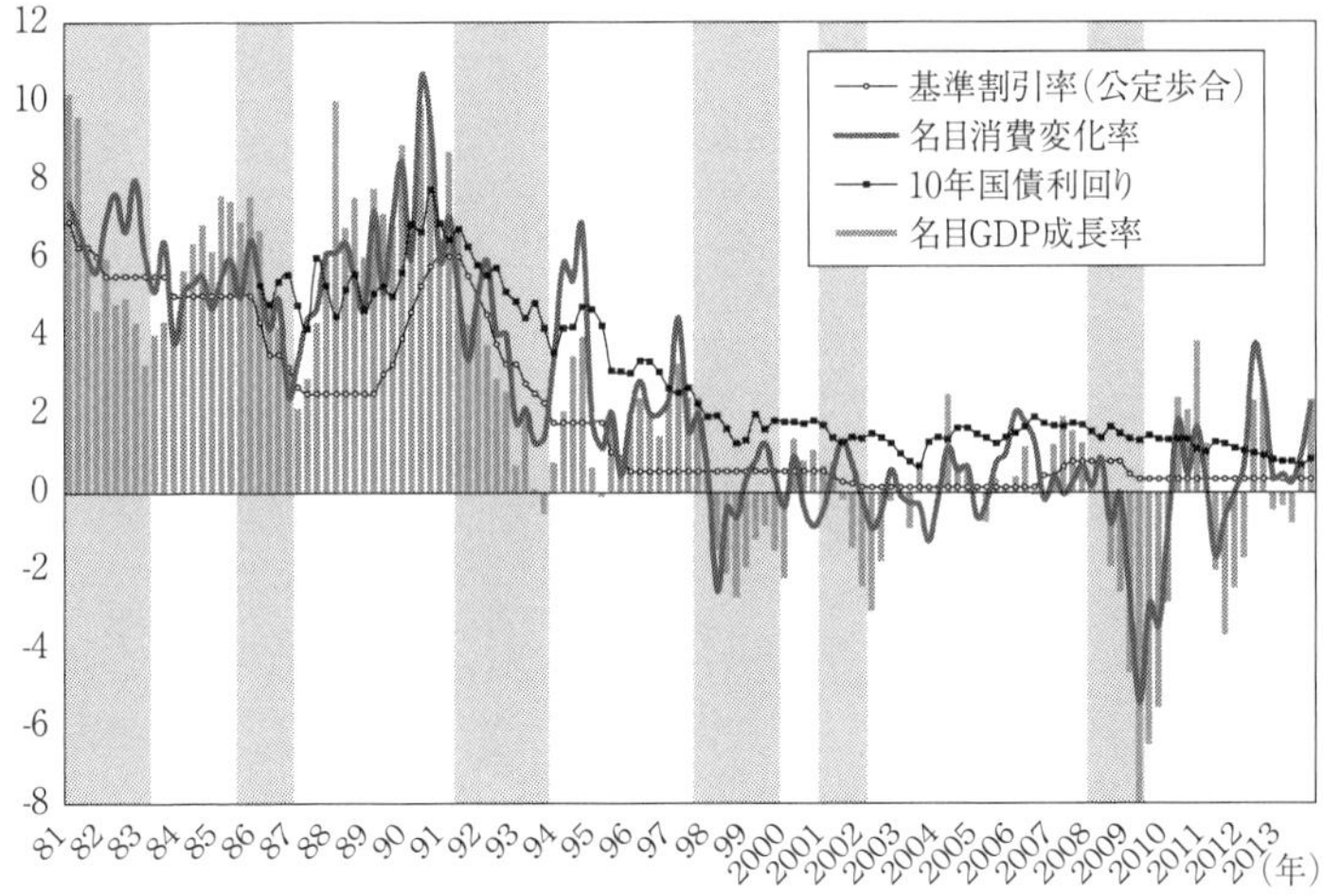

（データ出所）国民経済計算、日本銀行

を研究してきたことが理解できるでしょう。そしてデータの規則性が破れてきたことが、世界の金融政策論議に混迷をもたらしています。

日本の金融政策の限界は何か①

金融市場のルーズ化

それでは図１－６と同様のグラフを日本の金融政策について、描いてみましょう（図１－７）。近年の日本の金融市場ではバブルと不良債権の影響が重要で、そのためには長短金利の役割を区別して考える必要があります。

- 長期利子率は銀行と企業の間に適用される貸出利子率であり、国際間の裁定下にあるが、
- 短期利子率は家計と銀行間に適用される預入利子率であり、政策金利に影響を受ける[13]

と大まかに役割を区別することが重要です。短期・政策・預入利子率は、日本の場合、短期と長期の連動がなく、短期のみが急激に下がって金融機関の下支えを行いました。もともと長短金利の連動がなく、家計の負担がより大きかったことは重要です[14]。この結果、近年の日本の金融市場の状況を、米国のようにグラフを使ってうまく説明できません。その理由の第一は**金融市場のルーズ化**です。お金をじゃぶじゃぶ、という言い方がされることがありますが、日本銀行は過去20年間ほとんど金融緩和を続けてきました。その結果、生じたことは、

① 企業は平均的には資金を借りず（資金循環上の企業の黒字主体化[15]）、
② 借りても銀行からではなく社債を発行し（上場企業の銀行離れ）、
③ 企業が支払う利払い費は激減（グラフは脇田（2010）p.36）

などの統計的事実から示されます[16]（異次元緩和後も銀行の預貸率は地方を中心に減少しています）。

もともと金融政策は、実体経済という風に吹かれた企業という凧が、資金不足というピンと張った糸のもとで、糸をゆるめて金融緩和すれば空高く舞い上がるところに有効性があります。糸がゆるんだもとで、さらにゆるゆるにしても有効性はありません。第4章で企業の資金需要を詳しく検討しますが、この資金需要こそが「ひも」にあたります。

筆者は「失われた10年」においても政策金利の低下はある程度のところで止めるべきだった、

そのうえで不良債権処理を進めるべきだったと考えてきましたが、いったん下げてしまった金利は資本設備の不可逆性などの問題があり、なかなか上げることはできません。このプロセスがいつ正常化されるのか、といえば何とも答えようがありません。[17]

　このような状況をよそに金融政策は異次元緩和のもとで、より危険な実験の方向に進み出しました。繰り返しになりますが、金融政策のテイラールールやニュー・ケインジアン・フィリップス曲線などに代表される精緻化した米国産モデルは、もともと図1-6に示された**グレート・モデレーション**と呼ばれる安定成長の時代が長く続いた米国経済の反映であり、小さな摩擦を乗り越えることしか考えていません。米国ですらリーマンショック後のマクロ経済に当てはめることに疑問を呈されています。まして大きなショックを経験した日本経済に当てはめることは無理があります。ところが、

- 日本では政策インプリケーションを直輸入した論者は、金融政策に過度に期待をかけ「教科書を読み直せ」と怒号する一方、
- データを扱える構造改革論者は過去の実績から潜在成長率を1%と計算し、過度の悲観論

に陥っています。喩えて言えば、米国経済において磨かれた高速道路上の安定走行テクニックを、不良債権問題というぬかるみにはまったまま抜け出せなかった日本がうらやむ状況なのです。

たしかに金融「政策」を打てば、後述するように株価や為替は短期間にピクピクッと動きます(図1-9)。また異次元緩和により半年で株価は2倍となって、消費は増加しました。しかしこんなことがいつまでも続くわけがありません。政治家やマスコミにあおられて、瀕死の患者にカンフル剤を打ち続けることがよいのでしょうか。

日本の金融政策の限界は何か② 金融の国際化

金融政策無効の第2の理由は金融の国際化です。**ミセス・ワタナベ**という言葉に示されるように、プロの投資家のみならず日本の主婦の投資家までが、国際通貨投機を行ってより高い利潤機会を求めています。直接金融の資本市場のみならず、間接金融においても銀行の融資も海外に向かっています。いくつかの例を考えてみましょう。

- 年金積立金管理運用独立行政法人(GPIF)は、公的年金積立金のうち約117兆円を運用していますが、そのなかで9%はすでに先進国企業に限って外国株式に投資していました。今後BRICs(ブラジル、ロシア、インド、中国)のほか、韓国、台湾やインドなど新興国市場の株式への投資に本格的に乗り出す方針です。
- ドル建ての日経平均とダウ平均や、

図1－8 米国金融政策の影響を受けた円ドルレート

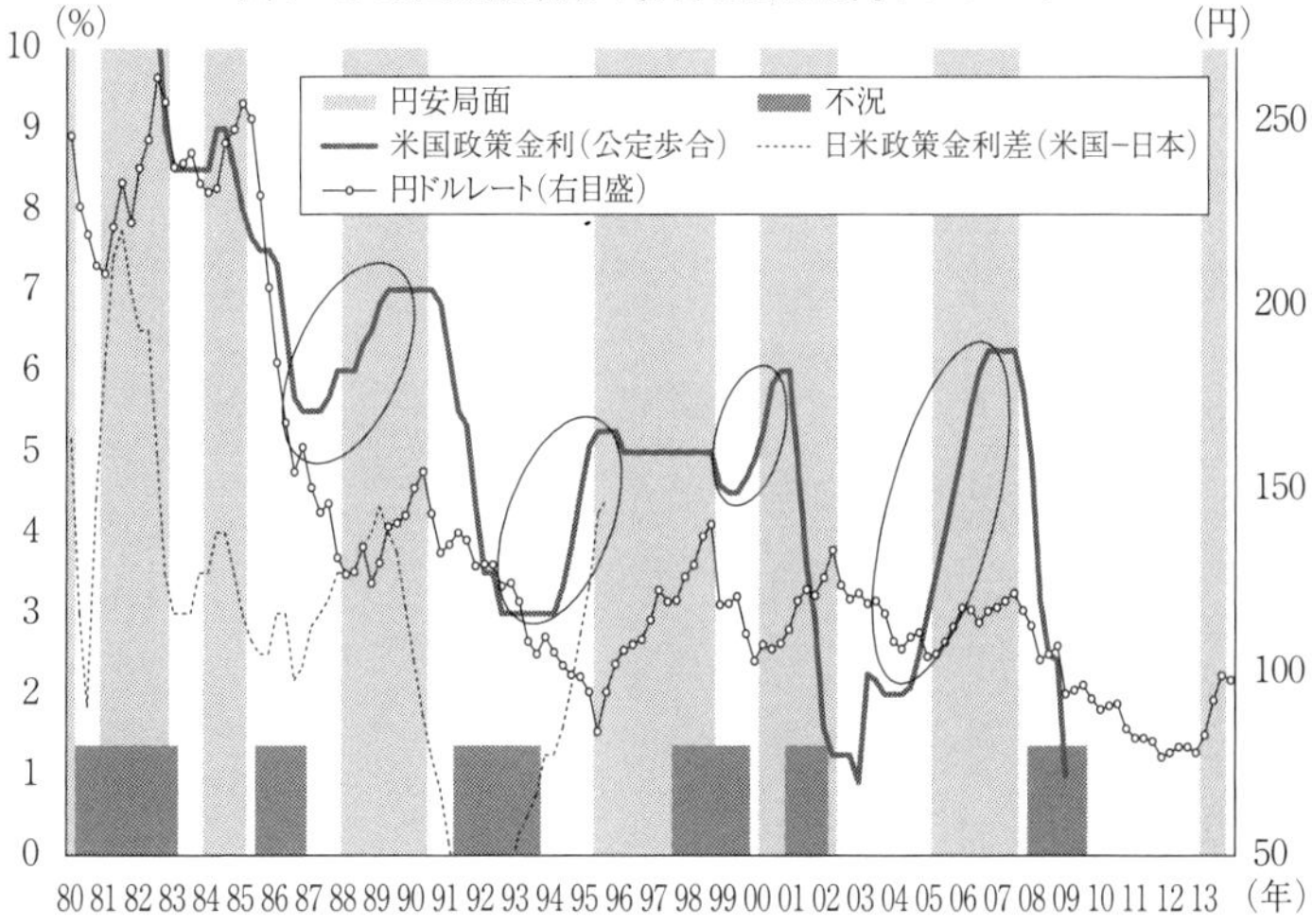

（データ出所）日本銀行

・米国長期金利と日経平均は相関しており、
・低金利継続の予想から、円キャリートレードも話題となりました。

景気循環は国際間の連動性を増しており（図1－5）、名目為替レート変動は金利差に影響を受けまたその名目金利差は日米のインフレ率格差を反映したものであることは、広く認識されているとおりです。[18] その結果、ここ一年を除き、国際間で**実質金利均等化**が（リスク・プレミアムを除き下限として）ほぼ成立していたといって良いでしょう。このようなグローバル化した国際金融市場において、世界GDPシェア8％（米国は25％程度）の日本一国だけが金融政策で世界金利を超えて実質低金利にできたのでしょうか。[19] 今後、日米欧企業同時資金余剰の現状（国際的ルーズ化とも言えます。四半期に一度発行される日銀発行の『資金循環の日米欧比較』を見てください）のもとで、世界経済全体が実質マイナス金利や流動性の罠に継続的に陥いるならともかく、2000年代の世界好況の中で日本だけが低金利を達成できたわけがありません。

なお案外、日米の実質GDP増加率は差がなく、図1－7に示される利子率と成長率の相関は国際的な相関を反映したものと解釈することもできます。つまり、

- 米国が不況になれば日本も不況になり（輸出主導の景気循環）、
- 米国が低金利になれば日本も低金利になる（実質金利均等化）

というふうに、日本の金融政策は**米国や世界経済という太陽を受けて光っている月**にすぎない、と考えられます。マクロ経済変数の場合、国際的にも国内的にも同じように動く変数が多く、多くの実証研究は一面的な場合も多いのです。さらに米国においてもグリーンスパン議長が指摘した**コナンドラム**という事態（図1－6）は、米国も月になるときがあることを示唆しています。

日銀は動かなかったのか、動けなかったのか

あれほどグローバル化、グローバリゼーションと言い立てることが好きな人が多いわりには、

バランスの取れた見方をする人はいません。威勢良く他国に攻め込んで、輸出や進出する「前向き」だが「自己都合」のことばかりに目がいきがちです。このような議論は、金融政策をめぐる環境がグローバル化した結果、一国内の金融政策の有効性の低下に正面から向き合っていないのではないでしょうか。先述したように、

- フィリップス曲線が国内労働市場の動向を表し、**インフレ率を決定**するなら、
- 世界の資本市場で**実質利子率均等化**が成立するため、

日銀は上記両者を足し合わせた名目利子率（＝予想インフレ率＋実質利子率）のコントロールを図る日本独自の金融政策の可能性という本来、難しい課題に直面しています。国際的な制約があり何もできない、と言ってしまえば、日銀はその存在意義を問われますから、ここまで頑張っています、としか言いません。結局のところ、ごく短いタイムスパンで国際間で景気やインフレ率のすれ違いを利用し、米国を注視して金融政策を遂行するしか道はなかったのでしょう。[20]

ただ黒田日銀の異次元緩和のような資金を無理に供給する政策を続けていくことは国際的な資金余剰が終了したあと、副作用が甚大となります。また米国FRBが株価や地価など資産価格や、予想の誘導に留意して、金融政策を行うようになったという報道がなされることがあります。その解釈が仮に正しいとしても、80年代に無謀な金融緩和でバブルを招いた張本人である日銀が見

習っていくことは不適当です。

なぜインフレが生じないのか

アカデミズムを超えて、インフレ促進論は人気があります。時にカウンターカルチャーとしてのファッションとさえ感じられるほどです。そのなかでインフレ促進政策の多くの一般賛同者は**貨幣乗数**の議論を理解していないのではないか、と筆者は疑ってきました。貨幣が増えれば物価が上がる、という考え方は長期的には正しいとしても、貨幣は日銀が刷る現金通貨だけではありません。銀行預金（預金通貨）も含まれます。そのため統計的なマネーストックの定義は現金通貨と預金通貨に分かれています。財布の中に現金通貨がたくさん入っていれば、それはいずれは使われて物価が上昇するというのが、貨幣数量説の直観的な意味ですが、支払いには現金だけでなく、銀行預金をもとにしてクレジットカードや銀行振り込みも使われます。つまり物価が上昇するためには、財布の中の現金通貨と共に、**経済全体の銀行預金も増加する必要**があります。そのためには銀行貸出が増加し、その貸し出されたお金が回り回って預金され、また貸し出されるというプロセスを通さないと銀行預金は増加しない（これが貨幣乗数の議論）わけですが、ここのところが非専門家には理解されていないようです（また為替レートについては後述しますが、いわゆる**ソロスチャート**がうまく成立しない理由も、マネタリーベースとマネーストックの関係が安定しないためです）。

この中央銀行のコントロール能力には長い論争がありますが、それは微調整の可能性をめぐるものであり、これまでの日銀のように緩和一辺倒の場合には限界があると考えるべきでしょう。

金融政策の異常がもたらす結果

このような金融政策の異常はじわじわと影響を与えています。まず本来、市場メカニズム下の高齢化を考える場合、貯蓄により自己責任で備えることが正常な姿でしょう。預金には利子が付くべきだし、企業は配当や株価上昇で株主である家計に報いるべきです。それが資本主義であり、もともと企業は家計（＝株主）に所得を還元するために存在するわけですから、むやみな拡張主義や防衛に走ることは望ましくありません。ところが家計の貯蓄が銀行預金に片寄ることをいいことに、名目預入利子率は大幅に下がってしまいました。その結果、家計の財産所得は大幅に減りました。そればかりか、銀行は時限爆弾というべき多額の国債を所有しています。そしてこれらは企業のガバナンスの欠如をもたらし、第4章で説明する企業の要塞化をもたらし、新陳代謝メカニズムを阻害しています。

金融においては大きく生産物市場を動かすことに失敗し、それが黒田日銀の異次元緩和につながったといえるでしょう。しかし日銀が国債を買い占めることで銀行融資を促す異次元緩和は究極の供給側先行政策であり、失敗すれば不良債権を生成するといわざるをえないのです。

コラム◆売り家と唐様で書いた日銀

「売り家と唐様で書く三代目」という江戸時代の川柳があります。名門の三代目が趣味や遊興にふけり、家を売る羽目になりますが、その売り家と書いた貼り紙の字体は中国風でしゃれていることを皮肉ったものです。筆者はインフレ促進政策に疑問を持つ一人ですが、それでも白川時代以前の日銀が「三代目」に見えてしまいます。「日銀理論」という揶揄を気にするあまり、「唐様」つまり「国際標準」のマクロ経済学にこだわりすぎたと見るからです。5千人もいる大組織なのだから、もう少し日本の実情に即し、日本経済全体のなかで金融政策を位置づける努力と説明を行うべきではなかったでしょうか。受け身の立場で、我々に責任はない、やることをやっている、という弁明だけでは、どんな組織でも人事面に影響が出ることは明らかです。国際標準のモデルを使っているなどと日銀の人たちは言いますが、むしろ国際標準だからこそ、日本経済の動き方が分からないのではないでしょうか。

具体的に国際標準の**ニュー・ケインジアン・モデル**の三大構成要素を考察すると、

① 日本経済では**フィリップス曲線**はどう見ても期待によりシフトせず（図1－3）

② 国内の**GDPギャップ**と世界経済で決まる実質利子率はさほど相関を持たず（本書で重視する雇用者報酬の伸び悩みはGDPギャップを大きくするものですが、労働分配率は景気に逆相関します）。

③ **カルボ型プライシング**は春闘とボーナスからなる日本の賃金設定システムと異なります。予想インフレで現実が動くということは、ある意味で投機で経済が動くということです。日本の制度的特徴は高インフレの苦い経験もあり、むしろこのような予想や投機を排除するよう生成されてきました。

本書の基本的主張は企業貯蓄を中心に日本経済を考察すべきという点ですが、これは日銀統計である資金循環統計より十数年昔より問題視されていた事態です。これらをドメスティックな要因と切り捨てたあまり、説得的な説明ができません。その結果として、**異次元緩和**など、やらなくとも良い実験を強いられています。よりテクニカルにいえば、流動性の罠やゼロ金利といった米国の経済学会に受け入れられやすい部分的想定の欠落ではなく、根本的に金融市場の流れを考えなおすべきではないでしょうか。企業が資金黒字主体だからこそ、金融政策がうまくいかないのであって、たまたま負のショックがあって名目金利のゼロバウンドに引っかかったわけではありません。本書はより深い原因を考察していると言えます。

筆者は近代経済学の枠組み自体を疑問視すべきなどと、一昔前の大御所経済学者のような大きな問題意識を主張しているのではありません。米国の制度を抽象化したモデルを離れ、自国の特徴を踏まえたモデルの作成が必要という、ヨーロッパでは当たり前のささやかな主張を行っているのです。[21]

難解な新理論を振りかざして、こんなことも知らないのか、と言えば、たしかに多くの人はその場では萎縮します。しかし経済理論は権威を背景とした恫喝と保身の手段ではありません。巨大なシンクタンクとも言うべき組織を、狭義の金融政策に留まらず、日本経済全体の分析に使う方向が望まれているのではないでしょうか。

4　円安誘導の限界

円安になるための期待の変化とは

金融緩和政策のバリエーションとして、インフレ期待をもたらし円安にすればよい、という考え方は根強くあります。どうやって期待を動かすかという大問題には一義的な解答はありません。その結果、たしかに全企業がそう思って、個別の値段を一斉に上昇させるという期待が生まれ、それが実行されれば、その総体としてインフレが生じ、そして円安が生じると言えないこともありません。またインフレ期待から円安が生じることは論理的にはありえます。しかしその期待は、これまでの経験やマクロ変数との相互連関と整合的でないと、単なるバブルではないでしょうか。そこで日本経済でインフレの結果、円安が生じる条件を、名目成長率や失業率の変化幅に即して考えてみましょう。

図1－9 介入、金融緩和と株価・金利・円ドルレート

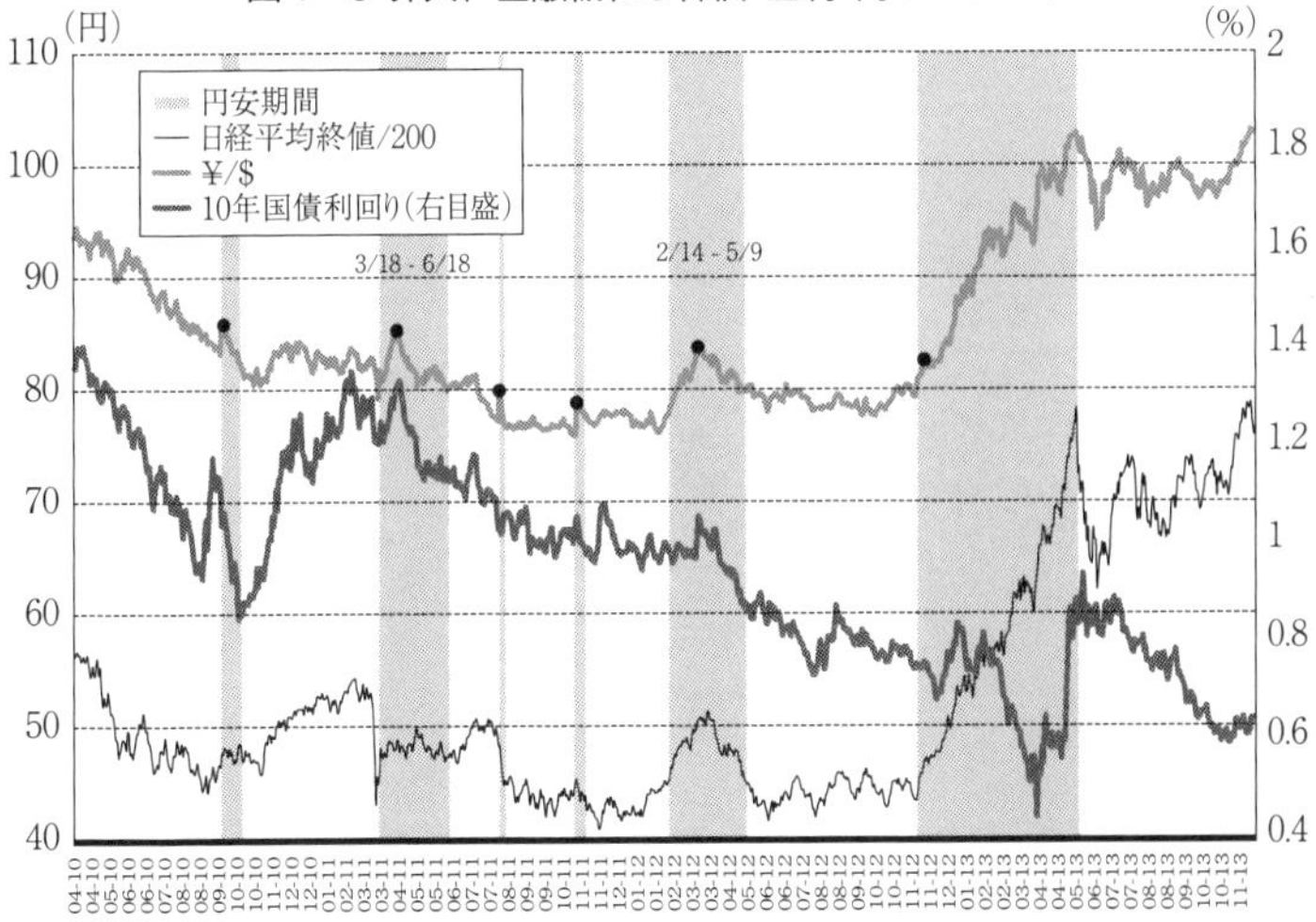

（データ出所）日本銀行、財務省

まず名目為替レートは金利差を反映しますが、日米の名目金利差はインフレ率格差を反映し、近年はともかく伝統的には3％にも上ります。[22] この3％の差が円高トレンドを招いているわけですから、トレンドを逆転させるためには、米国のインフレ率が3％前後に戻れば、ゼロ未満の日本のインフレ率を恒常的に3％になると期待させなくてはなりません。フィリップス曲線から見て3％のインフレ率は2～3％の失業率に対応し、この失業率はオークンの法則から考えると10％以上の実質成長率を意味します。

こういった実体経済との関連を考えると、企業が10％以上の実質成長率を予想することで、はじめて3％のインフレ率が達成され円安になるとまとめられ、本来は**とてつもない規模で期待が変化しないといけない**ことが分かります。このように段階を踏んで考えてい

けば、常識を超えた議論をインフレ促進論者は行っていることが分かるのです。

なぜ好況初期に円高になるのか

ここまで平時の円安誘導が本来は難しいことを説明しましたが、異次元緩和以前でも時に円安傾向が続いたことも事実です。それらは円高の行き過ぎを是正するために生じる円安であったり、また限界に達していない諸外国の金融政策の発動に基づくものです。筆者は（脇田（2010)p. 96などで）好況前期には円高、後期には円安が生じやすいことを指摘してきました。世界景気が連動する場合、世界好況はドルにも円にもプラス効果です。それなのになぜ日本は景気の足取りがはっきりとしない好況初期に円高となるのでしょうか。以前はⓐ日本の輸出構造が世界景気に敏感であること、ⓑ労働保蔵傾向から生産が素早く立ち上がることを指摘しましたが、それに加えてⓒ金融政策的側面をうまく図示（図1－8）できるようになりました。

米国は不況期に大きく金利を下げてドル安誘導が可能ですが、ゼロ金利や物価がさほど変動しないため日銀は利下げができません。そこで不況期には金利差が小さくなっています。そして好況初期には、米国市場金利の上昇はゆるやかで、米国は金利低下・ドル安を享受することができます。そこで好況初期にはドル安円高になるのです。こういった意味では日本のゼロ金利制約は為替レートを通して、**景気の振幅を拡大**していることになるでしょう。なお株高をもたらした円安は良いことづくめに思えます。しかし円安株高のパッケージは実はドルを持った外国人特定の日本株バーゲンセールであり、その後の外国人持株比率上昇を通して企業ガバナンス問題を誘発する可能性があります。

為替介入には効果があるのか

さらに為替介入も時として要求されます。たしかに2011年には日銀の金融緩和とともに、3度の円高介入が行われました。最初の円高介入は諸外国の批判を浴びたものの、意表を突いたことは事実であり、それなりの成功を収めたものとも評価できます。小泉内閣期には110兆円規模の巨額介入が行われたわけですから、なぜもっと積極的に行わないのか、という意見も呼び起こしました。たしかにこれらの政策で、為替レートが短期的に動くことは事実であり、また行き過ぎを防ぐという側面はあるのかもしれません。しかしながらこれらの介入は大体1カ月程度しか、効果はありませんでした。

このような力づくの介入を望む議論は、変動相場制移行後40年間も経つのに、いまだに外国為替市場のイメージを把握していないことによるのではないでしょうか。そこで通貨と国の関係を商品券とデパートに喩えて説明してみましょう（より詳しくは脇田（2010）を参照してください）。三越や高島屋などデパートで発行されている商品券はそのデパートでしか通用しません。同じように円は日本以外では通用しにくいものです。そう考えると通貨は国特有の商品券、万能引換券であり、外国為替市場はデパートや商店街が、商品券を出し合っている場所ととらえることができます。こう考えると次の2点が理解できます。

①**長期PPP**　日本経済の規模が小さくなっても、円安になるわけではないという考え方は、日本という大きなデパートが小さなコンビニになったとしても、引換券は同じだけのコーラや弁当に引き換えられ値打ちは変わらないはずだ（**購買力平価説**）ということを意味します。

②**短期アセットアプローチ**　ただし為替は単なる引換券にとどまらず、資産として保有すると、利子というポイントがつくという側面があります。長期危険利子率は成長率と概ね比例しますから、**成長率が高いほど通貨高**になるわけで、国力あるいはマクロ経済全体の力は（短期的に限られているにせよ）実質利子率を通して為替レートに反映するといえます。

なおこの引換券とおまけのポイントというところが、貨幣保有の代表的動機である取引需要と資産需要に対応するわけです。米国のような借金国は高金利というポイントをつけて、資金繰りを配慮します。一方、高金利高ポイントで引換券は高価格だが、資産として貯め込まれるばかりでは、デパートの品物は売れません。そこでデパートの中のテナントは困ってしまうので、日本などはポイントを下げ、消費を促すことになります。

さて、ここであるデパートが経営不振を打開するため、商品券の大量発行と安売りを仕掛けてきたらどうなるでしょう。対抗して安売り合戦が始まり、すべてのデパートの収益力は下落します（非貿易財産業が犠牲になります）。しかし一方で、あるデパートが経営危機となり、販売の弾みをつけるために商品券のバラマキを企画した場合、周りの他のデパートは容認する場合もあるでしょう。

つまり小泉期や東日本大震災後の日本経済は経営危機となったデパートであり、リーマンショック直後の日本はそうは思われていなかったことになります。異次元緩和期であっても、円安が極端に進んだ時期は実は6カ月程度です（図1－9）。この点を理解せず、いつでも円安に人為的に誘導することが可能であるかのような意見が今後も勢いを増すことが予想されますが、それは国際社会でいつでも容認されるわけではないと理解することが重要です。

なお通貨の信認が崩れてハイパーインフレが生じる場合は、本当にデパートが潰れそうで、いくらでもいいから商品券を使ってしまいたい、換金したいという状況と考えれば良いわけで、それは究極の「瀬戸際戦略」でしょう。

以上で議論の多い金融政策について、筆者の意見を述べました。なかでも、

① **非専門家**は貨幣乗数の議論を理解していない。

② **専門家の実証分析**は海外との金融変数の連関を含んでいないため、日本国内の金融政策の効果が過大視されている。

③ **日本銀行**はグローバル化により根本的に政策対応が難しいことは、存在意義にかかわることなので認めない、とまとめられます。

その結果、バブルで痛い目にあった国なのに、金融政策に過剰な期待がかけられています。し

かし本書の随処で議論するように借金を返す、賃下げを容認する、こういった我慢の集積がデフレに表れたと筆者は考えています。

5　海外展開の限界

日本の景気は輸出が先導することはよく知られており（グラフは脇田（2012）p.206参照）、世界の景気循環の動きに日本は制約されています。財政危機のもとでは政府支出により内需を直接動かすことは難しいわけですから、輸出増大が日本の生命線のような議論が頻出します。さらにグローバル化が叫ばれるわけですが、実はそこには難しい問題と認識ギャップがあります。

まず日本の輸出は50兆〜70兆円程度で、５００兆円のＧＤＰの残りのほとんどは非製造業と政府部門であることです。この比率を考えると、日本経済全体の平均や集計された数字やグラフはほとんどが非製造業部分を表しているのですが、一般にはそう思われていません。むしろ議論の想定は輸出を行う製造業の著名大企業にあり、受け入れられやすいストーリーが作られています。[23]

機械中心の輸出産業はどう特徴づけられるのか

次の問題として、輸出の中身です。**輸出は特定産業に集中**し、なかでも機械産業が6割、それに加えて金属・化学産業を加えると8割のシェアとなり、この「機械」こそが日本の「**ものづくり**」の中核です。輸出向けと内需向けの労働投入量をより詳細に区分はできませんが、日本ではこれらの産業の時系列的推移を見れば、輸出のおおよその変動パターンが理解できます。これら輸出産業の問題は大きく分けて2つあり、まず、

① 資本集約的であり、**雇用吸収力はあまりない**こと、さらに雇用吸収力が減少して内需への波及力は弱まっていることです。

このことは輸出産業の人件費総額の推移からも明らか（就業者数シェア（国民経済計算）でみると80年代の12％弱から、直近の9％弱まで低下）で、なおかつ企業別マイクロデータを使った研究からも実は示唆されます（若杉他（2008）表6 p.10）。国際貿易の基本定理にはヘクシャー＝オリーン定理があります。この定理は相対的に豊富な生産要素を集約的に使う産業が輸出産業であることを示しており、日本経済は労働力よりも資本が豊富な経済であり、日本の輸出パターンはこの定理通りということができます。さらに問題は、

② 工作機械や家電や自動車など消費財を中心とする機械産業は、世界景気が上昇すれば工場が建って工作機械が売れる、車が売れるというように、世界景気に敏感でありすぎ、**産業構造**

がギャンブル的であるともいえます。リーマンショック以降の一部企業の苦境は、それまでの好況期が継続すると考え、「賭け」に出てそれが裏目に出た結果が多いのです。

以上の意味でグローバル企業がさらに強くなることによって、国内にその果実が**トリクルダウン**するルートはもともと小さかったし、小さくなっていくといえましょう。そしてトリクルダウンに限界があるのなら、政府が懸命に保護するベネフィットは小さくなってゆきます。

もちろん輸出を伸ばし海外雄飛する企業はそれはそれで良いし、頑張ってもらえばいいのです。しかしその果実のお余りを一部の人たちが貰おうとするばかりで、全体を犠牲にする動きは望ましくないし、時には資本主義のルールに目をつぶってまで国民全体が我慢しても、見返りは少ないのではないでしょうか。

輸出比率で産業別の特徴を理解する

図1-10は産業別の輸出比率や海外進出動向などを表しています。もともと、

- 海外移転の動きが加速しているといっても、設備投資全体に対して2割程度の金額であり（よく報道される日本政策投資銀行発表などの大きめの割合の数字は製造業の大企業のみを抜き出した数字です）、
- 海外直接投資は全体で4兆〜8兆円程度、そして

図1－10ａ 輸出比率と海外比率・税負担

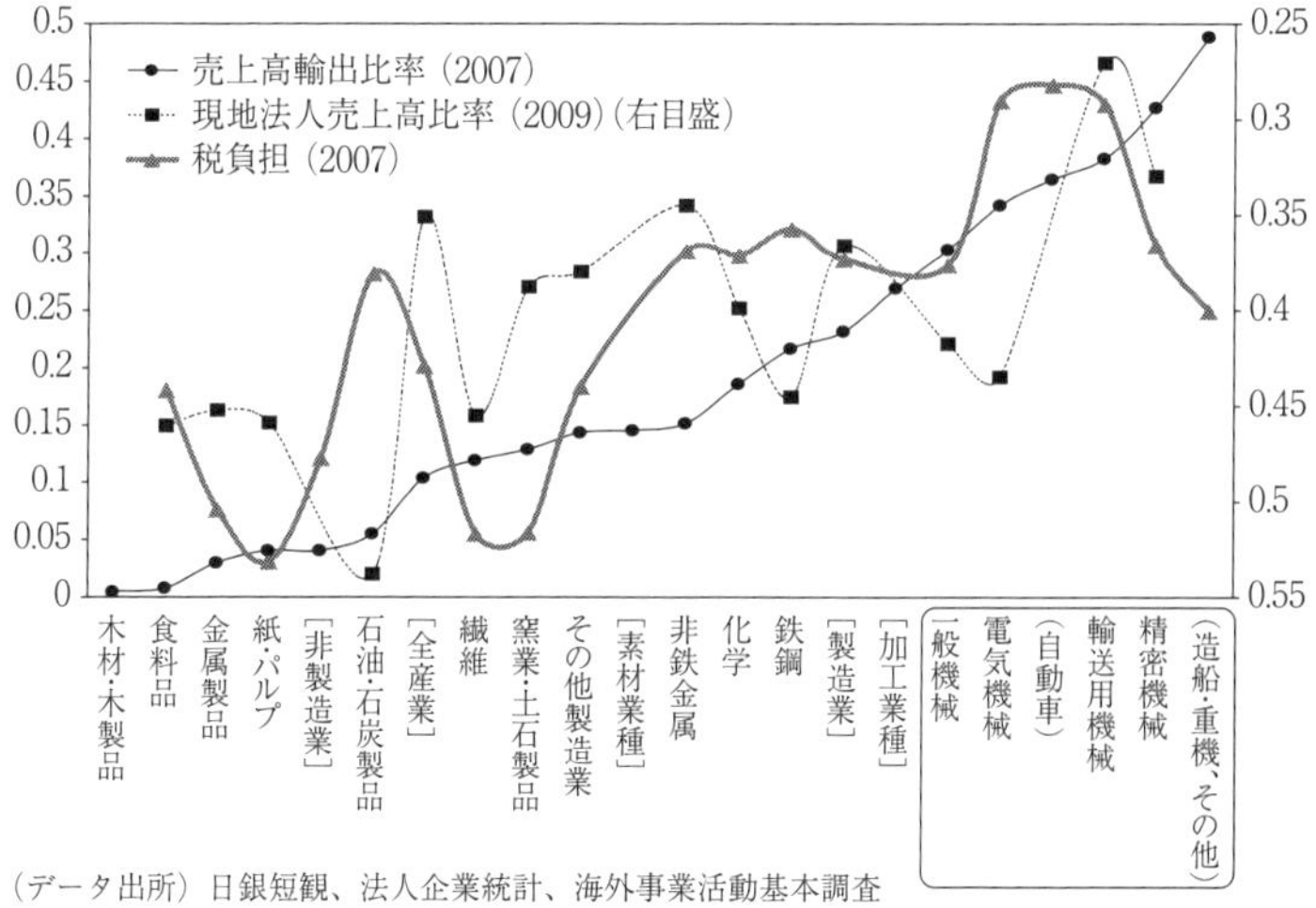

（データ出所）日銀短観、法人企業統計、海外事業活動基本調査

図1－10ｂ 輸出比率と前回好況期の売上高・人件費の変化

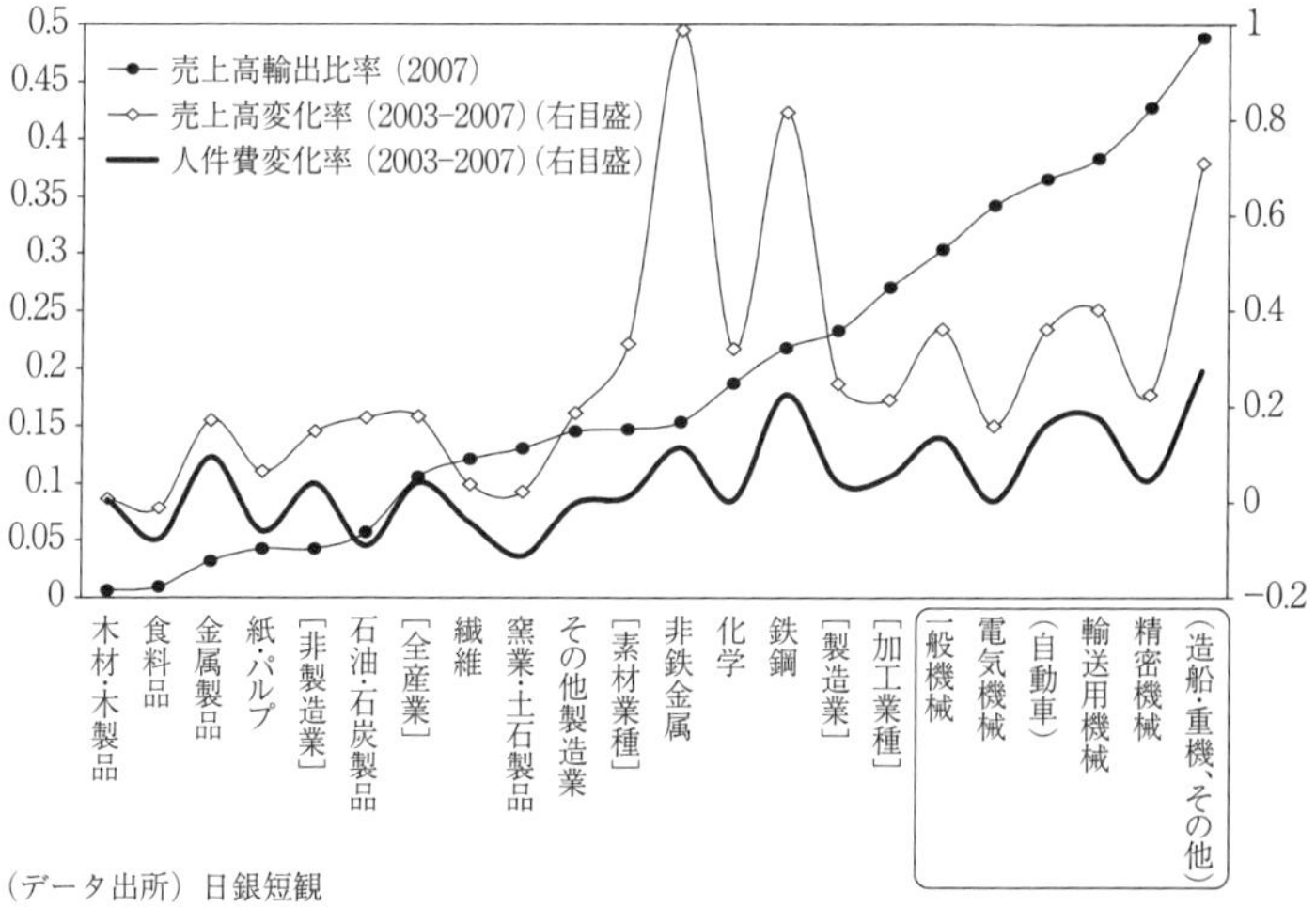

（データ出所）日銀短観

• 輸出産業の法人税シェアは2割前後（第5章参照）です。
輸出比率で並べた産業別の動向をみると

①売上高輸出比率（日銀短観）が高い産業ほど、海外現地法人売上高（経済産業省 海外事業活動基本調査）比率も高い
②売上高輸出比率が高い産業ほど特別措置等があり、税負担比率（法人企業統計）は低い
③輸出産業は装置産業（非鉄・鉄鋼）や機械が過半であり、資本集約的であり、2000年代の好況期に売上が上昇するほど、人件費は伸びない。

ことを示しています。その他にもいくつかの過剰反応の例を挙げてみましょう。

ⓐ**東京電力**　大震災前の時期ですが、東京電力は海外進出を計画し、2020ビジョンでは海外に1兆円を投資すること、4500億円もの巨額の増資を行って株価を既に急落させていました。原発事故以後、この他にも安全対策軽視など東電の経営には疑問があることは報道されているとおりです。**地域独占企業である東電がなぜ海外進出**なのか、株主の権利を阻害する行動に出てよいのか、さまざまな疑問が生じ、この点からも企業ガバナンスに問題があることは明らかです。ところが海外進出といえば、何でも通ってしまう「空気」のせいか、当時これが問題にされ

ることはありませんでした。またマスコミの健忘症の結果、現在でも、この増資に関して注目はされていません。

ⓑ **エコポイントと家電バイアス**　金融技術の暴走からリーマンショックが生じましたが、２００９年には輸出は2年前より30兆円近く減少しました。このためエコポイントという名目で自動車や家電購入など輸出産業救済のためのに補助金制度が導入されました。諸外国も同様の制度を導入するなど、やむを得ない経緯があるとは思います。しかしこういった保護政策の経緯を忘れて日本に拠点を構えることを足枷とばかり言い募る経営者の存在は残念なことではないでしょうか。さらに大きな問題は、エコポイントの一部は実は輸入促進策になってしまったことです（脇田（2012）p.225）。薄型テレビやデジタルカメラなどのデジタル家電はもはや輸入超過であり、輸入増をけん引したのが、エコポイント制度で需要の伸びた薄型テレビですから、現状を精査して計画が立てられたのかどうか、疑問に思います。国内の家電産業は難しいところに来ており、日本は家電王国という認識はもはや古いのでしょう。[24] 輸入増大はＧＤＰのマイナス要因であり、**補助金でＧＤＰを引き下げるなど前代未聞の結果**です。さらに海外移転（や一時の派遣切り）が大きく報道された業種は、著名家電企業に多いのですが、いわばこれらは家電産業の過去の栄光に引きずられた認知バイアスの一種であると言えましょう。最終消費財を販売することから、下請企業にも立場が強く、巨大広告主でもあるこれらの産業の問題点は必ずしもマスコミで指摘されるわけではありませんが、充分認識しておく必要があるでしょう。

ⓒ　ＧＮＩと海外子会社の内部留保

日本企業の海外収益率は低いと報道されており、また海外に利潤は内部留保として滞留しています。解釈は両面ありますが、２００９年度には海外子会社の利益の国内還流を税制優遇する制度改正が行われました。しかし環流は頭打ちであり、国内のみならず海外にも内部留保が滞留（08年度末で19・６兆円）しています。一方、賃上げをめぐっては海外収益が、国内の労働者に還元されることは少ないようです。政府は海外投資収益を含むＧＮＩ（国民総所得）指標を重視する方向とも時に報道されます。しかし家計に伝播するルートがつまっています。収益は海外で稼いでいるのだから、国内には還元できないという経営者側の意見は、一面もっともですが、海外へ投資して、国内家計がその果実を得られないのであれば、国が何も無理に海外進出をサポートする必要はありません。

リーマンショックで減少した輸出は30兆円にも上りました。この数字はフローの数字であり、東日本大震災のストックの被害が20兆円と言われていることと比較すると、とてつもなく大きなものです。先述したように特定の得意先に入れ込みすぎたとしか言いようがありません。もともと消費などで構成される内需は、日本経済の「目的」とも言えますが、外需は所得稼得のための「手段」にすぎません。ところが景気循環上、あまり大きく動かない内需を軽視し、「手段」であるのに動きだすと大きい外需をあまりに大事にしすぎているのではないでしょうか。まさにヘボ将棋、王より飛車を可愛がり、という状況です。

以前に国際比較から、日本の輸出比率が案外低いことが問題視されましたが、そこで高いと指摘されたユーロ圏諸国は危機に苦しんでいることは周知の通りです。また交易条件も悪化していますが、競争相手の韓国はより悪化しています。「はじめに」でA論とB論を述べました。B論がワイドショー的なポピュリズムならば、輸出志向とつながることの多いA論も実際はビジネスマンや経営コンサルタントが喜ぶもう一つのポピュリズムだ、という認識も必要ではないでしょうか。

「国滅びて（グローバル）企業あり」などと言って、日本経済の将来に極めて冷笑的であり、国の自壊を放置するばかりか、我先に海外脱出を促して自滅させようとしているとしか思えない議論が盛んです。たしかにM&A等を通して、グローバル化に対応することは必要でしょう。しかし世界第3位の経済である日本経済から逃げ出すことばかりを、政府が考えていて良いのでしょうか。

6　念頭に置くべき4点

以上で日本のマクロ経済を考える場合、金融市場のルートは動かすことが難しい状況であるものの、労働市場のルートが有効であること、つまり実質GDPが高まっていけば、失業率が低下し、労働市場がタイトとなって、賃金が上昇してデフレ脱却を果たす可能性を見ました。GDP

という大きな凧をコントロールすることを考えれば、金融市場というひもはゆるんでいますが、労働市場というひもをピンと張って制御できることが考えられるわけです。この労働市場のルートは伝統的なケインズ経済学的な考え方――不完全雇用と完全雇用の2分法――を反映したオーソドックスな考え方です。ところが日本経済では「失われた10年」において不良債権処理とその波及の負担が大きいために、このメカニズムが見えにくく、政策濫発の結果、ケインズ的な政策の有効性が低下しました。

そして今後も残念なことに、循環メカニズムの「診断」がケインズ的であったとしても、「処方箋」はケインズ的有効需要政策に頼ることは難しいでしょう。なかでも国際化する金融市場を一国の金融政策で動かすことは難しいでしょう。そこで何とか大きく市場メカニズムを動かすことを考えねばなりません。

そのために、労働市場を中心に以下の4つの考慮すべき点があります。

①労働　高齢化による労働力人口減少と非正規雇用化の流れ

まず労働市場の状況をみると、あと少しで失業率4％割れに達するところまで来ていることは念頭に入れて置くべきことでしょう。東日本大震災（2011年3月）の直前の2月には失業率（季節調整値）は4・6％にまで、民主党野田政権から自民党安倍政権に交代時には4・2％まですでに低下していました。さらに今後、日本の労働力人口は団塊世代退職に伴って、数百万人のオーダーで減少します。労働市場はゆっくりとタイト化するトレンドの上にあります。

一方で近年では非正規雇用の増大が急ピッチです。実は小泉内閣期には、失業率は急低下したのですが、代わりに増加したのが非正規雇用です。平均労働時間の低下と雇用者数増大を伴いつつ、非正規労働者数の増大は失業率の低下に寄与したと考えられるものの、それは雇用者報酬全体を上昇させませんでした。結局、非正規雇用とは給与と労働時間を下げながら仕事を分け合った、一種の**ワークシェアリング**であったと考えられます。非正規雇用増大は高齢化に伴う部分がかなりの部分を占め、ある程度やむを得ないところがあります。しかし「やむを得ないこと」と「積極的に促進すること」は違います。待遇に不満が噴出する現状と、低所得による需要減少の経験から、全面的に推進すべき方向ではないことは明らかでしょう。

日本経済はバブル崩壊期まで、一貫して低失業率を達成してきました。高度成長期には二重構造を解消するなど、当時の安定した社会の達成には、労働市場がタイトであったことが大きいのではないでしょうか。そしてこのタイト化を実現するためには、リストラから労働慣行の崩壊を目指すよりも、後述する企業の余剰資金活用策が早い、というのが筆者の基本的な見方です。

②生産物需要　グローバリゼーションの一方的認識

輸出主導の問題点は先に指摘したとおりですが、失業率の推移を見れば海外の状況はもっとひどいことを念頭に置くべきです。欧米の失業率は日本の約2~3倍であり、日本のマクロパフォーマンスは悪くありません。たとえば1人当たりGDPランキングも、極端なユーロ高が是正された結果、ヨーロッパの小国が順位を下げるにつれ、今後の日本は上がってゆくでしょう。**グローバリゼーションとは世界と共存共栄を目指すこと**になると思うのですが、世界経済が変調し、自社の業績が悪くなると、すぐ円高是正を叫び、安売りを図る行為はいいとこ取りと非難されてもしかたがないでしょう。これでは「国際社会における名誉ある地位」を占めることは難しいのではないでしょうか。

③金融　どこにお金があるのか

さて日本は経常黒字国を永らく続けてきました。経常黒字国とは国全体で貯蓄が超過していることを意味しますから、どこかが貯蓄を供給していることを意味します。しかしこれまで、どこに余剰資金を貯めたのでしょうか。どこの資産が増えたのでしょうか。実は（グローバル競争下できびしいはずの）企業部門です。財務省法人企業統計によれば、企業の純資産は1998年の252兆円から、2012年の537兆円まで倍増しています。この期間における国債残高の増加分の約6割に相当します。これだけの金額を企業部門が貯め込み、金融機関を通じて最終的には国債購入に回っているのです。これはマクロ的な悪循環です。

筆者は労働市場のメカニズムを通して、企業が家計に所得を返すことを訴えてきました。本書では第2章と第3章で供給を中心に労働市場を考察し、第4章で企業の財務状況を考えます。

④政府　お行儀は悪いけれども……

最後のポイントとして、そして最初の成長戦略に戻るのですが、経済学の一般的な枠組みは、

① マクロの有効需要政策
② ミクロの市場メカニズム

の2段階からなっており、前者を使って後者を動かすことになっています。前者はときにモルヒネやカンフル剤と言われますが、真の自己回復力を動かすために、補助的に使う役割を果たすわけです。しかし現在の日本経済では前者の使用には限界があるわけですから、どのような手立てで市場メカニズムを動かすのか考える必要があるでしょう。

ところがこの状況で問題となるのは、

- いまだに金融政策や財政政策に限界があることを理解しようとしない人たちと、
- 規制や補助金にとりあえず何でも反対する近代経済学の一般論です。

特に後者は派遣などの規制や児童（子ども）手当のような補助金を考察すると、大反対論が巻き起こっています。また前者のマクロ経済政策の限界を理解する人であっても、後者のミクロ的な政策に踏み込めず結果的に考えが行き詰まってしまう人もいます。しかし多くの市場の失敗に対して、適切な規制等を考えることは経済学者の役割であり、現実にも有効な規制や補助金は何かという問題が、盛んに産業組織論等の分野で研究されています。ただこれらの研究は個別の専

門家が範囲を狭く区切って研究しているものですから、日本経済全体の閉塞という状況に対してどうも広がっていきません。専門範囲を超えると、一般論として規制は良くないとコメントしがちです。

しかしながら賃金停滞や少子化がこのままでよいとは思えません。ケインズ政策というアクセルが効かなくなった日本経済というバスが、少子高齢化というアリ地獄に少しずつとらえられているのが現状でしょう。そのためにはバスのなかで、これは手順が違うとか、もっとアクセルを踏み込めとか言って混乱を助長せず、日本経済が直面する困難な状況をもう少し認識してほしいのです。あるいは百歩譲って、「アクセルが効かない」という政策の現状や、少子高齢化というトレンドの現状をよく認識してほしいと思うのです。

- 不良債権処理はバブル崩壊後、12年かかりました。
- 税制や社会保障などの国民番号制はその必要性が訴えられてから、十数年かかりました。
- 公務員改革は忘れ去られています。

お行儀よくやろうと思うから解決策は難問なのであって、その気になれば難しいことではないと筆者は考えているのです。経済の制度は我々自身のためにあるものですから、旧来の「しきたり」にとらわれず考える必要があります。

1　朝日新聞（2012年5月12日デジタル版）は「菅直人政権が2010年6月につくった「新成長戦略」を野田政権が評価したところ、約400項目のうち9割は成果が出ていないことがわかった。野田政権はあまり意味のない政策をやめたり予算を減らしたりして、成長戦略を見直す」と報道しています。

2　また日本経済の経験をみても、実質賃金の水準は、60年を1とすると、71年が2、89年が3となります。つまり所得倍増の60年代に賃金は倍増したが、その後20年程度かかって、1・5倍になったわけです。

3　もちろん建造物といっても、新しくきれいな店が建つことは、小売業において意味のあることです。しかし商業統計（経済産業省）によれば、売場面積1㎡当たり年間商品販売額は70万円（平成16年）から66万円（平成19年）に低下しています。就業者1人当たり年間商品販売額等は上昇しているので、人員配置は調整されているとしても、売り場面積や建造物など物的資本は調整されていません。

4　もともと労働生産性の高い製造業の生産性をさらに上げるべきか、生産性の低い流通、運輸・通信、金融業などサービス業の生産性を上げるべきか、という二つです。

5　なお時折、治療が限界であることを重く受け止めるばかり、日本のマクロ経済が新古典派均衡上にあることを主張する論者もいますが、この意見には賛成できません。脇田（2010）に示したとおり、日銀短観は過剰雇用や過剰設備の中期的な継続を示しており、これらを含んだ均衡成長経路といったものを標準的な新古典派経済学は想定していません。既存の治療策が限界に達したからといって、健康体であると主張することはおかしいでしょう。

6　近年の乗数効果をめぐる米国の研究については、たとえば**Woodford**（2010）を参照してください。乗数効果の大きさは現在所得と消費の直接的なリンクに依存します。複雑な動学モデルにおいても結局はこの要素は導入されることが多く、ことさらに乗数効果を否定する考え方は実証研究や経験法則に反します。

7　中学高校でサイコロに歪みがないかどうかの検定の実験を行ったことがあるでしょう。統計的手法のエッセンスはこれらの実験により理解できます。マクロ経済の経験法則は何千万人という人が、いわばサイコロを振っており、そのため規則性があらわれます。原発や地震の問題が紛糾するのも、データ数がなく、サイコロを一回振って、歪みがあるかどうか検定するようなものであるからといえます。

8 フィリップス曲線のフラット化は総供給曲線のフラット化を意味し、ゼロ金利政策はＬＭ曲線のフラット化を意味します。このため日本経済において45度線分析が重要となることは、マクロ経済学の教科書である脇田（2012）を参照して下さい。

9 現在、米国を中心に予想や価格変更機会の割り当てを導入したニュー・ケインジアン・フィリップス曲線の研究が進められています。しかしこれらの研究は諸国のフィリップス曲線が不安定であるという現実があるからこそ、予想という新要素を導入して推定しているわけです。ですから80年代以降の我が国のように安定的な曲線に、（現時点の第一次近似としては）予想を表す項などを推定式に導入して、あえて複雑にする必要はありません。我が国の経済統計は（そして企業は）第4章でも説明するように、売上が高まれば、利潤が高まり、その後に要素分配が行われるといったふうに適応的に行動するため、予想を重視し未来から現在に影響する（フォワード・ルッキング）というよりも、過去から現在への動き（バックワード・ルッキング）が強いのです。白塚・寺西・中島（2010）は金融政策は企業の予想を変えたが、現実は変わらなかった、という動学マクロ経済学からすれば奇妙ともいえる結果を提示しています。しかし予想は「建前」であり、現実の動きは異なるという、日本のマクロ経済変数の経験的な動き方とサーベイデータの特性をみれば、むしろ納得できる結論です。

10 具体的な企業行動に即して考えると、いつ企業が価格を上げるのか、いつ借金を返すのか、理解ができるのではないでしょうか。

11 新古典派的な市場メカニズムが動き出すかどうか、自立的な経済規模の拡大が可能かどうか、を示す数字となります。クラシックなハロッド＝ドーマー型成長理論であれば保証成長率であり、古い教科書でいえば新古典派総合における完全雇用を示す分岐点といえるでしょう。

12 テクニカルな議論になりますが、現在の日本経済をみると、物価を目標とするインフレターゲットが当然とはいえません。(a)超高周波の変数が株価に代表されるなら、(b)高周波はＧＤ

Pや日銀短観に代表され、(c)物価はいわば中周波となり、インフレターゲットは中周波に合わせることになってしまうからです。

13 飯星・梅田・脇田（2011）は国債の期間構造から、量的緩和の限界は1年もの金利にあるとしています。

14 不良債権と金融危機による中期において、政府は政策短期金利引き下げにより金融機関支援を行いますから、短期と長期の２つの利子率の差がひらいた状況で金融危機後の「中期」をとらえることが可能かもしれません。

15 ２００９年度に一般政府が市場などから集めた資金は、約29兆円であり、09年度中に家計と金融機関を除く民間企業で生まれた資金余剰額計約27兆円を、ほぼ一手に吸収しています。

16 この結果は法人企業統計年報に基づくもので、企業以外にも公的機関や家計など貸出先があることから銀行の貸出統計からみることもできます。

17 ２００３年ごろには日本経済は不良債権問題により、国は滅亡するのではないか、といった議論が盛んでした。当時、不良債権はデフレの「結果」であり、デフレを止めないと問題は解決できないとしていたリフレ派の人たちの誤りは今となっては明らかです。

18 狭く深い利害をもつ輸出業者の声が大きく、薄く広い消費者の声が小さいので、円安が良いという意見ばかりが聞こえます。さらに広告を出す立場で考えると、自動車や家電などの輸出業者は広告費を支出しますが、原油など原材料輸入業者はさほどでもありません。円安は原材料を高く買って、製品を安売りするということになります。

19 例外は97年の消費税増税と98年の金融危機に伴うジャパン・プレミアムが生じた時期です。ジャパン・プレミアムという言葉自体が、世界の金融市場の統合化が正常であり、例外時期としてプレミアムが生じるという認識を表しています。

20 関連文献の多くには日米金利差と為替レートのグラフが提示されていますが、金利差の変動の主因は米国金利であり、日本の金融政策の余地はほとんどありません。この状況で米国金利や経済動向を予測して日銀が政策を打つならば、それは日本の中央銀行の行動としてふさわしくない結果に陥りがちです。いわば日銀がＦｅｄウォッチャー化することにもなりかねません。政治的なプレッシャーに耐えかねて、近視眼的な組織防衛努力をするよりも、一時的な苦境に陥っても、できないことはできないと言ったほうが長期的な尊敬を得る道だったのではないかと筆者は考えます。

21 新ケインジアン経済学は名目価格が高止まりしている「症状」に対し、金融緩和というモルヒネでその弊害を除去したり、インフレという「症状」に対し、金融引き締めという手段で対応するモデルです。流動性の罠は貨幣と債券の代替性という金融市場内部の話であり（IS－LM分析でいえばLM曲線の形状の議論）、企業貯蓄の増大は生産物市場の循環の話であり、貨幣や債券市場を含まない生産物市場のみの分析である45度線分析あるいはIS曲線上の問題で充分と筆者は考えます。

22 時に欧米のインフレ目標は2％だから、日本も合わせるべきだという議論は、欧米は3％から2％へ引き下げる議論であり、日本はゼロから2％に引き上げるという側面を忘れています。

23 輸出主導の効果が明瞭に表れる鉱工業生産指数は、「生産」指数であって、「付加価値」指数ではありません。また輸出が量的に大きく動くことは確かですが、単位あたりの波及効果が大きいわけでもありません。平成17年版産業連関表で輸出の粗付加価値誘発係数は0・84で、政府消費の0・94、民間消費の0・88、公共投資の0・89よりも劣っており、民間投資の0・83を少し上回っているに過ぎません。

24 巨人・渡辺恒雄球団会長、横浜球団の身売り先として携帯ゲームのDeNA社について「全然知らないね。松下とかソニーとか、ああいう安定した一流企業が（球団を）持ってくれるのがいちばん望ましい」と話した（サンケイスポーツ11年10月1日）ことは示唆的です。松下とソニーはその後巨額赤字決算を行いました。経営者団体や組合のナショナルセンターの代表も輸出大企業出身者が占めることが多く、認知バイアスを促進しています。

第2章

増大する非正規労働者をどうとらえるか

こうした仕事は門戸が広く、自分で名乗るだけでも全く構わない。ただ残酷なヒエラルキーがあり、一流と二流との間に、天と地ほどの差があるのだと恭子が知るのは、しばらくたってからだ。

林真理子『グラビアの夜』

第1章では近年の日本のマクロ経済の動きを概観しました。そのなかで重要なポイントは、

マクロ経験法則によれば、労働市場はほぼタイト化にせまっている

ことです。近年では「ブラック企業」という言葉が流布し、アベノミクスでも給料は上がらないと不満が漏れますが、それは実体が悪化しているのではなく、文句を言うだけの余裕が出てきた状態と筆者は判断しています。もともとマクロ経済の三大変数というべきGDP・インフレ率・失業率の間にはシステマティックな関係が成り立っており、それを見れば現状が診断できるのです。本章の作業はこの関係の中に、近年に急増した非正規雇用と今後の少子高齢化を位置づける

ことです。これらの問題を考えることは、実は小泉改革がいわば日本経済の不良債権問題という「手術」に成功したが、なぜ「リハビリ」に失敗したのか、という問題につながります。有効需要を減少させた賃金総額低下の動きに留意しながら、労働市場のデータの動きを見てゆきましょう。

労働市場をめぐる議論——質か量か

近年の労働市場をめぐる議論においては、

A　失業率は10％になってしまう

B　非正規雇用1800万人をどうするのか

という2つの強硬な意見が交錯し、「はじめに」で分類したように冷静な議論が成立していませんでした。Bの意見に従えば、雇用者の3分の1は悪条件のもとで働いており、早急な対策が必要となりますが、企業重視のAの意見に従えば日本の労働市場に非正規雇用に配慮する余裕はなく、下手な対策を打てば失業率は上昇してしまう、ことになります。後者Bの意見は雇用の「質」を考えており、前者Aの意見は「量」を重視したと見ることができます。さらに全体として雇用者報酬は上昇しておらず、そこから「症状」を3つに分けると、

①**数量**　失業率増大　②**価格**　賃金所得減少　③**品質**　非正規雇用化

となります。「はじめに」の分類を援用すれば、Bの見方は非正規雇用の待遇改善を通じて国内・労働者を重視する見方につながり、Aの見方は失業率改善という名目で賃金を下げたがる国際派・経営者よりの見方となりましょう。

マクロ的視点で「質」と需要不足を重視すべき

この対立に関して、筆者はマクロ経済上のトレンドとサイクルの分離からは、

トレンド　「量的」には、少子高齢化（特に団塊世代退出）から**労働力人口は700万人減少**し、労働市場は**タイト化**するので、今後はもう少し「質」を重視する余裕もできてくる

サイクル　ケインズ的マクロ経済学の成立が示したことは、失業は生産物市場における**需要不足**の問題であり、供給側の制度改革のみで労働問題を解決することは望ましくない

とオーソドックスに考えてきました。第1章で見たようにリーマンショック以降、我が国の失業率は10％前後に上昇した諸外国に比べてよく踏み留まりました（グラフ等は脇田（2012）p.28

参照）。また日銀短観などが示すとおり、現状では需要不足のため職場でヒトは余っている（**労働保蔵**）という観点から、労働市場をとらえ直したほうが良いと考えています。この状況を考えると、少子高齢化の帰結として労働力が足らないことを危惧し、訓練や人的資本を重視する長期供給側の議論は、労働市場全体の現状とはすれ違いがあります。先に問題は失業・賃金低下・非正規と述べましたが、後述するように、これらの3つの問題は失業者が減ってはじめて賃金が上がりだす（フィリップス曲線）ように、この順で問題が解消します。その後に供給側の「量」の議論を考えれば良いのであって、同時並列的に考える必要はありません。多くの供給促進政策は時期尚早であり、政策発動のタイミングを誤っています[1]。

さらに非正規雇用は雇用者の3分の1を占めると驚かれますが、父母と暮らしている若者が働き出し、母がパートに出れば、家族3人の雇用者のうち1人、つまり3分の1は非正規雇用者となります。また非正規雇用の給与水準は低く（正規労働者の約3〜4割）労働時間も短いため、数量シェア1/3×給与水準比（0・3）と計算すると、雇用者報酬全体の9割近くは正規雇用が占めることが分かります。そのため格差是正策は往々にして、9割が我慢して、1割を微増させることになり、これではマクロ的なインパクトがありません。この結果、**正規労働者の賃金総額**が総需要を動かす力を持つことを前提として、それを中心に労働市場全体を考えていく手順を採用しないと、マクロ経済は円滑に動かず、後述するように回り回って非正規労働者のためにもならないと考えます。そしてその背景には近視眼的な非正規雇用保護は、かえって非正規雇用を増加させてしまう（**動学的不整合性**）という後述の問題があるのです。

もともとこれまで低質な労働に不満や不安が大きく、派遣村騒動にみられるように、労働条件と将来に多くの人々は不安を持っています。学生の大企業志向もその不安の表れでしょう。この不安は消費を減退させ、回り回って企業を内向きとします。その**不安解消**のために、どう対策を打てばよいのかという問題は、労働市場の制度いじりで考えるのではなく、マクロ経済全体に位置づける必要があるのです。

上下関係か契約関係か

またマクロ的視点の導入は、日本の労働市場をめぐる従来の論点、

> A　合理的で自立した個人間の**契約関係**か、それとも、
> B　理不尽な身分制度にとらわれた**上下関係**あるいは需要独占状況か

という見方の違いに対して有益です。これら意見の相違は労働市場の規制等をめぐって、激しいが嚙み合わない議論をこれまでもたらしてきました。現実には充分に動いていない可能性のある市場メカニズムを、ミクロ的な近代経済学者は完全に動いたとして議論することが多い一方、対立する法学者などは固定的な身分制度を前提として見ています。たしかに現実の労働市場の問題は、数学モデル分析のきれいごとでは不充分で、企業の格付けや身分制度とまでいわれる差別の問題と切り離すことはできないと筆者も時に考えます。激しい議論も、個人個人のトラウマに触

れるような状況があるからでしょう。

しかし短期的に「身分」は固定的で、いわば**企業カースト社会**であったとしても、大きな歴史の流れの中で、これらの「格付け」は産業の栄枯盛衰に依存しながら、変化してゆくと言えます。高度成長期の二重構造論が解消された理由は、言うまでもなく「転換点」といわれる労働市場のタイト化です。結局、現実をA論のように見ることは「偽善」だと言えますが、B論だけでは「露悪」であるかもしれません。

そこで成長と循環というマクロ経済的視点を導入して、両者の折衷を試みることが必要ではないでしょうか。つまり、
- 好況期（失業率４％以下）は労働市場がタイトとなり、市場メカニズムが働くため、規制等がさほど必要でない状況が生まれるが
- 弱い不況期は市場メカニズムが働かないため、規制等が必要であると景気の状況に応じて考えることができるでしょう（ただし強い不況期は失業が急増するため、規制等を緩和する必要があるかもしれません）。いずれにせよ多くの議論は雨と晴れを分けて考えず、全天候型の服を作っていると言えるのではないでしょうか。
規制緩和については多くの議論がありますが、有効需要の裏付けとなる労働市場と個別製品の（安全性等に）かかわる生産物市場では自ずから扱いが違ってしかるべきです。

以上のようにマクロ的な視点を導入し、さらに企業の労働需要独占状況――労働者は他に適当な働く場所がないため企業につけこまれてしまう――という状況を加えて、本章では日本の労働

市場の状況を考えていきましょう。

1 非正規労働者の急増と失業率の変動

まずマクロ経済に対する非正規雇用増大の影響を考えましょう。失業率はバブル崩壊以後、2003年までほぼ単調増加し、好況期においても減少することはありませんでした（グラフは脇田（2010)p. 57)。このような失業率の一直線上の上昇の結果、さまざまな規制緩和が行われました。2003年以降の小泉改革期には、失業率は急低下しましたが、代わりに非正規雇用比率は上昇しました。失業率が減少した部分は、規制緩和された派遣労働者など非正規労働者に入れ替わったことが分かります（第1章図1－4)[2]。

前章で示したように、フィリップス曲線は日本のマクロ経済の理解のためにきわめて有効です。この曲線が表す消費者物価指数変化率と失業率の逆相関関係の間に、非正規雇用の状況を表す変数を加えて見てみましょう（フィリップス曲線は通常は散布図で描かれますが、ここでは時系列で表しています)。図2－1は非正規雇用の時給を毎月勤労統計の指数で代用させたもの（簡易ユニットレーバーコストと筆者は呼んでいます）で表しています。自然失業率と考えられる4％から実際の失業率を引いたものと簡易ユニットレーバーコストは見事に相関しており、また両者

図２－１　フィリップス曲線とパート時給

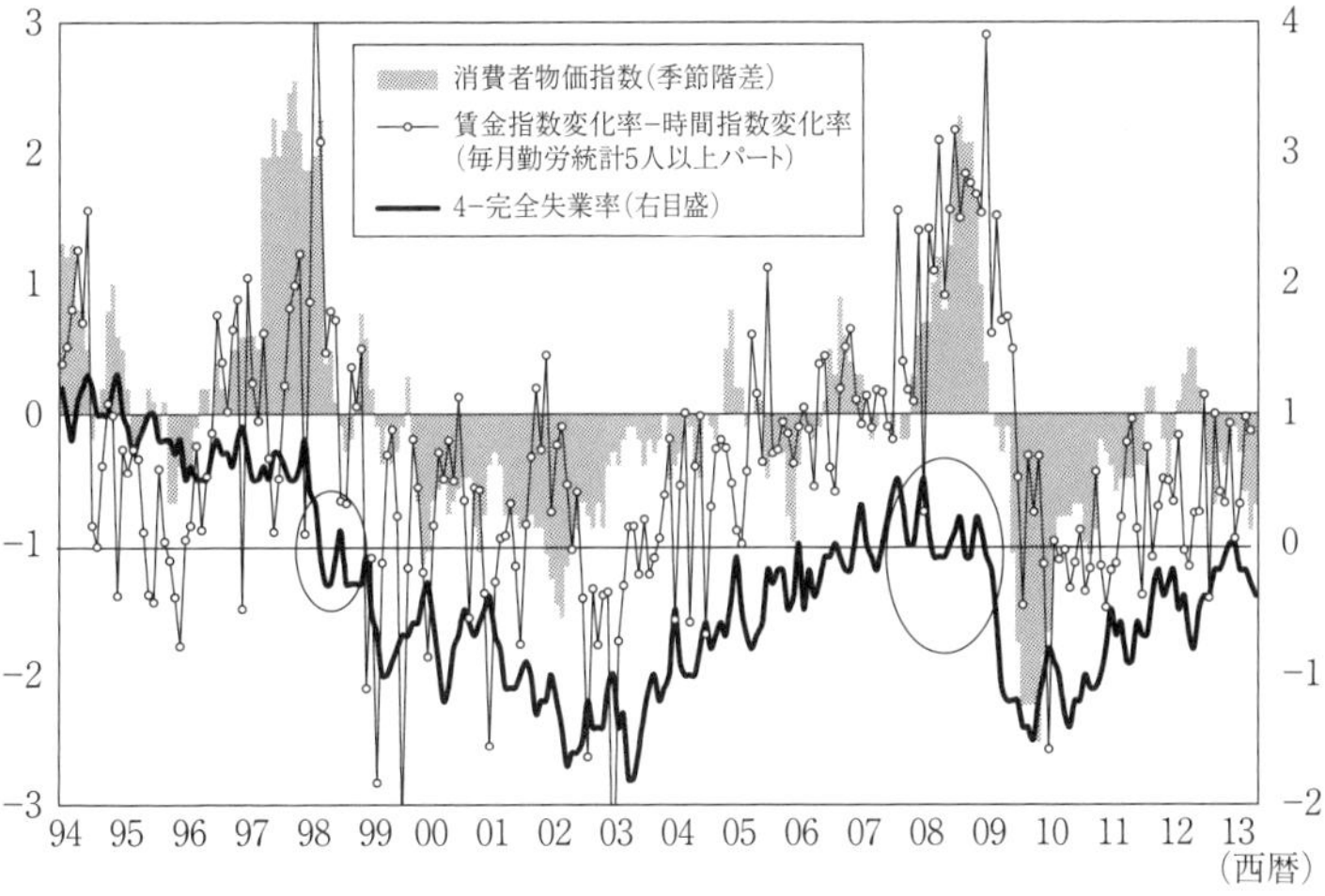

（データ出所）毎月勤労統計 労働力調査

は物価と相関しています。つまりこのグラフは非正規雇用の時給が上昇してはじめて、物価が上昇することを示唆しています。第1章で述べたマグドナルドの地域別価格は一般性を持つ例ということができます[3]。

　賃金の状況をもう少し詳しくみれば、図2－2が示すように2006、07年の景気後半には、パート時給の上昇率が高く、一般労働者の上昇率を超えていることが見てとれます。つまり息の長い景気上昇があれば、非正規労働者の待遇改善につながることが可能です。ネット回線を地域に引く場合、最後に家庭に到達する末端の「ラストワンマイル」に費用がかかることが知られていますが、非正規雇用の待遇は景気上昇の恩恵が染み渡るまさにラストワンマイルということができます。

　このように非正規雇用が媒介となって、失業率と物価の関係を表すフィリップス曲線が

図2-2 乖離したパートと一般労働者

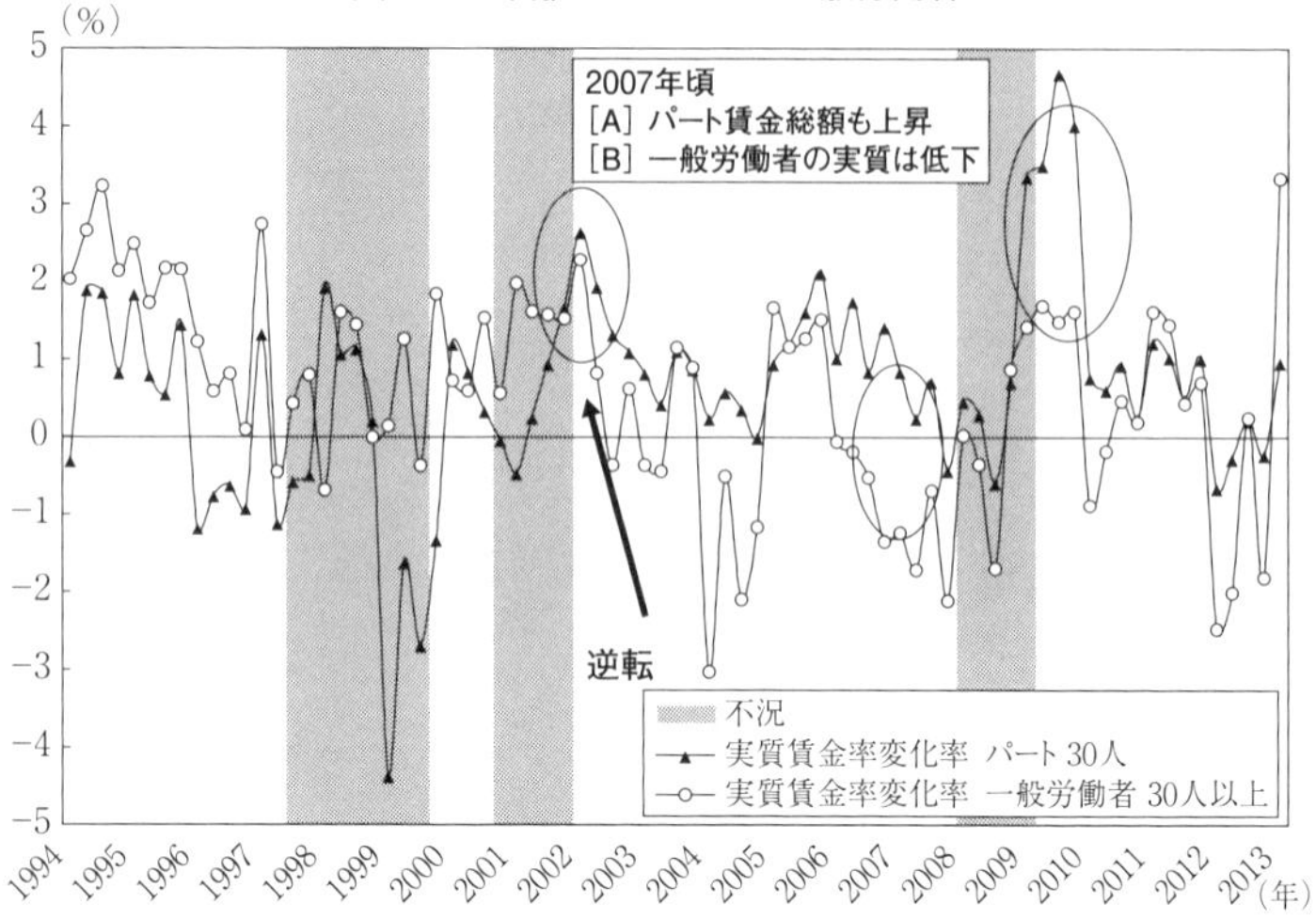

(データ出所) 毎月勤労統計

得られるという点は、物価の動きを考える上できわめて重要な結果です。第1章でデフレ自体が大問題なのではなく「物価は経済の体温計」であるから重要だと述べました。多くの人々にとってそうであることは間違いないのですが、直接体温低下の影響を受け、失業に直面する弱い部分は非正規雇用であり、さらにその待遇改善も景気の回復があれば自立的に可能であることを示しているからです。お湯がぐらぐらと沸くように、マクロ経済が沸騰すれば自然な形で非正規雇用の待遇は改善するわけです。

年齢別失業率と雇用形態別失業率

さてマクロ的な非正規雇用比率の推移は分かりましたが、非正規雇用の中身は千差万別です。若者の失業が声高に叫ばれることもあ

図２−３　雇用形態別失業率

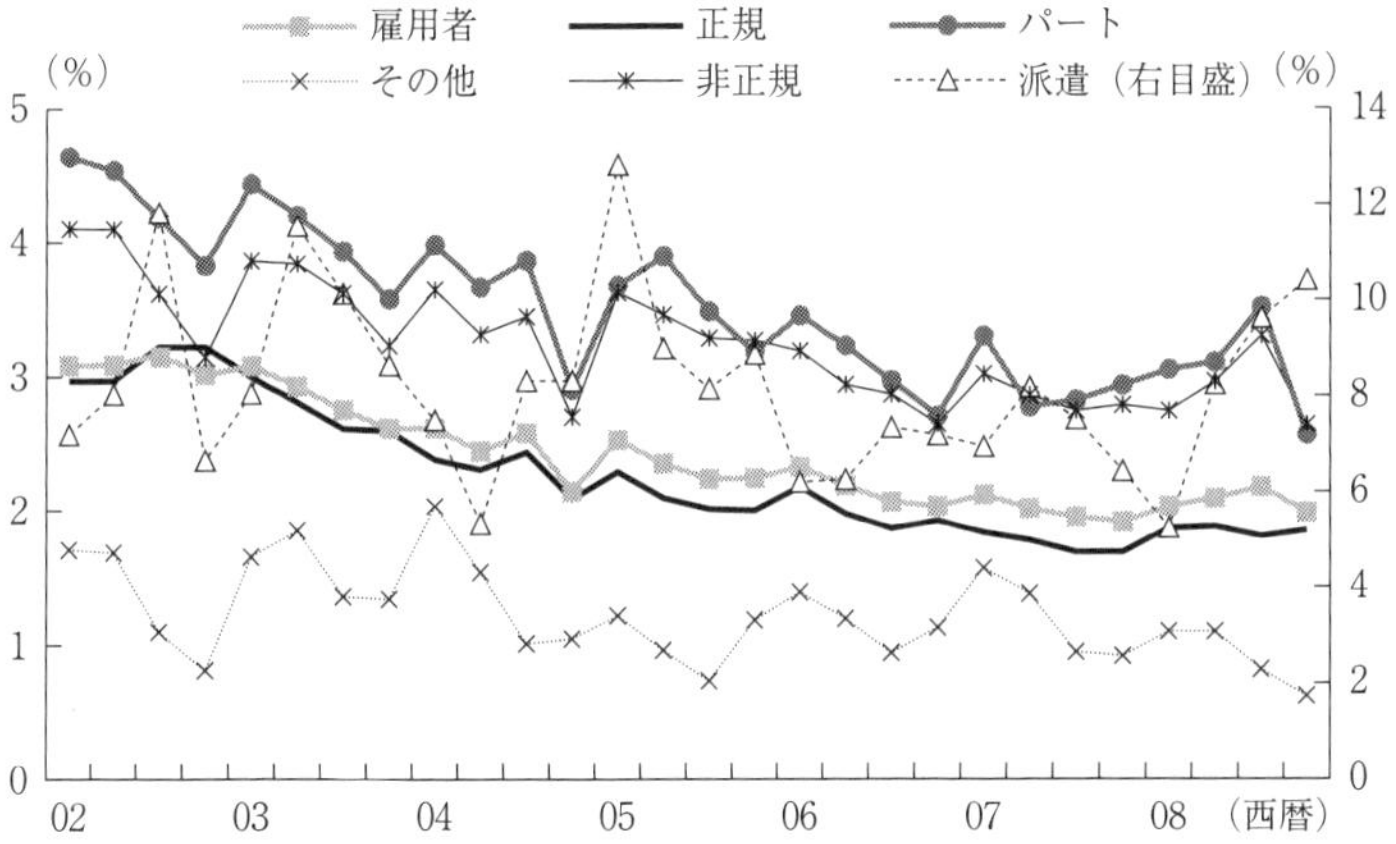

（データ出所）総務省『労働力調査』

（注）雇用形態別失業率＝過去１年以内に各雇用形態からの失業者数／(各形態からの失業者数＋各形態の雇用者数）×100

れば、リストラ中高年が心配されることもあります。派遣切りが非難される一方、パート主婦の忍耐は限界だと指摘されます。ところが年齢別の失業率を見ると、すべての年齢階層別でほぼまんべんなく増え、年齢別格差は縮小傾向にありますし、平均的な失業期間は徐々に延びているものの、さほど上昇したようには計測されていません（脇田（2008））。

一方、雇用形態別に失業率を見ると、明らかに非正規雇用化により派遣など特定の雇用形態からの失業が増加しています（図２−３）。先に失業率増大が非正規雇用の規制緩和につながったと指摘しましたが、非正規雇用を中心に短期間・短時間就労者が増加したため、失業率が増大した側面もあり、因果関係は双方向と言えます。

一口に短時間・短期間就労者といっても、それぞれ固有の問題があります。そこで表２

－1に問題を男女別、年齢階層別にまとめてみました。それぞれに深く大きな問題であることが分かります。分類して考察していきましょう。

非正規雇用の実態と推移

まず厚生労働省の労働力調査詳細結果をみて、人数と時給はどのくらいかみてみましょう（表2－2）。アルバイトとパートが1100万人以上いる一方、派遣社員は約1割弱の80万人であることが分かります。また正社員・派遣社員・パートの年収比率は4：2：1と考えればよく、派遣社員の時給がパートよりも高いことが分かります。[4] さてこのような非正規雇用にどのような人たちが従事しているのでしょうか。性別年齢別にカテゴリーに分類して時系列的な推移を考察してみましょう。

まず非正規雇用増加の問題は、

①**高齢化**に伴う嘱託等の増加（55歳以上増加数は女性232万人、男性150万人）や
②**女性**の社会進出による就業率の増大（男性と異なり景気や失業率に反応しません）

が量的には大きいのです（ただしパート・アルバイトであり、全年齢で408万人増加していま

す〔2003年から2012年まで〕。男女共同参画社会が叫ばれるにもかかわらず、女性の正社員数は横ばいもしくは微減です）。しかし派遣村の96%が男性であったように、報道では、

表2-1　さまざまな非正規労働者

	男	女
高齢者	A 定年延長とリストラ	
中年層	C 派遣村	B 主婦パート
若年層	D 就職氷河期	就職氷河期 E 未婚・母子家庭

表2-2 平成22年（4～6月）度雇用形態別雇用者数・給与・就業時間（労働力調査詳細結果）

	雇用者（計）	正規（計）	非正規（計）	パート	アルバイト	派遣社員	契約社員・嘱託
男（万人）	2835	2305	466	87	168	29	182
女（万人）	2248	1035	1139	750	179	61	149
計（万人）	5083	3340	1605	837	347	80	331
年収（万円）		448		106		193.1	248.4
時給（円）		1914		789		1037	1277
週間就業時間		45		25.9		35.8	37.4

③ 壮年から中年の**男性**の急増（男性25歳から54歳。このカテゴリーは増加数は最も小さいのですが、4％から12％に3倍になっており、２００1年から２００5年の不況期に急増しています）。

が大きく注目を浴びている（理由のないことではありませんが）ことになります。これらのパート・アルバイトとして働いている20代に、「10年後に希望する就業形態は何か」と尋ねたところ、10年後は正社員となりたいとの回答は男性で85％であり、男性パート・アルバイトの8割以上が将来的には正社員として働きたいと考えています（平成18年度国民生活白書）。

④ **若者**については就職氷河期に直面した世代はフリーター化して、正社員になれない

とまで言われましたが、実は**男性**の非正規雇用比率は満遍なく上昇しています。ただ

⑤ 女性の若年層も大きな問題です。家計補助的なパートタイマーばかりでなく、未婚の団塊ジュニア層が増加しているからです。

以上の5つのグループにはそれぞれ重要な根深い問題が存在しています。これをひとまとめに

図２－４ 年齢階層別非正規雇用比率

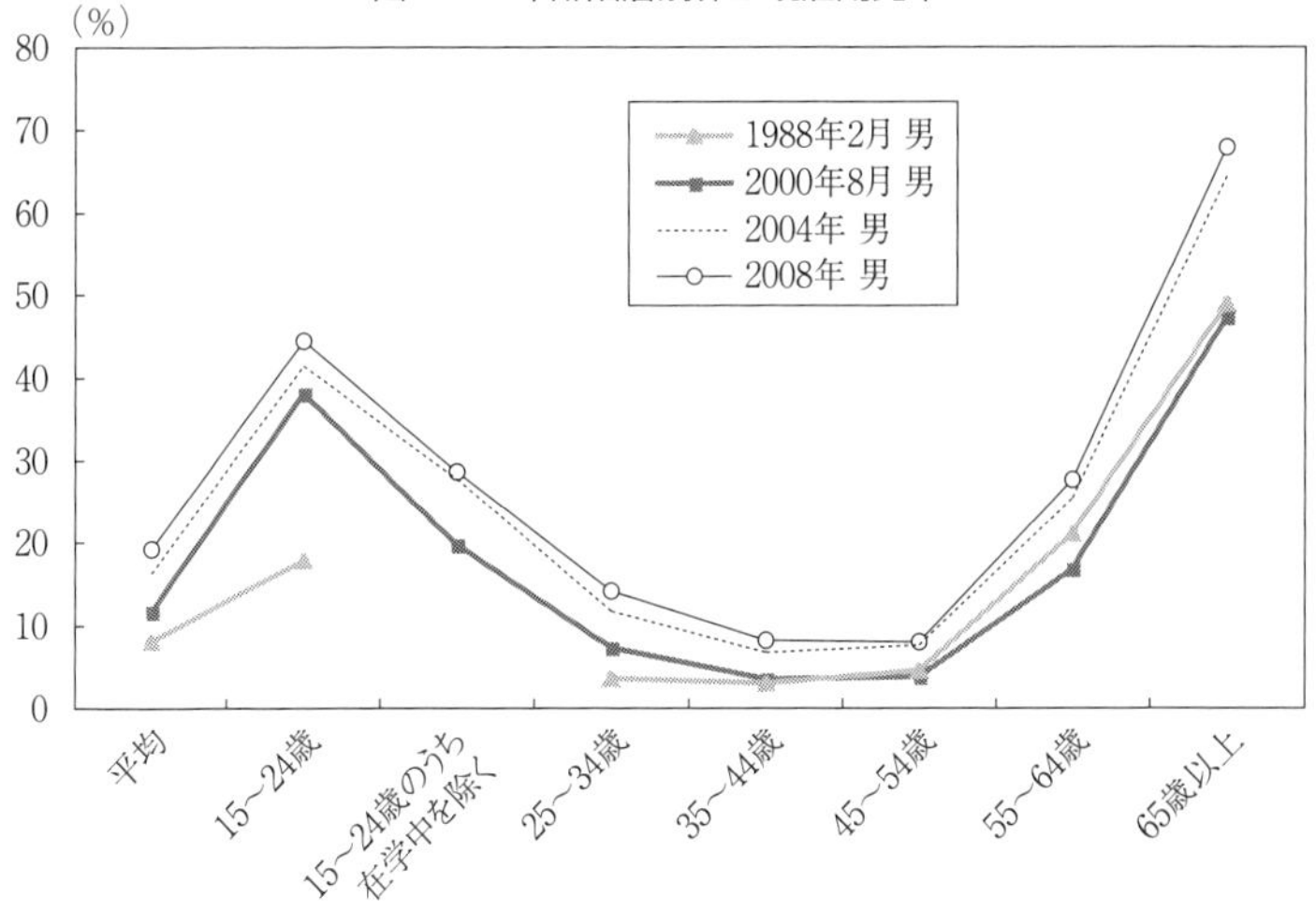

（データ出所）労働力調査

して、解決することは、元から無理な話です。なかでも派遣村にいたような中高年男性の**「切羽詰まったグループ」**と主婦パートなど税金等の関係で**「労働時間調整グループ」**との混在はやっかいな問題です。労働市場の階層構造を考えれば、

> ① 後述する過剰な中核社員の下部に
> ②a 非正規雇用に従事する主婦パートなど、「労働時間調整グループ」
> ②b 非正規雇用に従事する中高年男性など、「切羽詰まったグループ」

が位置しており、まず3分して考えることが適当です。非正規雇用対策の最大の問題は大量の「労働時間調整グループ」が、「切羽詰まったグループ」にフタのように覆い被さっていることです。その結果、さまざまな対策は第3グループまで到達しにくい現状があり

ます。厚生労働省の政策は分厚いトーチカで守られた二百三高地に白兵突撃を繰り返すと言っても良いかもしれません。この階層構造の中で、フタが分厚い理由とフタを取り去る方策を考えていきましょう。

若者と就職氷河期世代

問題をグループ別に分け、まず若年層から考えてゆきましょう。この層の失業率が高いことは高いのですが、突出して高くなったかと言われると、それには留保があります。経験的に（どこの国でも）**若者の失業率は平均的な失業率の2倍前後**で、90年代も例外ではありません。たしかに若者の失業者は増えましたが、ほとんどの階層が同様の比率で増加しているのです。[6]

また新卒で正社員になれなかった若者は、一生フリーターで暮らすしかない、などと言われますが、それは男性に限れば極論です。図2－4を見ると分かるように25－34歳で非正規雇用比率は急低下しており、ある程度の年齢に到達すると正規雇用に移行することが続いてます。

さて一時は、就職氷河期世代とまで言われたような就職難はどうでしょうか。バブル崩壊後の1994年頃から就職難が言われたものの、97年の金融危機後から新卒市場の好転する2004年前後までに、就職状況は悪化しました。ただし大学進学率の上昇から、大卒ホワイトカラー候補生の母集団が増え、競争状況が激化していることも念頭に入れておく必要があります。大学進学率はバブル期ですら40％でしたが、近年では若年人口減少にもかかわらず60％を超えています。

親世代の難関大学は新設学部や定員増もあり、現状では難関とは限りません。しかしそういった学歴インフレの構造はさほど認識されていませんから、親世代の錯覚、いわば**学歴インフレ錯覚**は、就職活動時に子どもを苦しめることになります。

就職の「本音」と「建前」

以上で説明したように若者の失業率だけを取り出して議論することに筆者は懐疑的です。ただその背景には大卒学生の就職問題があることは間違いないでしょう。もともと学生の就職ほど、本音と建前が違う「きれいごと」の比率が高い事象はないでしょう。家計は、

- 子どもに多額の**教育費**をつぎ込んで、**学歴社会**形成に寄与しています。学生は居酒屋等のアルバイトにより
- いわゆる「**ブラック企業**」の存在を知って、よりましな企業を探して血眼になっています。ところが企業側は
- **学歴差別**はない
- 会社に入れば全員が幹部候補生

などといい、有識者といわれる人たちは簡単に

- 中小企業に入ればよい

といって、結果的に「本音」と「建前」、「偽善」と「露悪」のもとで混乱を助長しています。

学生側からみれば、日本経済の大部分にみられる多重下請け構造（第4章注18参照）のもとで、立場の弱い中小企業に入って理不尽な苦しい思いをするリスクがないとは言えないでしょう。そのためにも上下関係に縛られた社会ではなく、安心して働けるように、労働者保護の法制度は迂遠なようでも、マクロ経済的なメリットがある、と筆者は考えます。

ただ一方で、置き去りにされているのは学生の**基礎学力**です。現状の学歴社会がさわやかな実力主義かといえば、そうでもなく、大学経営の立場から学生はお客さま化しており、AO入試等の横道で受験競争があまりに緩和されているのではないでしょうか。筆者など、グローバル化の進む現状で英語のできる学生を企業は採用する必要があるだろうと思います。ところが現実にはそのような傾向はさほど見られず、面接・人物重視が続いているようです。

新卒一括採用慣行を企業は止めたいのか

筆者は新卒一括採用慣行を企業が本当に止めたいのであれば、採用の新卒枠を減らして中途採用を増やせばよいと考えています。現在、学生の就職難を緩和するために、目一杯採用するよりも、むしろ採用を絞って10年後に中途採用を行うよう、引き抜き枠を空けておく企業がなぜないのか、という意味です。中高一貫教育の学校になぞらえて考えてみましょう。高校からの新入生を受け入れるためには、中学入学の枠を少なくしておくことが必要です。つまり企業も中途採用枠を確保して、敗者復活戦があった方が良いということです。

入社時のスタートラインは案外広い（広すぎる）一方、日本企業にセカンド・チャンスがないといわれる理由は敗者復活戦が少ないからでしょう。欧米では巨額の授業料負担が必要なビジネススクール出身者がエリートコースを独占するという側面もありますが、一方で若者にとっては仕切り直しの側面もあります。しかしながら２００６～０８年などの状況を見ると、目一杯、採用しているわけですから、やはり色のついていない学生を一から自前で養成したいという企業の選好は強いのでしょう。

コラム◆新卒一括採用とナビサイト

近年、若者の就職難が再燃し、新卒一括採用が非難されています。一括採用には、
ⓐ 大学から企業へスムーズに移行を促し
ⓑ 企業内で同期の競争意識を利用しながら訓練を一括に行える
という2つのメリットがあり、筆者には巨大企業がそれに依存することはやむをえない、と感じてきました。一方で就活過熱化はさまざまな問題をもたらしています。

就職活動の入口はインターネット上のいわゆる**就職ナビサイト**であり、それは営利企業の寡占状態にあります。ナビサイトの掲載費はどう考えても限界費用を超えた高額（最大手社のシンプルプランで１２０万円から）であり、飲食店などグルメサイトの掲載料が年間12万６０００円であること、ネット上のショッピングサイトは中小企業中心であることを考えると、ナビサイト運用会社の独占利潤最大化のため、手間のかかる中小企業を切り捨てている

と言っても過言ではないでしょう。その結果、学生を適切に誘導するはずの就職ナビサイトが、求人の多い中小企業から学生を遠ざけている側面があるのではないでしょうか。現状は学生たちは有名企業の間を5月頃までぐるぐる回り、その後に中小企業を長期間回ることになっています。

たしかに公的な職業紹介が効率的ともいえませんし、情報の仲介は独占化しやすいという難しい側面もあります。また情報産業発展の阻害をするつもりもありません。しかし労働経済学では、技術革新による間接費用（消費コスト）の低下から、消費が特定のスターに一極集中することを**スーパースター現象**と呼びますが、まさに就職活動も一部大企業がスーパースター化しています。

ナビサイトは広告の委託という形となっているためか、許可制である通常の職業紹介とは別扱いになっています。しかしながら事実上、大学生の就職活動を大きく左右する力を持つわけですから、独禁法等の適用等も含めて、社会全体の立場からそのあり方を再考察すべきではないでしょうか。郵政民営化にあたって、**ユニバーサル・サービス**という側面が強調されましたが、学生の就職活動にもそういった側面があります。大きなビジネスとなった就職活動をひたすら長期化することが望ましいかのような営利企業関係者のポジショントークに惑わされず、とにかく長すぎて早すぎる現在の非効率状況を打破するため、少なくとも株式取引所運営なみの社会的配慮が必要だと考えます。

経済学でいう**人的資本**という言葉は、もともと金融資本から派生して造語されたものです。

夢のような収益が得られるという金融商品は虚偽として罰せられます。しかし人的資本については規制や標準化、情報開示は少なすぎるのではないでしょうか。新規採用市場を人的資本の最大取引市場と考えると、人的資本の収益率の代理変数として離職率や賃金上昇率を開示することは当たり前であり、賃金や労働条件開示に関して、より強制力のある法制度整備が必要ではないでしょうか。生身の人間はモラルハザードを起こします。そこが物的資本と人的資本では違うところです。だからと言って精神論ばかりでは困りますし、諸外国にお手本がないからと言って、何もしないのではあまりに問題です。

主婦パート・アルバイト① 130万円の壁

次に主婦層です。まずパートタイム労働者やアルバイトは1100万人もいますし、平均年収は低いのでたいへんな比率の低賃金労働者がいると驚かれることもあります。しかしこれらの大半は主婦のパートタイム労働者であり、そこから以下の2つの壁が存在します。

①まず主婦パートは主婦であることから持ち家のある地域から離れられず

②「パート収入103万円の壁」が所得税や社会保障面の制度にあることの2点が企業の買い手独占状況による低賃金状況を支えています（本田（2010）は買い手独占を企業側の「つけこみ」と表現しています）。

妻の年間所得が103万円（夫の給与所得控除（65万円）と基礎控除（38万円）の合計額）以

下なら課税所得がゼロになるので、妻の収入に所得税がかかりません。また妻の年収が130万円以上になると、健康保険や公的年金などの社会保障面で夫の扶養をはずれますので、妻自身が保険料を払う必要があります。これらの負担をカバーするためには、160万円以上の所得が必要であり、ここに断層が生じているのです。女性パートが713万人、そして年収の平均が109万円であることは以上の制度上の事態を反映しているのです[7]。

さらにこの壁は、金額の大小を超えて、主婦層にとって心理的な足枷となっているのではないかと考えられます。本書では労働市場においては、マクロ的タイト化と番号制導入による社会保障制度を基本的な処方箋として考えていますが、パート主婦への処方箋はこの2点に加えて、「分化」が重要です。700万人もの有能な主婦パートが自由に使えることは、日本企業にとって大きなメリットであったことは間違いありません。しかし主婦パートは十把一絡げに認識されることが多く、**能力と意欲に応じた待遇の分化**がさほど生成されないことは日本経済にも損失です。先に日本の非正規雇用の市場には分厚いフタがあると述べましたが、このフタは主婦パートが一群となって覆い被さっている状況から生成されているわけですから、これらを風通し良くする作業が必要です。筆者は扶養者控除等は廃止し、一部はより高度な職へ引き上げるなど、主婦パートの分化を促すべきだと考えますが、現時点で政府の再検討はまたもや後退しています。

主婦パート・アルバイト②「組合・保険・訓練」の3点セットを望んでいるのか

なお、よく非正規雇用の対策として、

ⓐ 労働組合の参加強化

ⓑ 雇用保険の対象拡大

ⓒ 技能訓練の増大

が叫ばれます。いわば「組合・保険・訓練」の3点セットですが、本当に700万人の主婦パートが現在の主婦パートという状況のままでこれらを望んでいるのか、と問えば、筆者には疑問が残ります。低賃金のパートのままで高額の組合費や保険料の負担を望んでいるのでしょうか。あるいはコストをかけて技能を伸ばすより、働けるときだけ働いた方が良いと思っている人が現状では多いのではないでしょうか。さらにマクロ経済状況も需要不足で労働保蔵過大の状況にあるわけですから、低技能から中技能への転換が意味あるものとは思えません。課題を一足飛びにして組合・保険・訓練に参加を促すのではなく、まず扶養者控除の廃止からパートの分化を促し、そのうえで考察することが必要でしょう。この3点セットは組合・保険・訓練関係者の対策促進のポジショントークなのでしょうが、それらはあまりに多すぎます。

高齢者と在職老齢年金制度

さて最後に高齢者です。高齢者には在職老齢年金制度があり、支給開始年齢に達したあとも就労して給与所得を得ている場合に、年金の一部または全額をカットする制度があります。給料

（年収の12分の1）と年金の総額が一定額を超えると老齢厚生年金がカットされる（計算式は（½）（給料＋年金月額－一定額））わけですが、この「一定額」の基準が違い、60歳代前半は28万円、60歳代後半以降は47万円（平成22年度）です。

この制度も結果的に高齢者の低賃金就労を促進しています。なお近年では、労働市場への参加意欲がさらに高まっており、その結果60歳代の高齢者の失業率が増加しています。

非正規雇用を促進してしまう制度と動学的不整合性

ここまで見て、非正規雇用を促進する制度が多すぎることに、読者は気がつかないでしょうか。

- 免除されることが多く、企業にとって有利な社会保障費の扱い
- 低賃金就労を促進する高齢者の年金
- 主婦パートの税制優遇、それに加えて
- 厚生年金から国民年金への補塡
- 雇用保険優遇

もあります。なかでも派遣労働者はパート労働者より失業リスクが高い分（図2－3）、時給は高い（表2－2）のですから公正な保険のためには、本来、雇用保険料も高くあるべきだったと考えます。実際、労災保険については、危険な業務に就業している業種においては数倍の保険料が珍しくありません。雇用保険についても、公正な保険という立場から考えると、失業確率の高

い非正規雇用は2倍、派遣は5倍の保険料を払うべきでしょう。

これらの制度的特徴は低所得者を念頭に置き、社会保障的観点からなされたものであり、その当初の意図は充分理解できます。また筆者は非正規労働者を、より厳しい状況に追い込めと言っているのではありません。たしかに非正規労働者には厳しい状況に置かれている人たちが存在します。また危急の場合は保護策をとることも必要でしょう。しかしだからといって平時から非正規労働者を保護し結果的に優遇する制度が多すぎては、正規労働者や非労働力人口から労働者が流入し、全体の条件が切り下がってしまうのではないでしょうか。そして派遣村のような大きな事態が起きれば、政府は保護・対策をとらざるを得ないでしょう。こういった状況を**動学的不整合性**といいます。

古くは、「脱サラしてラーメンの屋台を引っ張る」という言い方がありました。ラーメンの屋台が増えることはある程度まではいいでしょう。しかし屋台が増えすぎてダンピングに走っている状況で、屋台の人が気の毒だからと補助金を与えれば、屋台は増加してさらに悪循環に陥ります。そしてラーメン屋さんが過労のため、病人が増えれば対策を打たざるを得ないでしょう。

関連して非正規雇用者の解雇の容易さのコストは誰が負担するのか、という問題も重要です。短期就労者については、無責任構造のたらい回しにより、泣き寝入りの危険性がより大きいことは、社会問題になった通りです。ただただクビにしやすいだけで、派遣として雇用されている場合が多いのではないでしょうか。企業が使い捨てをした結果を国家が税金等を投入して尻ぬぐいをするのでは、企業へ好ましくないインセンティブを与えることになります。

なお派遣や非正規雇用を使う理由として、需要の不確実性が増して、長期雇用が維持できない場合の調整弁になる、などと一時は言われましたが、筆者はこの説明にはあまり納得していません。[8] このメリットは家電製品など変動の激しい輸出製造業を念頭に置いたもので、事実、研究対象は家電に集中しています。まず以前より家電は貿易赤字寸前であること（第1章第5節）、そして一方で製造業はガラパゴス化と言われるように、思いつきのような新製品が乱造される一方、新興国向けのボリュームゾーン製品は生産が不得手であると言われています。本当に新製品乱造のための労働者の使い捨てでよいのか、本当に非正規が必要なのか、ガラパゴス化を進めるだけではないのか、という疑問をマクロ経済の中で持つことが必要なのではないでしょうか。

実際、諸外国においても政府による最低生活保障的な色彩の強い雇用政策が非正規雇用を拡大させたことが指摘されています。ドイツにおいてはハルツ改革によって導入された僅少雇用がこれに当たり、またフランスも、失業対策の一環として生み出された「支援付き雇用」（若年の労働市場参入を支援）が、助成を受けたい企業が多く利用し非正規雇用の増加につながったと労働政策研究・研修機構（2010）は指摘しています。このような状況は理論的にも充分納得のいくもので、Belan and Gregoir（2010）はサーチモデルに即して、低技能職への補助金は高技能労働者が低技能労働者を押しのける側面を促進することをモデル化しています。

兼業農家化を促進する非正規雇用の契約や制度

非正規労働者問題は若者や中高年男性の問題が大きく報道されますが、分量的には主婦パート、次いで未婚女性や高齢者が大部分です。このため問題は担い手が女性となっている兼業農家になぞらえて理解した方が良いと筆者は考えてきました。農政についてはさまざまな批判が寄せられてきました。政府の場当たり的な保護策が農業を弱めたことは明らかでしょう。非正規雇用についてもバランスを逸した保護策が大きければ、同じことが言えるのではないでしょうか。

安易な制度改革は慎重であるべきと筆者は考えます。中間的な制度がさまざまに提案されていますが、もともと複雑な制度は非効率性の源泉であり、筆者にはその効果は疑問です。非正規労働者の多くは単純作業に従事している場合が多いと考えられますが、契約や制度はそれに応じた単純なものが望ましいのではないでしょうか。誰が指示し、誰が賃金を支払うか、明確にはっきりさせる必要があるでしょう。逆に複雑な業務に従事している非正規労働者は、正規雇用に誘導すべきでしょう。[9] 低賃金の短期就労者にとっては労使紛争のコストは負担できず、その紛争解決のインセンティブも小さいものですから、結果的に泣き寝入りとなることが多いでしょう。そこで分かりやすい、まぎれのないルールを作り上げることが必要ではないでしょうか。行動経済学的な側面を重視し、中間的で複雑な制度は公的介入など非効率性の源泉であることを重視すべきでしょう。

近年、**知識資本**という言葉が現れています。知識の重要性は言うまでもありませんが、その知識を使って知識資本を持たない（非正規）労働者の「搾取」を考えるならば、知識資本をもつ側が複雑なルールを駆使して、無知につけ込むことが考えられるでしょう。搾取の手段は分厚い契約書であったり、あるいは難解な制度であったりするのではないでしょうか。

2　中核社員の過剰と管理・計画の過剰

長期雇用は変化しない正社員

さて「非正規」ではない、正規労働の状況はどうなっているでしょうか。ここから「既得権」を打破せよとまで言われる中高年の正社員層を考えてみましょう。中高年リストラ問題は一時は厳しいと言われましたが、実は中核層の長期雇用は深化している面も大きいことを平成18年度国民生活白書は指摘しています。実は離職率等は横ばいであり、学校卒業後すぐに就職した企業に勤め続けている雇用者の割合を見ると、男性ではほとんど変化がありません。さらに同白書は40代で勤続15年以上、50代で勤続25年以上の労働者の割合は、男性については、15年勤続の割合は横ばい、25年勤続の割合は90年代に上昇、女性は共に上昇であることを示しています。このように正社員層の長期勤続は、一般に思われているのと異なり、深化している側面があります。多くの研究が示すように、バブル期以前の高成長で若年層優位の人口ピラミッドが存在した時期と失われた10年と呼ばれる時期の雇用慣行がほとんど変わらない状況は驚くべきことでしょう。[10]

図2－5　職階別労働者数

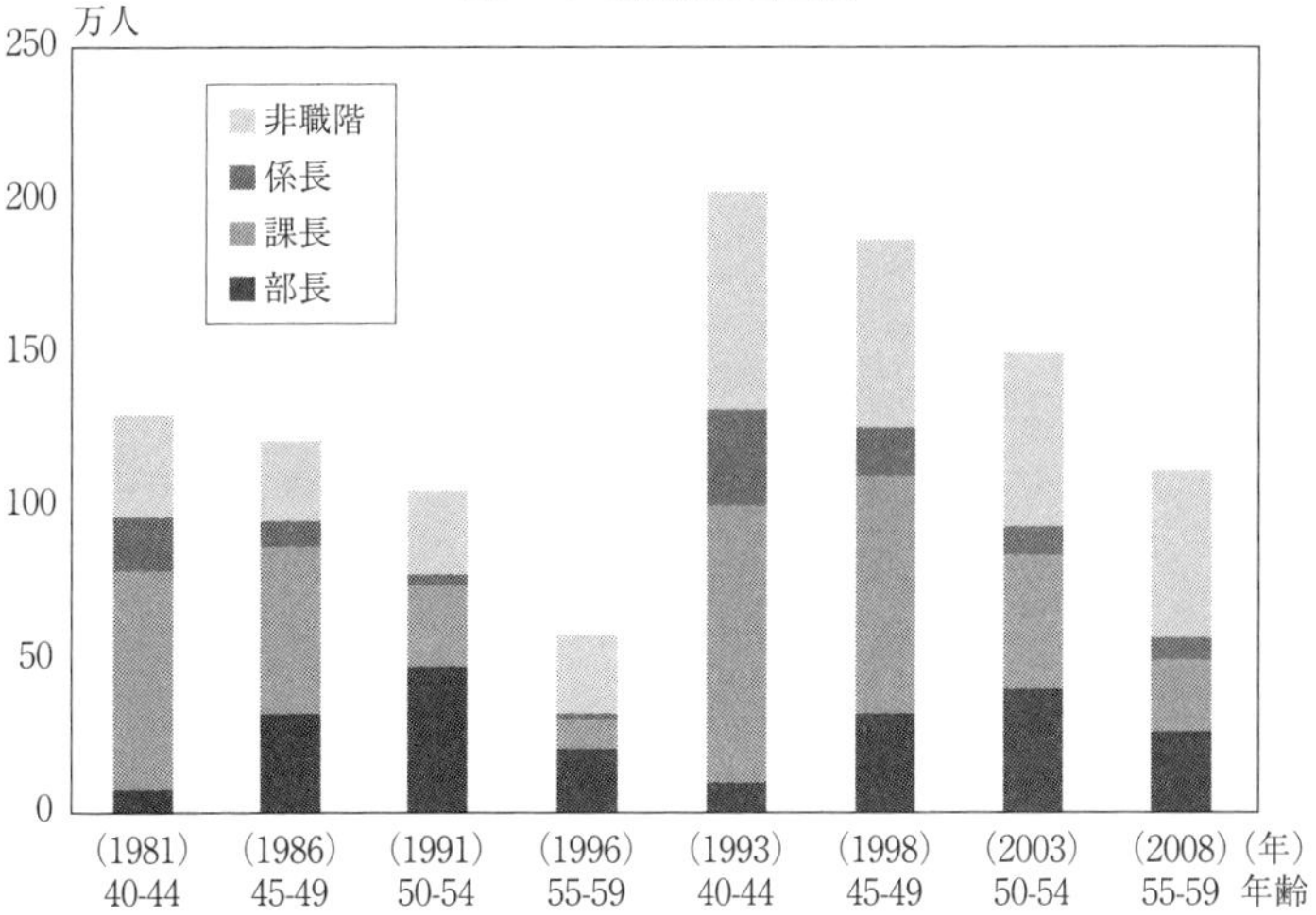

（データ出所）賃金構造基本統計調査

それではなぜ崩壊していると騒がれるのでしょうか、なぜ「実感」と「統計」がずれるのでしょうか。筆者の考えは、いわゆる大卒事務系サラリーマンなど**ホワイトカラー層が相対的に過剰**である、というものです。まず賃金構造基本統計調査から作成した図2－5を見てみましょう。このグラフは左の4本が団塊世代の大卒の課長、部長など職階の推移を表したもので、右の4本が12年遅れて生まれた世代の推移を表したものです。なおこの調査では男性一般労働者の3分の1の労働者数が1000人以上の企業に属しています。このグラフを見ると、

・大卒のサラリーマンの総数が増加したこと（右4本の棒グラフが高くなっている）

- そのなかで役付きの出世の確率が低下していること
- 企業内に留まる人数が減少していること（棒グラフの減少度）

の3点が分かります。つまり大卒という全体の人数が増加しているため、企業内の競争は激化していますが、労働市場全体で見れば、大卒のシェアが増えた分だけ雇用慣行はあまり変わらないという結果になるわけです。

ホワイトカラー過剰を示す職種別の状況

次に図2－6と図2－7は、管理的職業従事者の比率低下と過剰感を示しています。バブル期には一時的に増加した管理的職業従事者は実は一貫して減少しており、バブル崩壊後は6％から4％に労働者に占める比率は低下し、その過剰感も強いものがあります。一方、管理職以外では過剰感はさほどでもありません。より具体的には職種別に見ると3つのグループに分かれています。

A　常に「不足」……専門・技術職と販売・サービス・運輸

図２−６ 管理職の減少と営業職の増加

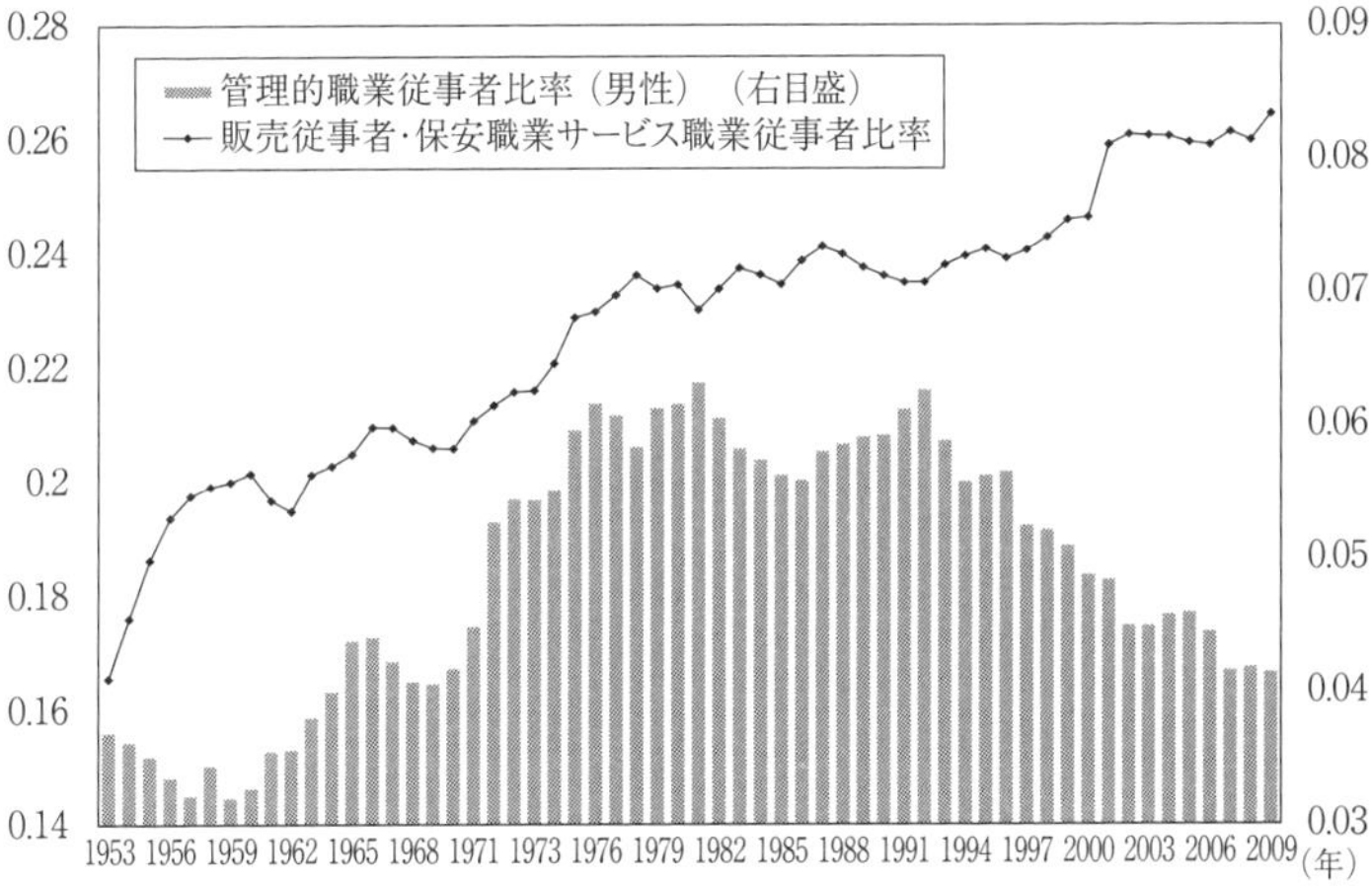

（データ出所）労働力調査

図２−７ 職種別労働力過不足状況

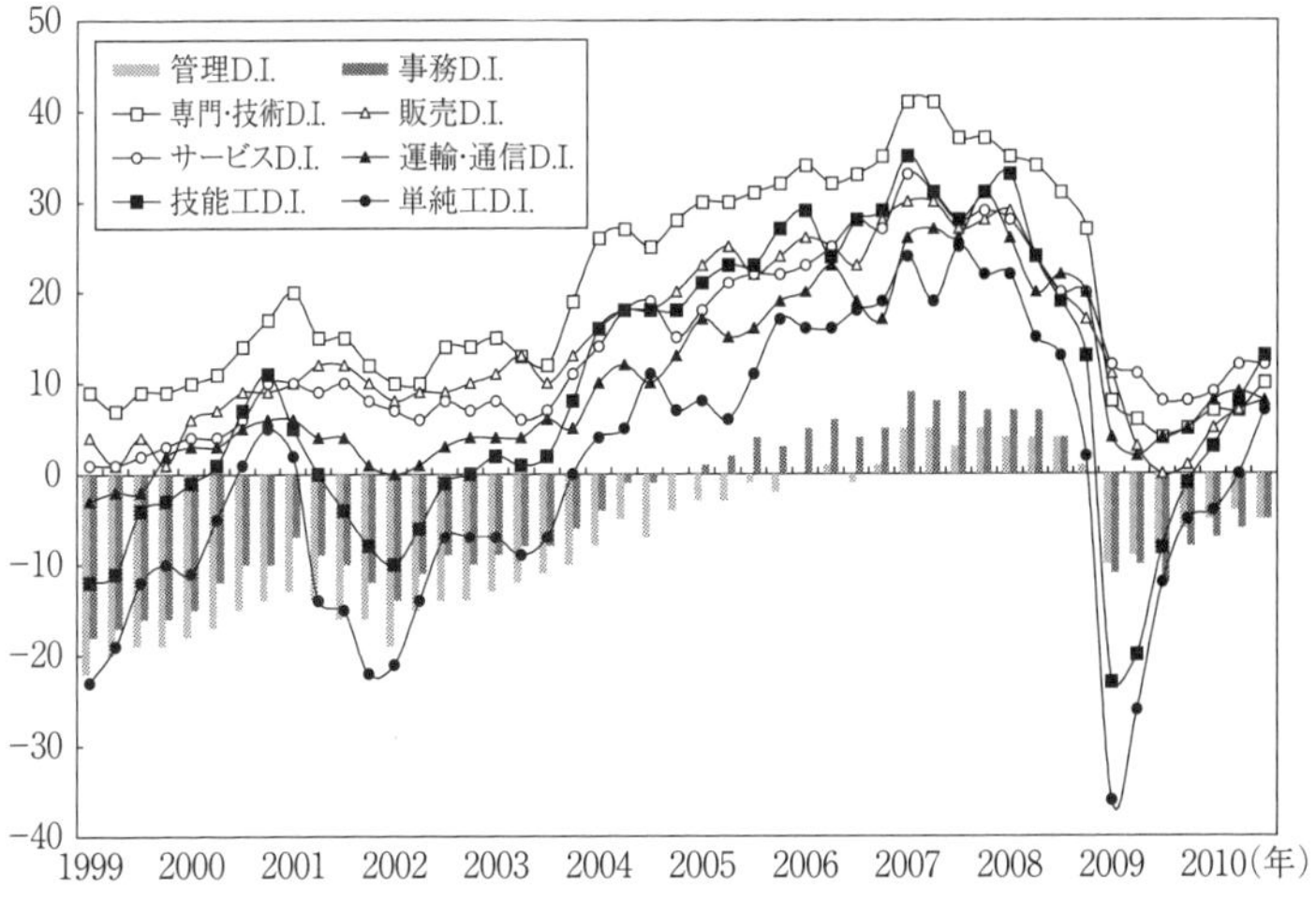

（データ出所）厚生労働省労働経済動向調査

B　ほとんど過剰……管理・事務（２００７年前後の短い時期を除く）
C　変化が激しい……技能工・単純工

さらに図２－８では事務や管理職の有効求人倍率が低いことが示される一方、介護などの職は低賃金で高倍率です。日本の労働市場にいわゆる職種（ジョブ）型がないわけではないのです。

以上から筆者は近年の日本経済の閉塞感には、ＩＴ化等による**ホワイトカラー管理職過剰**の影響が大きいと考えています。第１章でも見たように２００６年、０７年には好況となって、さすがに管理事務労働者であっても「不足」が大きくなりましたが、ほとんどの時期で過剰であり続けたことは注目すべきです。また、こういったホワイトカラー管理職たちは本章前半で述べた主婦パートと共に労働市場の代表的タイプであり、経済新聞やビジネス雑誌の主要読者です。「はじめに」に即して言えばA論の支持者であり、何かが成長しないと商売にならない○○コンサルタントの意見ということになります（一方B論はワイドショー的意見とでも言うべきでしょうか）。

以上の意味で閉塞感や雇用慣行への怨嗟は誇張され、報道にもバイアスがあります。それでは管理職過剰の是正が可能でしょうか。もちろん企業はリストラをしており、実際にも減少しています。ただこれらは労働者の人の上に立ちたいという願望が実現した結果、混雑が生じているわけで、なかなか難しい状況です。あまりあからさまに言われないことですが、管理職（ジェネラリスト）候補生が多く、その人たちが一番権力を持ち、専門家（スペシャリスト）が指令を受け

図2－8 職種別有効求人倍率と提示賃金

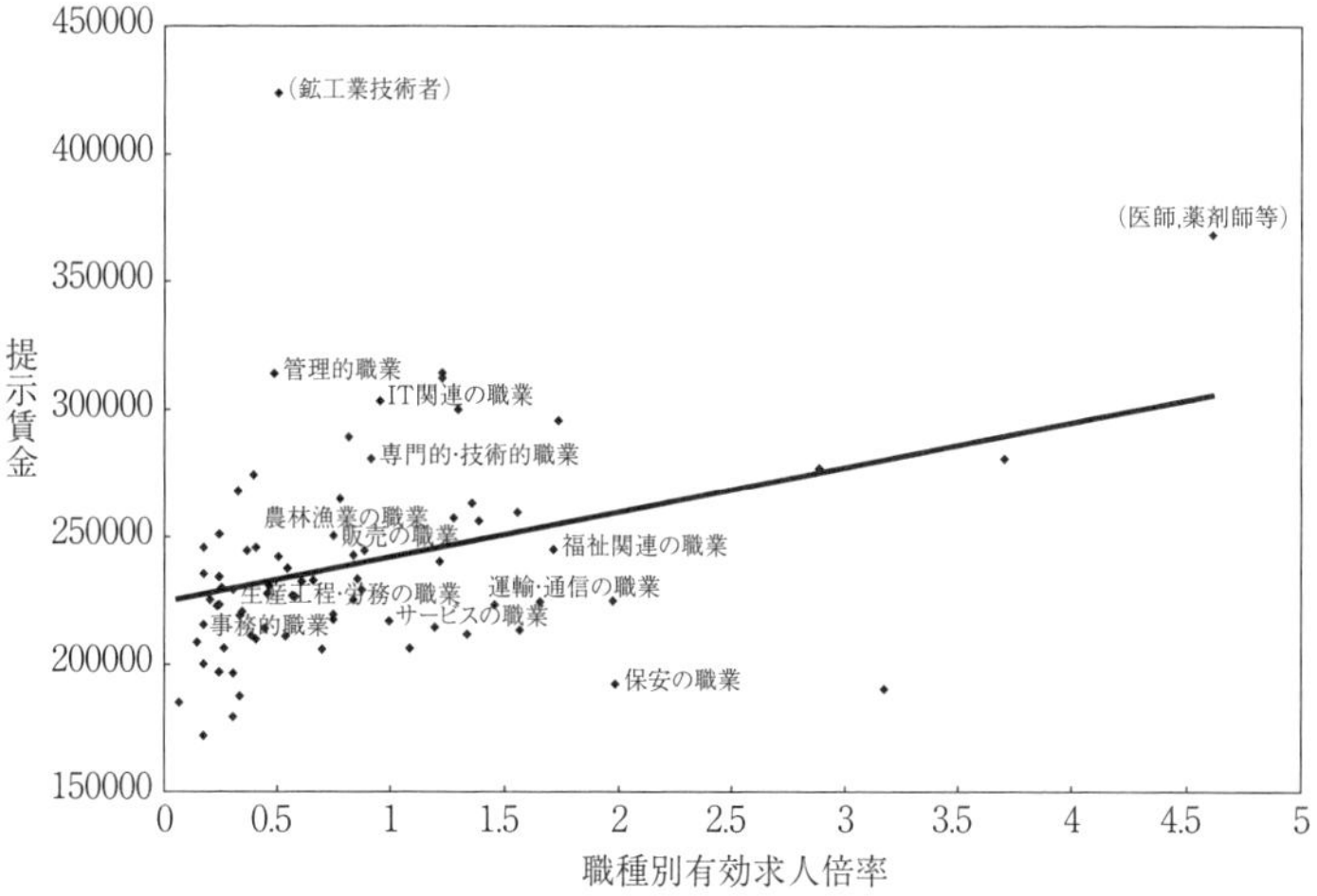

（データ出所）東京都労働局

る傾向は否めないようです。系列企業を含めれば、大企業の管理的労働者はいわば、多重下請け構造の頂点に立つといっても良いかもしれません（第4章末尾のコラム「もしドラと資本家の不在」も参照して下さい）。繰り返しになりますが、日本の労働市場にいわゆる職種型がないわけではありません。低賃金だから、報われないから、そして下に立ちたくないから、ジェネラリストを人は目指すという構造を再度、認識する必要があります。

ブラック・ジェネラリストとモンスター・スペシャリスト

もう少しジェネラリストの問題を考えてみましょう。たしかに多種多様な職業があるのですから、もっとさまざまな職種に目を向けるべき、という考え方は正論です。一方で一芸を極めるスペシャリストより、多種多能のジェネラリストがヒエラルキーの頂点に立って、マネジメントを行う構造になることは、それはそれでやむを得ないところです。多様な職種が並列しているだけでは有機的な組織とは言えないでしょう。また若者が軍隊に入るとして、ジェネラリストから陸軍大将を目指すコースか、それともスペシャリストの軍医総監か、といえば前者にあこがれるのはやむを得ないのではないでしょうか。「つぶしがきく」普通高校が人気で、専門高校は衰退していることと同様です。[11] ただこの構造が行き過ぎると、命令指令を与える側は言うことを聞かない部下をモンスターだといい、部下は上司をブラックだといい始めます。**権力をもったジェネラリストがブラック化しスペシャリストの「正論」がモンスター化する**と言えるかもしれません。

こう考えていくと、一般の日本的雇用慣行批判にみられる中高年労働者、学歴社会、ジェネラリストが攻撃を受けるロジックは明らかです。これらは企業内で出世しやすい特性であり、いわば職場で上司となって指令を行う存在となっているわけで、外部に放り出された人や指示を受ける専門職の怨嗟の的となるわけです。[12]

管理職過剰がもたらす「空気」

ただ現状の管理職過剰から派生する「空気」は極めて望ましくない状況です。参謀本部が暴走して、太平洋戦争を開始したことはよく知られていますが、やるべき仕事のない企業参謀とやらが自らの存在意義をかけて、思いつきの組織改編策やイチかバチかの冒険策を出すことほど、はた迷惑なことはありません。地道にやっておればよいのに、無理な計画を立てる、意味のない仕事を増やす、そんな危険性はないでしょうか。政府がサマータイムを言い出すことも、大学が学期区分やカリキュラムを変更したがるのも、企業が「羊羹の切り分け」のような組織改編をしたがることも、すべてこの点から理解できるのではないでしょうか。さらにエスカレートし、流行り言葉をつなげて、「名ばかり管理職」が「非正規雇用」の管理に熱中し、「ブラック企業」になる、と書けば、現状の一端が理解できるでしょうか。

ベンチャー企業について書かれた本に「ベンチャー企業を成り立たせる技術的シーズを持った人は滅多にいないが、ベンチャーを支援したい人たち（あるいは食い物にしたい人たち）は山のようにいる」という記述があり、思わず笑ってしまいました。筆者は〇〇支援・△△アドバイザー・□□コンサルタントが多すぎるのではないか、という実感を持っており、かえってその人たちが経済運営の邪魔をしているのではないか、といえばシニカルすぎるでしょうか。

職務給と職能給と運とコネ

さてこの管理職過剰はポスト不足とも呼ばれ、賃金体系とも関連づけられます。日本の賃金は、

- 職能給と呼ばれ、社員の能力により決定する給与の色彩が濃く

> ●職務ごとに賃金があらかじめ決まり、そこに社員が当てはめられる**職務給**ではありません。**職務給**を文字通り解釈すれば、同じ仕事は誰がやっても同じ賃金となりますし、定期昇給という概念もなくなります。

一方、**職能給**での賃金決定要因は個人の能力という抽象的なものですから、自由度が高いのです。ここからさまざまな職務を経験させやすく、年功序列的な運用につながります。社員の高齢化に伴い、職務内容に比べて高い賃金の社員が増えたことが、日本企業の人件費が増大する要因のひとつといわれてきました。

大竹(2010)はアンケート調査からみた日本人の競争観として、「実力」よりも「運とコネ」の役割が大きいと意識していることを指摘しています。言ってみれば職能給は絶対評価、職務給は相対評価、といった観点からも、とらえられるでしょう。そして絶対評価の職能給では課長等の役職の能力があるにもかかわらず、「待遇」がついている(あるいはつけている)と考えると、自分の出世が「運やコネ」で左右されると考えることも、(実際に能力差があるかどうかは別として)無理はないのではないでしょうか。

実は課長「待遇」という言葉が示すように、能力や資格はあるがポストはない、良くいえば「控え層は厚い」が悪く言えば「傑出した能力がない」という状況に日本企業は苦しんできました。実は後述するようにこれは自業自得な面があります。この状況ではそんなに働く必要はない

というベーシックインカムの議論が盛んに行われるように、

- 訓練と自己啓発が技能向上に必要という「正論」と、
- 多くの人々が既存のポストにしがみついているという「現状」

には大きな落差があるように思われます。

序列と格差

近年、「格差」社会と言われる現象が注目を集めました。筆者はこのキャッチフレーズはデータ面からは適切でないと考えてきました。上位層と下位層の格差が開いたのではなく、平均的に家計の所得が減少した結果、困窮層が生まれたと考えてきました。言い換えれば所得分布が左にシフトし、下位層は困窮していったとみることができましょう（脇田（2008）[13]）。

それではなぜ「格差」が話題になったのでしょうか。２００６年ごろの格差社会論の盛り上がりは、株価が上がったりＩＴ長者の影響も大きいと思われます。そしてもともと注意深いとはいえないデータの取り扱いから始まった格差騒動ですが、筆者は生じたことは**「格差」ではなく「序列」の純化**ではないか、と考えます。次ページコラムに示したように、社会学的な計量分析では、学歴などによる階層意識の説明力が増しています。言い替えると、**社会的地位の非一貫性**と呼ばれる状況から「非」がとれて、上流・中流・下流のレッテル付けが容易になったということです。つまり、

- 統計的に見て、上流と下流の収入格差が大きくなったわけではなく、
- 階層の順番が明らかとなり、第三者にもどこに属するか、分かりやすくなった

ということです。この背景には長期停滞があり、濁った水が澄むように見えやすくなったのです。

コラム◈プライドの分配と金銭の分配

日本企業の内部の平等志向はよく知られてきました。また労働市場全体においても、「職業に貴賤なし」などといわれたものです。しかしながら、現在ではもはやそういった雰囲気は消えています。単純作業は途上国にまかせればよい、という意見は、経済学的にはやむを得ませんが、あからさまな言い様は仕事の序列と「格差」感を助長するでしょう。

この現象には2つの背景があります。一つ目は「意識」状況の変化です。数土（2010）は社会学的なアプローチにおける格差社会の議論を展望しています。そこでのポイントは、

① 70年代には学歴は、それほど象徴的価値がなかったが、いまは増大している
② 一億総中流時代には、「中」と感じる人々の間に共通要因を見出すことが難しかったという2点です。筆者なりにまとめると、以前は学歴はないが実力があり成功した人はいくらでもいた。学歴の分別機能はさほど有効ではなかった、という点です。統計的に言えば、

スタート時点での指標（学歴や家庭環境）と到達時点での指標（中高年の収入など）の変化率のばらつきが（各時点でのばらつきではなく）小さくなったことを意味するのでしょう。実際、お受験や学歴、巨大企業偏重の傾向と整合的でしょう。現在では、先述したように若年層の学歴別賃金格差は拡大している一方、それは中高年層で縮小しています（図2－9）。

図2－9 男性の学歴別賃金比率（大学･大学院卒／高校卒）

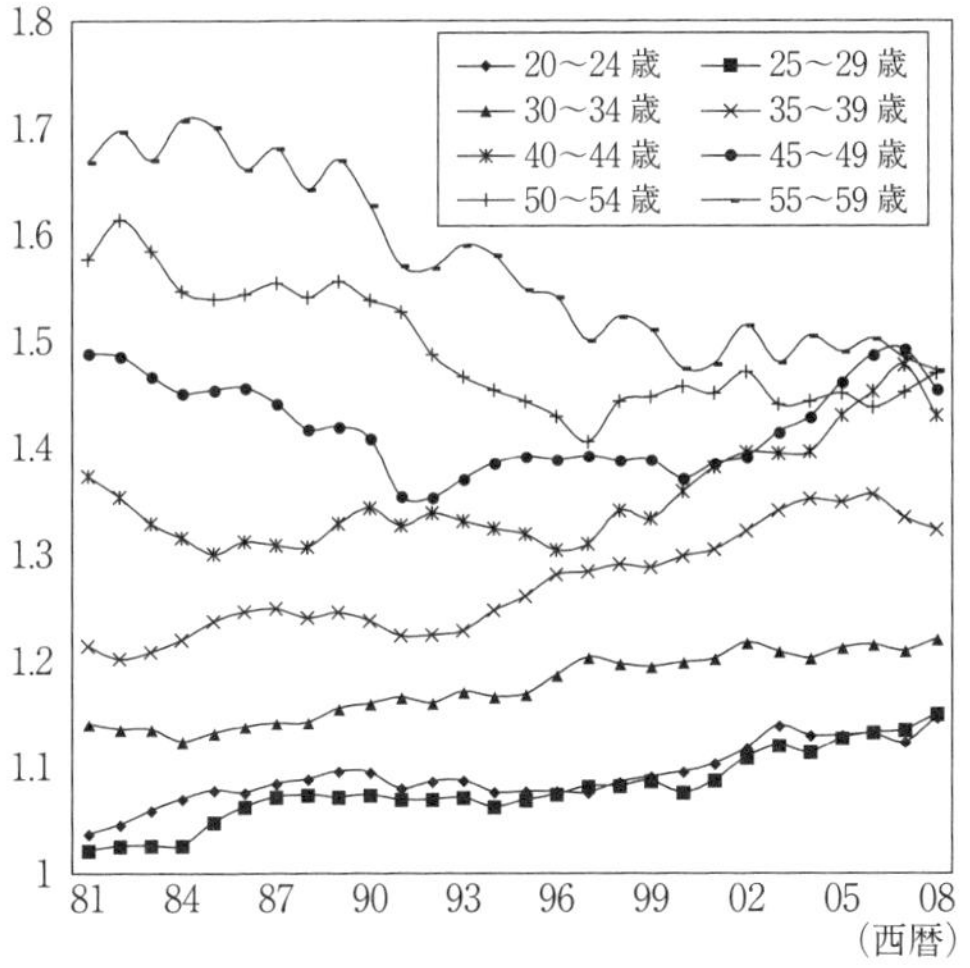

（データ出所）賃金構造基本統計調査

もう一点として、平等志向を支えるものとして、以前は、

- 目に見えやすい金銭の分配のみならず
- 地位や名誉、言わばプライドの分配

がうまく使われてきたことです（尾高煌之助は「威信の配分」と指摘し、竹内宏（1979）は地位と名誉と金銭を統合的に考える必要性を指摘しています）。官僚は貧しくとも強大な権力を持ち、企業家は裕福だが権力を持ちません。しかしヒルズ族とホリエモン騒動の頃から、「勝ち組」という商売が現れ、状況は金も地位も名誉も独り占めという方向に変化してきた、と感じられたと言えましょう

（ライブドアの場合、勝ち組というイメージを振りまくことが営業戦略という側面がありました）。

この独り占め状況には、失業率増大に伴う状況の変化があったのでしょう。以前の日本は超完全雇用状態でしたから、苦しい仕事は給与が高い、など、労働市場のタイト化のもとでそれなりの補償的是正作用が働いていました。しかし失業率が高まり、仕事のえり好みのできない状況が高まったことが背景と思われます。筆者は仕事は嫌々やるもの、という認識も必要であり、嫌々やるものには賃金プレミアムが必要と考えます。逆にいえばプライドの高い職業は低い賃金でもよいということになります。このようなプライドの分配は完全雇用状態が実現しないとなかなか難しいことになるわけです。

3 正規・非正規の関係をどう位置づける？

ここまで労働市場のデータを概観し、近年進んだ**非正規雇用化**には、

- ミクロ構造　「切羽詰まったグループ」と「労働時間調整グループ」とが混在しており、
- マクロ的インパクト　失業率の低下と同時に、賃金も低下し、内需拡大には寄与しなかった
- 保護政策の帰結　非正規保護策が多すぎては、かえって経済を停滞させてしまう

ことを示しました。

また中核社員においては、

・ミスマッチ状況　閉塞感は管理部門人員過剰の状況に影響される点も大きいのではないか

と示唆しました。つまり、

［A］自由で対等な労働者と企業が契約のもとマッチングを行うのではなく

［B］固定した関係で、余り気味の労働者（労働保蔵）の2大集団（地域固定的なパートと、企業に固定的な中核社員）が存在し、中核社員は労使交渉を行って賃金を決定しますが、

［賃金設定］好況期の双方独占の状況から、不況期には企業の一方的独占あるいは価格差別を伴って余剰を取り尽くしてしまう場合

も考えられます。

以上の点を踏まえて労働市場独自の対策について考えていきましょう。まず筆者は今後いわゆる正規非正規間のワークシェアリングや、正規労働者の賃下げなどは貧困やマクロ対策になりがたいと考えています。その理由は先述した、

0　景気のパターンにおける正規雇用者から非正規労働者への労働需要の波及

という点に加えて、非正規雇用の職種と労働の需要の構造にあります。

1　正規雇用者が主に従事する業務と非正規労働者の業務は補完的関係があること[14]
2　正規雇用者は賃金を減少させても、労働を減少させず（低労働供給弾力性）、非正規労働者を押しのけてしまうこと

の3点です。順に説明しましょう。

非正規雇用の理論分析――パッケージかチョイスか

経済学では2つの財を代替財と補完財に分類することがあります。

- どちらか一つを選ぶ、紅茶か珈琲かを選ぶような関係は**代替財**と呼ばれ、
- 紅茶と砂糖のように両者を同時に需要する関係を**補完財**と呼びます。パッケージとなっているのが補完財、どちらか選択のオプションになっているのが代替財です。非正規雇用は基本的には補助作業に従事する場合が多いわけですから、正規雇用者と非正規労働者は補完的とみていいでしょう。そう考えると正規雇用者が忙しくなれば、非正規雇用の需要が増えるというように両者の時間・人員など数量は同方向に動きます。[15]

さらに問題は、ＩＴ化の結果、補完の構造がより複雑なことです。事務系管理職社員がＰＣで

自ら補助的な作業を行っていたが、忙しくなって派遣の手伝いを頼む場合、ＰＣと派遣社員は代替関係にあります。加えて複雑な点は、正規雇用者など管理職は労働保蔵され、不況期に自分で補助的作業を行うことができる、つまり非正規雇用の役割も不況期には果たすことができるという点は、単純な補完財の議論を超えています。この状況で

- 格差是正のため、非正規雇用の賃金を上昇させてお茶を濁すことも
- 「労労対立」などと言って、中核労働者は賃上げを我慢させることも

両方とも望ましくありません。先述の賃金総額が少ないという点以外にもまず非正規雇用の賃金を上昇させれば、管理職がアシスタント業務を自分でやればよいし、ＩＴ化で補助業務をなくしてしまうことが考えられます。また管理職とアシスタントを職場で「対立」とは言わないでしょう。両者の関係は普通、確かにアシスタントが一時的に困窮しているならば、配慮は必要です。しかしアシスタントが低所得なので、管理職は給料を我慢すべきとか、管理職はリストラしてもよいから、アシスタントの職を守るべきという主張では、所得減から有効需要が減少しマクロ経済は成長してゆきません。むしろこの考え方は引き下げデモクラシー的「悪平等」を促進し、生産性上昇を阻害してしまいます。これらの動きが、日本経済の成長を阻害したのではないでしょうか。

図2-10 非正規雇用者数の加速

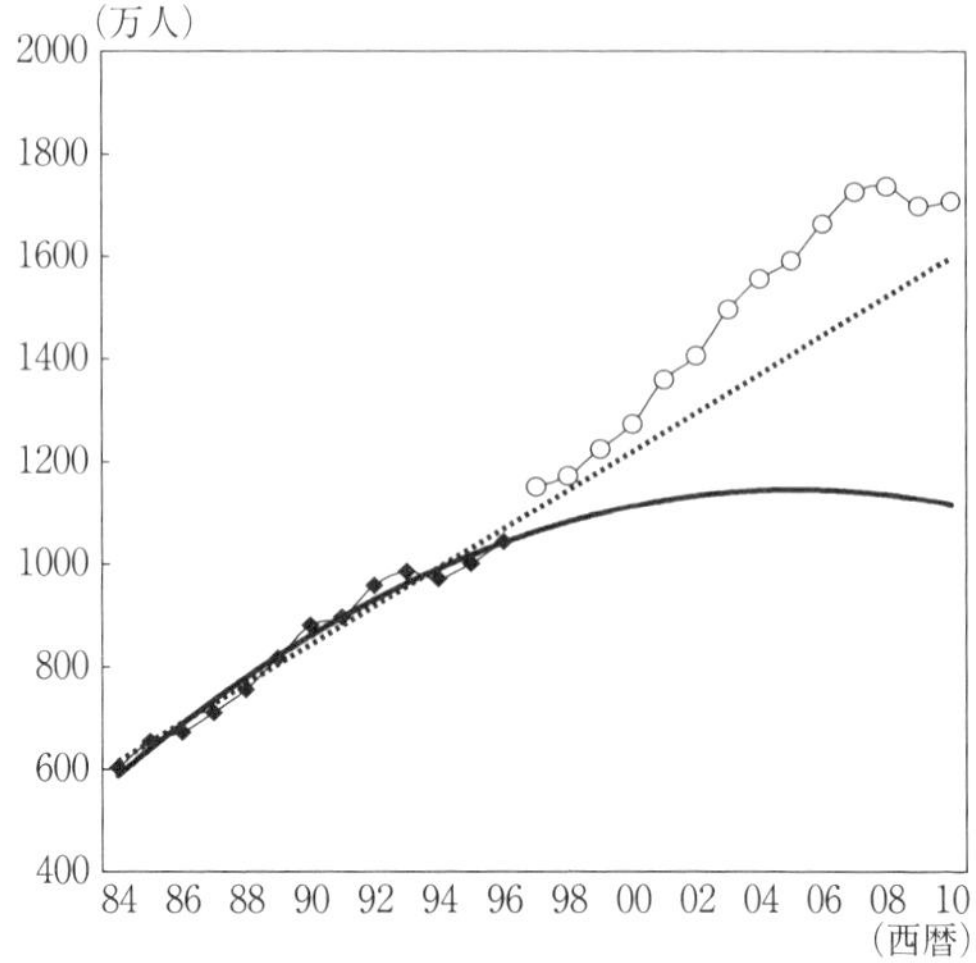

(データ出所) 労働力調査

平均所得減少の原因①
非正規雇用の低賃金

ここまで非正規雇用の状況と格差社会の現状を賃金低下といった側面から考えました。
結局、賃金はなぜ上がらないかといえば、

① 賃金の低い非正規労働者の比率が増加したから
② 賃金の低い労働者の市場参入が脅威となって、賃金の高い労働者の賃金を引き下げたから
③ 生産性の伸びる方向にマクロ経済が動いていないから

の3つの理由があると考えられます。この3点はマクロ経済の視点から見たものであり、従来の

・個別企業の収益から、非正規雇用利用が個別の合理化に寄与する点や
・労働市場のみの部分均衡的視点から、引き下げデモクラシー的なワークシェアリングでなく

大きく労働市場を見据えてパフォーマンスを考えることが必要といっているのです。

まず図2－10は労働力調査の非正規雇用者数をプロットしています。これで見ると、97年以降それ以前の傾向線を超えて大きく増加していることが分かります。97年は言うまでもなく北海道拓殖銀行や山一証券が破綻した年です。97年までの傾向線を直線、あるいは2次曲線で引き伸ばすと実際より200万人以上の少ない水準が見込まれます。この年に職場の構造が変化するような大きな技術的なショックがあったわけでなく、専ら金融面からのショックを受け、第4章でみるように、企業防衛のために非正規雇用が増加したわけです。当時は非常時であり、非正規雇用化はやむを得ないと考えられ、日本社会にいわば心理的な歯止めがなくなったのでしょう。

平均所得減少の原因②　非正規雇用から正規労働への波及効果

市場メカニズムの部分均衡的理解を労働市場に当てはめると、

● 賃金が高すぎると失業者が増え、賃金を引き下げれば、調整が進んで失業者が減る

というものとなります。しかしこの理解は、マクロ的には不適当であり、実は、

● 賃金を引き下げれば有効需要が減り、さらに失業者が減る

というマクロ経済学的な負のスパイラル（乗数）効果を考慮していません。

この点は若干、テクニカルな論点となりますが、日本における労働市場の実証分析からも確かめられます。実は壮年男子の労働供給量の市場賃金に対する感応度は1より小さく（価格弾力性は1以下でいわゆる豊作貧乏が生じる条件です）、このことは賃金を1％引き下げても労働供給量が1％以下しか減らないことを意味します（展望として黒田・山本（2007）参照）。さらに熟練労働者は企業に定着的であり、企業側は労働需要に買い手独占力を持つと言って良いでしょう。このとき価格弾力性が1以下であれば、労働組合等の対抗力がなければ賃金はいくらでも下がることを意味します（ミクロ経済学の教科書の独占のところを参照してください）。そこで対抗力として組合の存在が必要で、春闘等の賃金交渉プロセスに広がっていくことが必要となるのです。

しかし第4章で後述するように、これまでの正規労働者の賃上げ要望は控えめなものでした。

その背景には非正規雇用の状況があったことは間違いありません。しかし正規労働の所得が増大してはじめて、非正規雇用への需要が高まること（図２－１および図２－２）を考えれば、部分均衡的な思考を超えマクロ的波及を目指して、労働組合はもっと賃上げを要求する必要があった、と筆者は考えます。組合は賃金全体の中で比率の低まるボーナスや元々シェアの小さな非正規の賃上げに追い込まれた背景には、労働市場の構造についての理解不足があるのでしょう。

平均所得減少の原因③　マクロ的な生産性が上昇するのか

３番目の要因として、非正規雇用が増大した結果、マクロ経済全体の生産性が上昇したのか、あるいはこれからするのかどうかが問われなければならないと思います。世界各国では所得分配の不平等化が進んでいます。国別にも収束クラブ（Convergence Club）と呼ばれるように、伝統的に先進国と低開発国の格差は開いていたのですが、一国内に先進国と低開発国が共存するとまで言われる米国や、沿岸部と内陸部で差が開く中国など、近年、さらに大きな問題となっています。その理由として

- グローバリゼーションで人材の選別が進んだことと同時に
- ＩＴ社会でＩＴを使いこなせる層とそうでない層との格差が開いた

などの要因が指摘されています。ＩＴ社会で言えば、池永（2009）は日本の労働市場において、職務が難易度の高いものと、容易かつＩＴ技術と代替関係にあるものの二極化を示しています

（紅茶と砂糖の例で言えば、紅茶はＩＴ技術は紅茶・珈琲などの選択肢に含まれることになります）。この意味でも非正規雇用の拡大は人海戦術化をもたらして、ＩＴ化など高度化を阻害し、マクロ的な生産性上昇につながらないことを示していると筆者には思われてなりません。

平均所得減少の原因④　派遣村とブラック企業

近年、労働環境の劣悪さや労働者使い捨ての事例が大きく報道されることが増えてきました。実際には労働市場全体から見て、これらは極めて限られた事例です。しかし多くの議論は限られた事例であるというだけで、その広範囲への悪影響を見逃しています。学生が過度に企業規模にコンシャスになるのも、消費が停滞するのも労働条件への不安からという側面はないでしょうか。マクロ経済に関するマインドへの悪影響は大きなものです。

そしてほとんどの人々が劣悪な条件で仕事に従事しているならば、それはそれでマクロ経済の運営として、一般論ではしかたがないところはあります。しかし是正可能な規模で行われている場合、少しずつでも是正の方向に行かなくてはならないと考えているのです。

雇用政策の何が問題か

本章では労働市場のさまざまな側面を取り上げてデータを中心に考察しました。筆者のみるところ、まず認識すべき事象は限られた労働需要のなかで、労働供給の増大策を行っている状況であり、その結果、（賃金非弾力的な）中高年労働者が先導して賃金切り下げ状況に陥ってしまったことです。非正規雇用の賃金は時給にして正規雇用の3割、総額は一割程度ですから、質下げで雇用が拡大したとしても所得から消費への流れに結びつきません。

この背景には政府の近視眼的な政策があります。テクニカルにいえば政府はもともと独占的に雇用政策を提供しています。そして所得分配的な観点から、非正規雇用に有利な条件で保険や訓練を提供しています（ミクロ経済学でいう価格差別にあたります）。独占体がサービスの範囲を広げることは短期的には悪くありません。しかし価格差別には転売が不可能という条件がついているように、非正規雇用の優遇措置が強ければ、長期的には正規雇用から流入してゆくことが生じているわけです。より具体的には非正規雇用には主婦パートという大きな「フタ」があり、拙速な解決策はさらなる非正規雇用増大をもたらす危険性があります。そのために背番号制度などで、より厳密に区分すべきであると筆者は考えているのです。

さらに供給側の経済学が推奨する技能訓練は前向きで良いようです。しかし日本企業は雇用過剰感に悩んでおり、とりあえずの問題は潜在的な人的資本を有効活用して過剰資本になるよりも、賃金増大から有効需要不足に対応する必要があるのです。たしかに経済成長は究極的には必要です。しかし専門職市場や株式市場の改革は、拙速のあまり悪貨が良貨を駆逐し、情報の経済学でいう逆選択をもたらして、むしろ成長を阻害してきたのではないでしょうか。

最後に重要なことは、厚生労働省内部で政策の方向性のすり合わせがないという点です。

・非労働力人口の就労促進と失業対策は同時に行うべきではありませんし、
・若者の就職を心配するのか、老人の雇用延長を考えるのか、

政策当局内部で優先順位をつけるなどコーディネーションすべきと考えます。筆者にはマクロで労働市場をタイト化させる方向にもいかず、ミクロの番号制でメリハリをつけることもせず、ただ各層の要望に応じて組織と予算を肥大化させることに専念しているように見えます。一方で批判が出れば急ブレーキがかかるわけで、それが寄り合い所帯ということなのでしょう。金融面ではインフレーション・ターゲティングという政策枠組みが指摘されますが、雇用面においても総賃金や失業率ターゲティングという全体的な目標を考え、それを達成する手順を考える必要があるのではないでしょうか。

1 産業の盛衰に企業格付けは依存しますが、全国一律の（職種や地域）限定正社員というカテゴリーを大々的に作ると、新たな身分制度を作ることになってしまい、非正規雇用問題の二の舞ではないでしょうか。職種別労働市場論には互いの専門性を尊重する理想論の美しさはあると思いますし、司令命令関係でなく市場のもとで仕事を断る自由もほしいことも分かります。また実態として限定正社員のような形が広まることは望ましいかもしれません。しかし役所が旗を振って全国一律の計画案では、雇用保障されたジェネラリストの下に新たな解雇可能な「身分」を作ることになるのではないでしょうか。

2 雇用面での規制緩和は派遣労働を中心に以下の経緯で行われました。
・1996年に対象業種が26業務に増加
・1999年の派遣期間を原則1年に制限するとともに対象業務がネガティブリスト化（明記された除外職種以外は原則許可を与えること）

3　・2004年3月には派遣期間を最長3年まで延長し、製造業務に関する労働者派遣事業や紹介予定派遣時の派遣労働者特定行為が解禁

4　労働市場における非正規労働の調整プロセスを、労働強度低下→労働時間低下→賃金低下→失業増加

という分類の中で位置づけると、だいたい、「非正規雇用増大・賃金減少」は労働強度低下の次のあたりと考えられます。

5　労働時間あたりの生産性に比べて賃金率が微増傾向をもって、賃金低下を否定する議論がありますが、この議論は賃金総額と時間あたり賃金率を混同しています。非正規比率の上昇は、平均的な労働時間が減少したことを意味しますから、賃金総額が増加しなくとも時間あたり賃金が微増することは不思議ではありません。マクロ的な問題は、IT化等により短時間労働者でも間に合うようになった仕事が多く企業は人件費を節約できた一方、家計所得が不足で労働市場がより長時間働きたい労働者を吸収できなかったことにあります。

6　女性のパート・アルバイトは家計補助的な役割を持ち、税金や社会保障費の関係で年収103万から130万以上にならないように、労働時間を調整する労働者がほとんどであることが知られています。

7　OECDの「雇用アウトルック2010」によれば、2010年第3四半期の米国と欧州の若年失業率（15－24歳）は、それぞれ18・2％、21・1％であり、過去25年で最高の水準となっています。しかし日本の場合、8・8％であり、2007年（平均）と比べると1・2ポイント高くなっているにすぎません。このように日本の若者の失業率は際だって低いのに、外国に見習えという議論が噴出するのは、（いつものこととはいえ）理解に苦しみます。

8　第6章で詳しく議論しますが、第6章図6－3は収入階層別の女子労働者数を表しており、M字型カーブが描けることが見てとれます。500万円以上の層と、それ以下はだいたい1：2の割合で存在していることが分かり、集団別に把握する必要を示しています。

派遣労働者の意欲を高める対策についての研究は、訓練や長期雇用・年功賃金制が有効であることを指摘していますが、それは結局は日本的慣行への回帰ではないでしょうか。

9 業務の複雑さに応じて、契約はあいまいにならざるを得ないでしょう。正社員がいわば「どんぶり勘定」的報酬システムにあることはやむを得ないことと筆者は考えます。

10 年功賃金制については、

a 経済成長の成果であるベースアップと

b 年功賃金制をもとにする定期昇給

を区別せず、崩壊を主張する研究がありますが、高度成長期に給与が上がるのは経済成長の効果を含んでいるからで当たり前です。

11 アップル社を創業した経営者のジョブズと技術者のウォズニアックのコンビでは、ジョブズが高名で実権を握ったことを考えれば分かりやすいでしょうか。

12 どこまでがジェネラリストで、どこまでがスペシャリストか、線を引くことは難しい問題です。たいていは自分が基準の中心であり、自分より多技能の人を「底が浅い」といい、深い技能だが少技能の人を「幅が狭い」と非難するのではないでしょうか。

13 格差をめぐる研究の中で注意すべきは男女の区別です。男性のみを考えれば格差は拡大しているが、女性を加えて全体でみれば格差は縮小しているという結果に概ねなるようです。

14 脇田（2010）では紅茶とコーヒーの例を使って、補完関係を説明しています。これを飲み物に喩えて説明すると、正規雇用者は砂糖であり、パートや嘱託は珈琲、若者は紅茶でしょう。甘いものが飲みたくなると、砂糖と珈琲あるいは紅茶への需要が増加します。この場合、砂糖を減らしてしまえば、珈琲や紅茶への需要は減ってしまいます。つまり正規雇用者をリストラしても、補助作業を行う非正規労働者に良いことはありません。一方、定年延長やパート優遇税制で珈琲を有利にすれば、紅茶である若者への需要は減ってしまいます。ところがこの関係を理解せず、正規雇用者の負担増加を叫んだり、政府の総花的な政策は、その意図に反して若者のためにもならないのです。

15 山本（2009）は産業別データを用いて、非正規雇用比率の上昇率と正規雇用の時間外労働時間上昇率が正の相関関係を示しています。ただし賃金格差を使って測定すると、年功賃金制などの傘下にある正規雇用者の賃金はあまり動かないため、代替性が強いと計測されることが考えられます。より一般的に契約と賃金パターンを考察したものとしてPourpourides（2011）を参照。

第3章

ミドルの不満と閉塞の構造

つまり、「タイユバン」の組織は「味つけまでひとりでやること」をさせないようにしているのです。（中略）三人ほど介在しないと料理ができあがらないようなシステムだったから、ちょっと来た人に料理を盗まれることはない。

斉須政雄『調理場という戦場』

第1章ではマクロ経済的には企業は労働保蔵を抱え、完全雇用状態にあと少しだが到達していない期間が長かった変動のプロセス、第2章では労働保蔵の中でも管理職過剰が大きく、一方で安価に雇える非正規雇用が増大した構造をデータにより説明しました。もともと中核労働者が労働保蔵され職場で余っている状況で、補助的な非正規労働者の導入が進んだわけですから、労働市場においては正規・非正規の序列意識が強まり、気分としても閉塞状況に陥ります。

この状況、特に過剰な管理職がなぜ発生したのか、という前者の問題は、本章で考察する日本企業の**共同体的側面**に基づいています。そして、共同体的側面を守ろうとする個別企業の努力の総和がマクロ経済全体で過剰なため、「合成の誤謬」をもたらしていると筆者は考えています。そこで解決策は共同体的側面の破壊と労働市場の流動化という「北風」しかないと言われますが、はたしてこの処方箋は現実的でしょうか。

これらの問に答えるためには日本の労働慣行全体を考察する必要があります。そこで脇田（2003）に依拠しながら、日本の労働慣行について以下のように3分割して考察しましょう。

Ⅰ　長期雇用制や年功賃金制に代表される**大企業レベルでのミクロ的な慣行**

ばかりが、日本的慣行と呼ばれることが多いのですが、それだけでなく、

Ⅱ　春闘やボーナスに代表される**労働市場全体のレベルでのマクロ的な慣行**
Ⅲ　暗黙知に依存し、大まかな職務内容とその区分に代表される**職場レベルでのマイクロ・マイクロ的な慣行**

この3点はⅠを中心としながらも相互連関があります。長期雇用・年功賃金制のもとでは、個別企業内の労働組合・労働者は交渉力が弱く、どうしても経営側の買い手独占構造が強まりがちです。それを補うための仕組みが個別労組が連合して賃上げを行うⅡの春闘であり、企業内の年功賃金や生活給を守るために企業内の労働移動を促すための仕組みがⅢの大まかな職務内容であると言うことができます。

これらの慣行には伝統的な反論がそれぞれ以下のように存在します。

ⅰ　非正規雇用の拡大や、年功制から成果主義へ
ⅱ　春闘無用論やベースアップ廃止

iii　専門職市場の創設

これらの反論はそれぞれ、日本的慣行の欠点をそれなりに指摘しています。にもかかわらず、なぜさほど慣行は変化しないのか、という疑問を併せて、考えていきましょう。

1　保険メカニズム――日本的労働慣行の光と影

日本経済の議論を複雑にするのは、共同体的な日本企業と市場経済の関係です。現実の経済論議が企業中心である理由は、企業の共同体的側面のなかで、多くの人はそこで出世を目指して生き抜くしか選択肢がないからですし、企業内で高い評価を受けることが多くの人々にとって最大の「目的」だからでしょう。

ところが経済学の基本モデルが示す企業は、影のような存在です。いわば鵜飼いの鵜のように、労働と資本を集め、生産を行い、賃金や利子として家計に返す作業を機械的に行う「手段」と想定されているのです。この場合、企業活動は生産技術に規定され、生産性と能力に応じて、賃金や利子は支払われます。

なかでも労働という側面を考えると、単純に計測できる労働量に応じて賃金を貰うのならば話は簡単ですが、実は企業内では、

● 「悪平等」的な賃金体系が存在する一方、
● 「成果主義」と相対評価による出世競争

があります。労働量と貢献に応じた賃金を直接もらうのではなく、いくつかのフィルターがかかった(経済学でいう限界生産性と乖離した)実質賃金を受け取ることになります。このフィルターが存在するという意味で、現実の日本企業は新古典派経済学の基本モデル以上に重要な役割を果たしています。そしてこのフィルターの存在は正確に認識しさえすれば、本来は問題ではないのですが、不完全な認識から単純化された議論を誘発しがちであり、企業が家計のためにある、という市場経済の大原則を、見えにくくしています。

このように企業や労働は本来、「手段」であるべきで、そう考えて経済学の基本モデルは作られていますが、一方で「目的」化してしまう事情も分からないではありません。[1] 本書の随処で述べていることですが、この「手段」と「目的」の使い分けが、「本音」と「建前」の違いを生みダブル・スタンダードの状況をもたらします。本章では具体的に日本企業の共同体的側面を考察し、その弊害をできるだけ小さくする方策を考えてゆきましょう。

日本的労働慣行の「光」——保険と相互扶助メカニズム

まず日本的労働慣行の基本は何か、という問題から考えてみましょう。その基本は大企業における長期雇用や年功賃金による「悪平等」の制度とみることができます。つまりさほど有能であろうとなかろうと、熟練しようとしまいと、雇用は守られ、同じように出世し、同じように給料をもらうという意味です。もちろん絵に描いたような「完全な平等」はありえませんが、ある程度は当たっています。

しかし本来はそれがそんなに悪いことではない、と筆者は常々考えてきました。実際問題としても、バブル崩壊後の長期停滞や少子高齢化にもかかわらず、この慣行はさほど変化していませんし、むしろ若年層は日本的雇用慣行を守る企業や公務員に殺到しています。筆者は今後も基本的な雇用慣行は変化しないとみていますし、無理に変化させることも望ましいとは考えてはいません。その理由は日本的慣行は「**保険と相互扶助メカニズム**」によって理解できるからです。

これらの長期雇用や年功賃金の慣行はすでに経験を積んだ労働者の「事後」的な非難の的になっていることが多いわけですが、見方をかえて、これから就職しキャリアや熟練形成に不安を持つ大学生の「事前」の立場でみれば、悪平等は技術習得・熟練形成に関する不安への「保険」となっているわけです。学生や若年層において、自らのキャリアが成功するかどうかは常に不安です。そこで大企業の傘の下に入って保険をかけ、この不安を解消するわけです。

つまり国際的にも小さな企業内賃金格差は、自分が出世しようとしまいと、あるいは成果を上

表3－1 日本的労働慣行の3分類

	基本的要因	制度	成果
マクロ的な慣行	・マクロ的ショックに対応するメカニズム ・産業特殊的な熟練や労働保蔵	・春闘やボーナスなどの統一的賃金設定 ・経団連や財閥などの産業横断的経営者組織	・低い失業率・インフレ率（第二次石油危機以降） ・伸縮的な賃金 ・平等な所得分配 ・高い経済成長
ミクロ的な慣行	・企業特殊的な熟練の形成とその不確実性	・終身雇用制（定期入社・肩たたき・出向） ・年功賃金制（窓際族・労働保蔵） ・企業別組合	・高い労働定着率 ・高勾配の賃金プロファイル二重労働市場 ・スリムな企業本体と下請制
マイクロ・マイクロ的な慣行	・暗黙知に依存し、大まかな職務内容と区分 ・職場での様々な不確実性（異常への対応）と対応する熟練形成 ・小集団による労働者の怠慢監視	・日本的生産方式・多能工やＱＣサークル ・内部昇進・遅い螺旋型昇進・頻繁なジョブ・ローテーション	・勤勉だが専門性に欠ける労働者（低い欠勤率・長時間労働） ・自発的なカイゼン

げようとあげまいと、賃金はさほど変わらないという意味で「保険」であり、不安を抱えた学生たちが「よい会社」に入ろうと血眼になるのも無理はありません。[2] 若者が中年になる頃には企業は潰れている、などと言われますが、日本企業は長命で知られており、大企業でオン・ザ・ジョブ・トレーニングの機会を与えられて人的資本が上昇することを考えると、条件の良い保険＝企業に入ろうとする努力を、（マクロ的社会的に望ましいレベルかどうかは別として）人為的に止めることは難しいでしょう。

図3－1が示すように、アンケート調査の結果では、近年では終身雇用制を中心に日本的慣行への評価が高まっており、また「良い」会社に入ろうと

労働問題用語で保険機能の3分解

図3−1　終身雇用制のアンケート評価

（データ出所）労働政策研究・研修機構、社会経済生産性本部

する就職活動は年々激しさを増しています。簡単に中小企業に行けばよいといいますが（それはそれでやむを得ないとしても）、筆者は大手志向に走る若者を責める気になれません。「格差社会」やブラック企業、非正規労働者に関するこれまでの報道に接すれば、若者が過剰な大手志向をもつことは（現実的かどうかは別として）無理がないと思います。フリーターは自由でしがらみに縛られないという人材仲介業の一時のCMから始まった流動化の動きは、結局は非正規化となって無理な夢を見た、ということであり、その失敗からかえって反動が大きく、日本社会に大きな閉塞感をもたらしたのではないでしょうか。

この「保険」という機能を旧来の労働問題用語で言い替えると

a 採用 学歴社会を中心とする潜在能力による参加の選抜（スクリーニング）
b 賃金 内部平等的な生活給
c 人員 限られたメンバーシップ制

のパッケージとなります。生命保険加入時に健康診断が必須のように、保険であるからこそ参加者を厳しく選抜してメンバーシップを構成し、リスクを分散して平等主義的な生活給が可能となるというそれぞれの連関が重要です。旧来の議論のように「事前」の保険という認識を基礎とせず、それぞれの構成要素のみを一つだけ取り出して強調すると、単純な誤解を招きがちです。たとえばメンバーシップだけを強調すると、理由なく集団を構成してアウトサイダーを圧迫する組織といったイメージにつながりますし、生活給だけを強調すれば人権への配慮から競争圧力がない状態を想像しがちとなります。また労働者の「能力」か「努力」か、という側面は企業内部で常に問題となりますが、入社時には潜在能力を中心に選抜するわけですから、この能力の側面はいわば検討済みとなっており、その結果、入社後は一変して努力や態度重視となるわけです。共同体内で結果重視でなく、プロセス重視といえば分かりやすいでしょうか。このように保険という概念をもとにするならば、日本的慣行の有機的な連関が理解できます。

なお、以上のように保険獲得をめぐる競争と保険排除をめぐる熾烈な競争を前提とすると、組合のジレンマが分かります。非正規労働者をメンバーシップの中に入れることは難しいし、労働者の連帯を過度に強調すると、非正規労働者の管理コストを正規労働者の組合が肩代わりすることになります。しかし「参加率」は重要だと考えるのでしょう。

長期安定雇用をファイナンス理論で理解する

以上で述べたように日本的慣行は競争的な保険メカニズムが土台になっていると考えれば良く、「護送船団」や「競争の欠如」とみなす意見は誤解です。巨大企業は、さまざまなリスクのあるプロジェクト遂行に保険をかけることが通常ですが、若年労働者の職業選択だけがリスクをとる必要はありません。もともと若者が技術や技能を身につける場合、株式を買うようにリスク分散というわけにはいきません。1日4時間は弁護士、1日4時間は医者で働くわけにはいかないように、通常の人的資本形成に分割は利きません。どちらかに職業を選択する以上、その選択のリスクに直面する労働者が保証・保険を求めることは当然です。[3]

さらに長期住宅ローンの存在が住宅取得を促す役割を持ち、何ら市場メカニズムと矛盾しないように、長期雇用は安定的な人的資本形成に大きく寄与しています。安い固定金利で長期の住宅ローンを借りた人が、その「既得権」をなんら恥じることはないのです。さらに金融技術の発展はデリバティブなどさまざまな**リスクヘッジ手段**を生んだことを考えれば、労働市場においても保険や長期契約でリスクヘッジ手段が存在することは当然ではないでしょうか。つまり市場経済は不確実性のもと保険を含んでおり、保険金を支払うという約束が履行されなければ円滑に動きません。この約束は理論で重視されるコミットメントであり、それは一面で既得権とも呼ばれる存在でもあります。

そこで全面的に既得権の排除というスローガンで保険をなくすことは、長期的な熟練形成を阻害し、時間をかけて努力しても報われない社会を作る可能性すらあります。また日本の取引構造は長期的な関係と評判メカニズム（レピュテーション）によって成り立っており、長期的なプレイヤーが存在しないと取引が円滑に進みません。実際、非正規雇用の増大の結果、多くの窓口で「私に聞かれても分からない」という事態になっていることが珍しくありません。

市場メカニズムをスポット市場における押し合いへし合いのものととらえるあまり、「市場のもとで経済効率的にあるよりも、不合理、非効率でも穏やかな心で暮らしたい」と考え、市場メカニズムを批判する人もいます。しかし、これも市場メカニズムに対する誤解です。もともと金融・証券など市場メカニズムは、穏やかな心で暮らしたい裕福な資本家の要求に応えるためにあるという側面があり、保険に入って心穏やかに暮らすことは立派な経済取引と言えます。

2　なぜ不満があるのか――非対称情報からの接近

雇用慣行に関する怨嗟①　共同体の格付け

ここまで日本的労働慣行の長期勤続と保険という性格は、市場メカニズムに何ら反しないものであることを論じました。しかし一方で雇用慣行に関する怨嗟は留まることを知りません。2000年代初頭には成果主義が唱えられ、各集団で「聖域なき構造改革」に共感した人が多かったのではないでしょうか。たしかに共同体的な企業特性にはさまざまな問題があることも事実です。図3－1でも示した社会経済生産性本部の「新入社員意識調査」（2009年度）によれば、仕事の取り組み意識として、「上司から会社のためにはなるが、自分の良心に反する手段で仕事を進めるように指示された際、指示通り行動する」との回答が4割を超えています（もともとこんな質問があること自体が、共同体的企業の問題点を示唆しています。2010年度からはこの質問はなくなってしまったようでかえって残念です）。日本の共同体的組織には、組織内の序列構造から、集団のために善悪を超えて滅私奉公を求めるという欠点があることは否定できません。そしてこの欠点の是正のため、組織から独立した「自立した個人」を求める動きが生じます。

さらに考慮しなくてはならない点は、共同体の持つ機能に嫌悪があるわけではなく、共同体に

「格付け」と上下関係、いわば組織間の序列構造があることが、アンビバレンツな感情をもたらしています。共同体の保険機能は有益だが、自分の属している共同体には不満がある、というわけです。企業が共同体ならば、有利な保険である共同体とそうでない共同体があり、そこに金融商品のような「格付け」が生まれてきます。財閥系か非財閥系か、あるいは一部上場かそうでないかなどを考えるといいでしょう。セーフティネットという言葉で言い替えれば、格付けの高い共同体には高い保証のセーフティネットが存在するわけです。この事情から、安価だがサービスも悪く格付けも低い公的なセーフティネットを完備してもミスマッチがあるわけで、筆者は一時盛んに叫ばれた企業福祉削減傾向には疑問を持ちます。このような動きはビジネス面のみに見られるものではありません。戦前の自然主義文学者は、「家」という共同体を嫌悪した文学を作ったが、彼らは「文壇」という同じような共同体を作ったと指摘されています。

雇用慣行に関する怨嗟② 非対称情報から考える

さらに保険市場には独特の構造があり、それは日本の労働市場における典型的な不平不満をもたらします。その構造は情報の経済学が示す「非対称情報」がもたらしたものであり、普遍的なものと言えるでしょう。もともと市場経済は、完全情報の仮定を離れれば望ましくない状況をもたらすもので、自由放任すればいつでも自動的に望ましい状態が達成されるわけではありません。まず非対称情報の意味を宝くじを使って説明しておきましょう。宝くじにはもちろん当たるか当たらないかというリスクがありますが、実はこのリスクの存在自体が売買に問題をもたらすわけではありません。

- **対称情報** 宝くじのあたり番号を知らないという意味では売り手も買い手も条件は同じですから、取引は公正に成立するからです。ところが、
- **非対称情報** インチキがあって、誰かが当たり番号を知っていて誰かが知らない非対称の状況になれば、正常な取引は成り立ちません。これが典型的な問題です。

さてこの非対称情報と日本的労働慣行による熟練や潜在能力に対する保険との関連を説明しましょう。先に入社時点では熟練形成がうまくなされるかどうかは、企業側にとっても労働者側にとっても分からないと述べました。このリスクに対して、労働者が保険をかける役割が企業の与える日本的労働慣行であるというものです。ところが保険メカニズム特有の問題が存在します。ここでは火災保険の例に即して説明してみましょう。

① 熟練形成の見込みのない人ばかりが集まれば、保険は成り立ちません。つまり火事を出す危険の高い人（熟練形成に失敗する人）ばかりが加入して、危険の低い人のための保険が成り立たない状況が、**事前の「逆選択」**です。一方、

② 保険がある（待遇が保証）ので、かえって火の用心（熟練形成のための努力）を怠ってしま

うのが**「事後」のモラルハザード**です。

このように完全な保険というものは非対称情報の存在のもとでは成り立つことは難しいのです（そのため公的な強制加入保険が社会保険として存在することが多いのです）。しかし日本の労働市場では、人的資本や熟練形成に対する保険として、

i 企業は入口で厳しく新卒の選抜を行うことによって、逆選択を防ぎ、一方、

ii 内部で相互監視を行うことで、事後的なモラルハザードを防ぎます。副業禁止命令が存在する理由は、全力で業務遂行や熟練形成のための努力をしてもらわないと、保険は成り立たないためです。

一方でこのような非対称情報の是正策は、実は以下のような日本的慣行の欠点（といわれる点）にもつながっているのです。「はじめに」のA論、B論に即して考えれば、日本社会は、

ⓐ1 A論では小集団の「顔の見える」範囲で相互監視を行い、プライバシーを尊重せず仲間うちの利益のみを考える息苦しい「共同体」的社会ということになりますし

ⓑ1 B論では「平等」を阻害し、学歴や肩書き（シグナリング）を重視する社会[4]

となります。両論とも非対称情報の標準的議論と結びついていることが分かるでしょう。

非対称情報のもとでは、両方の欠点が存在する結果、完全な保険は成り立たず、「事前」では参加者が制限され、「事後」では保険金は完全ではなかったり、相互監視など息苦しい慣行があります。

もともと仕事をやってもらうということは、まかせてその人を試す、という側面があり、それは経営者側からはリスクを伴った投資という側面もあります。誰にでも仕事をまかすというわけにはいきませんから、事前の選別は必要ですが、この選別の基準は学歴等を使った保守的なものとなりがちです。またこれらの熟練形成に対する保険は労働組合が存在する大企業セクターが中心であり、先述したように企業の格付けに応じたレベルであって、国家レベルのセーフティネットではありません。つまり二重構造の上部には細かく保険がかかっているのですが、下部にはかかっておらず、テクニカルに言えば、人的資本における不完備市場といえます。

この構造を踏まえて、日本的労働慣行への不満を大別すると、

ⓐ2　成功した人、有能な人（火事を起こさなかった人）にとっては、保険などなければ、もう少し給料が貰えるのにと、事後的に「悪平等」を恨むことになります。よく若者にリスクを取れ、と言ったり「個の自立」が大事というのはこのグループです。

ⓑ2　そこから漏れた人、はじかれた人（つまり保険に加入できなかった人）は、保険の存在そのものに恨みをもち、「弱者救済」を叫ぶことになります。

かくして日本的慣行は上下両サイドより嫌われることとなります。内部で保険機能に守られている中間層は、私は無能なのに高い給料をもらって有り難いことだ、などとは言いませんから、聞こえる評判は不満だらけとなります。日本的慣行が極めて評判の悪いのは、こういった保険メカニズム特有の構造に基づいたものでしょう。そこで「改革」となりますが、反対することは一致していても改革の方向性は、同床異夢であり、

ⓐ3 成功した年配の経営者からは、米国型市場「原理」により、「成果主義」のもと保険的部分をなくしてゆく、

ⓑ3 はじかれた若者からは「学歴不問」など、加入基準を下げて、保険を拡大する、

という180度異なる処方箋となります。ただし、実際には「学歴不問」等の対応策は逆選択を起こして「保険」を破壊させますし、「成果主義」は文字通り保険的な部分をなくすことですので、結果的にいわゆる中間層の階層分化を起こしてしまうことにもなりかねません。

もちろん筆者は保険の成立のためには「平等」も「プライバシー」も軽視してよいとか、情報の非対称性のもと改革は不可能とか、主張しているのではありません。ここで筆者が述べたいことは、大きなスローガンで右往左往することでは問題は解決せず、地道に情報の非対称性を一つずつ克服する手立て、つまり、

ⓐ4　モラルハザードを防ぐ、労働者の士気を高める環境整備
ⓑ4　逆選択を防ぐ、地道な採用・昇進方法の改善

が必要なのではないだろうか、という意味です。前述のナビサイトを中心とする新卒採用プロセスや労働環境整備のための法・規制整備などやるべきことはいくらもあるでしょう。徒に欠点を大上段にあげつらっても問題は解決しないのではないでしょうか。

雇用慣行に関する怨嗟③　相互監視と共同体嫌悪の知識人

この保険メカニズムで問題となるのは相互監視を伴う側面です。日本では共同体嫌悪、日本的慣行反対と言ってはばからない知識人が多い理由はこの相互監視のためであり、実は市場主義と言われる思考法は案外、旧来の左翼陣営と親和性があります。共同体のしがらみの中で、「自立した個人」という理想が生成されなかった日本社会において、雇用の流動性を高めることが望ましいという判断が背景にあるためです。たとえば労働者派遣法改正に関しては、マルクス経済学の系譜に連なる学者が大きな役割を果たしたことがよく知られています。さらに非正規問題が永らく放置された理由は、「フリーター」という言葉が自立した自由な個人を示すという幻想があり、それに乗じた人材派遣業や仲介業などの自由な労働者というイメージ戦略にあります。この

イメージ戦略と政策が結びつくとやっかいな状況になったことは周知の通りです。

また自由（至上）主義やリベラリズムなど、「自由」を考えるにあたって、さまざまな立場がありえます。日本で本来、国家統制的と考えられるべき左翼的な立場と「自由」が共存しているのは、地域や企業で存在するボス的支配や、相互監視を行う「中間集団・共同体」からの「自由」を指すからだ、と筆者はかねてから考えてきました（脇田（2009））。そしてそれは日本の会社にとっても同じなのです。人間関係のしがらみや職場の相互監視はモラルハザードを阻止して、相互扶助的保険メカニズム形成を助ける側面がある一方、それが暴走することによって問題をもたらすのです。息苦しいシステムに風穴は必要ですが、現在では風穴が大きくなりすぎて寒さが増してきたのでしょう。

山崎正和（1984）は四半世紀前に「顔の見える大衆社会」というモチーフでもって、日本社会論を展開していますが、そこで、

日本人が忠実なのは集団一般ではなく、自分の置かれた比較的小さな部署にたいしてであって、いひかえれば、隣人の顔も見え、自己の「分」も目にみえるやうに作られた集団にたいしてなのである。

と述べており、そう考えると旧来からの日本的な労働慣行が「目に見える（小）集団」を、うまく使って生成されたこと、そして「目にみえる」部分を超えて大きな判断はできないという限界

にも思い当たるのではないでしょうか。

筆者は、必ずしも旧来の慣行そのままでいいという意見ではなく、後述するように、

①滅私奉公でない「自立した個人」の生成と専門職市場の確立、ならびに、

②本書全体のテーマでもありますがマクロ的な労働市場のタイト化によるある程度の流動性

が重要と考え、そのための手立てを考察すべきだと考えています。しかし多くの議論に見られるように、どうやって変えてゆくのかアイデアもないままに、流動性促進という大きなかけ声だけでは結果的に合成の誤謬を促進してしまいます。現在の諸問題を考えれば、まず小さな集団の安心からでも良いのではないか、と感じる場合が多いのです。

コラム◆「体制」としての日本的労働慣行

日本の経済分析の多くが日本の現実と遊離している理由は、日本的な慣行というものを毛嫌いするか、無視するか、どちらかだからです。そして毛嫌いする理由は、個々人にとってトラウマの源泉、ルサンチマンの焦点であり、大企業を中心とする日本的労働慣行はいわば日本社会の「体制」そのものだからです。米国であれば資本主義体制をぶっつぶす、旧ソ連であれば共産党体制を乗り越える、現体制の破壊願望はどの時代、どの体制にもありますが、日本社会では雇用慣行が既存の体制と考えれば、アンビバレンツな気持ちが理解できます。そしてこの体制は誰が支配しているのか、あいまいです。皆で皆を縛る相互監視の結果、憤懣のもっていきようがありません。

労働慣行が見えざる体制なら、階級は学歴や企業の格付けと考えることができるでしょう。「学歴貴族」という言葉がありますが、一時大きく話題となった、「丸山眞男をぶん殴りたい」という発言は体制への破壊願望を如実に表しています。

3　多能工的熟練形成と専門職敵対視の構造

特殊的熟練は将棋の「と金」

さてここまで説明した企業内の保険の前提は労働者の定着性です。助け合うべき労働者が会社を辞めてしまえば、相互扶助は成り立ちません。そこでなぜ日本の労働者は企業への定着度が高いのかという問題を改めて考えていきましょう。

定着性の一つの説明は企業内でのみその熟練が通用するとする**企業特殊的熟練（人的資本）**の存在です。この熟練が存在するとき、個別の企業内では生産性は上がりますが、転職すれば下がってしまいます。工場でその企業に特有の技能を形成すること、そしてホワイトカラーが社内の人間関係に熟知すること、これらは皆、企業特殊的熟練です。「ブルーカラーは将棋の歩」という日本企業の内部昇進をめぐる小池和男の有名な比喩がありますが、それを拡張してみましょう。

将棋の歩は敵陣に攻め込めば「と金」となって縦横無尽の活躍が可能ですが、相手方に取られればまた歩に戻って能力が減退してしまいます。つまり自軍にあるときは能力が高く、敵軍で使われれば能力は低いような熟練が企業特殊的熟練です。先述したなぜ企業は中途採用枠を確保しておかないのか、という問題は特殊的熟練の性格にあるでしょう。

筆者は定着性のもう一つの説明として暗黙の共謀仮説（Wakita（1998））も考察してきました。低開発国では熟練労働者が工場に定着しないため、費用をかけて訓練を行えない**引き抜きの外部性**（Poaching Externality）の弊害が問題となっています。そこで企業は互いに引き抜き合わない紳士協定を結んでいたり、引き抜きは社会の通念に反するという側面が存在することをモデル化したものです。[6]

この仮説をサポートする事実として、城（2004, p.22）は、大手電機各社では、採用担当者が毎年定例会議を開き、「同じ電機大手のなかからは従業員を引き抜かない」という、一種カルテルめいた取り決めを行っていることを示しています。さらに流動的な労働市場が普遍的と考えられる米国においてすら、米グーグルやアップルなど米ハイテク6社は各社が互いに技術者らを引き抜かない協定を結んでいたため、米司法省が裁判所に訴えた結果、協定を結ばないことで司法省と和解しています（２０１０年9月24日付朝日新聞）。

つまりこのような引き抜き防止という明示的な「取り決め」、あるいは暗黙の社会規範が、企業特殊的熟練といった技術特性に加えて、労働者の定着性に寄与していると考えられます。

マイクロ・マイクロ的労働慣行と多能工的熟練

さて企業特殊的熟練に戻って、その内容を考えましょう。これまで指摘されてきた具体的内容は機械の癖や企業内人間関係など若干、あいまいです。そこで小池和男（1981）はそれぞれの企業で要求される工程や職務の「組み合わせ」が少しずつ異なっているという注目すべき説明を行っています。たとえば中学校で国語・数学・理科・社会の4つの科目を教える場合、先生が2人しか雇えないとすれば、国語と数学、理科と社会など6つの組み合わせが存在します。この組み合わせこそが企業特殊的であるというものです。国語と数学を教える先生が退職すれば、やはり同じ組み合わせを教える先生が必要なように、企業ごとに要求される組み合わせが異なっているため、熟練形成が企業特殊的となるのです。この点を数学的にモデル化した **Wakita**（2004）も参照してください。

このような多能工的熟練形成は、職場の雑多な知識が積み重なってホワイトカラーの問題解決能力が高まっていくプロセスと共通点を持ちます。しかしこのようなプロセスはあいまいかつあやふやなものと見なされがちであり、あまり正しく評価されているとは言えません。作家の村上龍執筆の『13歳のハローワーク』が一時、ベストセラーになりました。この本はたくさんの職業を絵本として紹介したもので、無駄遣いとして有名になった巨大建築「私のしごと館」などと同じ流れにあるものです。筆者はこういった風潮に違和感を持ちましたが、その正体は、

- たしかに昔から確立されており、子どもの時に夢見た職業で、一生を過ごせれば、こんなに幸

せなことはないでしょう。しかしそれは多くの人にとって、可能でしょうか。むしろ特権と言うべきではないか、と考えますし、第6章で見るように子どもが働いてくれて親が安心したいだけではないか、さらに、

- 職種のなかには、夢につけこんだ低賃金が少なくないのではないでしょうか、
- 後述するように職種におけるミスマッチの状況が存在する

など具体的な状況があるからです。

職種別市場幻想とジェネラリスト

これらの仕事観の背景には戦後日本において、繰り返し語られてきた「**職種別**（ジョブ型）**市場幻想**」とも言うべき考え方があるように思われます。日本的雇用慣行のもとでは、「就職」というより「就社」が行われ、組織忠誠心旺盛な会社人間（あるいは**社畜**とまで呼ばれます）を生んでしまうが、職種ごとに企業横断的な市場（職種別市場）が成立するならば、組織に従属しない「自立した個人」が生まれるという考え方です。「恒産なきところ恒心なし」と言われますが、職や技能の安定があってはじめて個人が自立できるといったところでしょうか。

筆者も「恒心」あるいは「自立した個人」や「一身独立」を達成することが、日本の現状において重要だと考えます。しかし特定の職業を通してそれを達成する分量は小さな部分でよくて全般的な「職種別市場」や流動化がこの目的を達成したとも、するとも思えません。もともと日本

の現状はこの予測を裏切ってきました。80年代に国際的にも脚光を浴びた日本の労使関係の特徴は「柔軟な配置転換」であり、プロフェッショナルを許さずジェネラリスト養成に特徴を持つのが、日本のマイクロ・マイクロ的な労働慣行です。このもとで暗黙知と熟練などからなる技術体系を体系化（モジュール化）することは、個別企業の技術優位性を損なうことにならないでしょうか。あるいは「企業秘密」を開示することにならないでしょうか。

田中（2010）は企業が特注して作らせたカスタム・ソフトウェア（いわば企業特殊的ソフトウェア）と市販のパッケージソフトウェアの使用状況の比較を通して、前者の比率が高い企業の生産性が高いことを見出しています。労務管理上の問題がないソフトウェアですら、個別性が高いわけですから、企業特殊的な人的資本の蓄積は生産性向上に不可欠ではないでしょうか。

流動化論への留保① 専横排除

さらに重要なポイントは、強固な専門職集団の存在は職場における独占的な振る舞いにつながるため、それを経営者側は労務管理上、阻害します（その結果として組み合わせがそれぞれ違う企業特殊的熟練が生成されるということができます）。映画評論家の佐藤忠男（2004）は、

仕事というものは専門化すればするほど自分一人のものになり、ある領域に関しては自分こそこの職場でのエキスパートで、誰も自分に頭が上がらないという部分が出てくる。職場が

小さければ、ほんの数年でそうした立場を獲得することもおおいにあり得るのである。誰も自分に頭が上がらないということは、言い換えれば人間として尊重されるということであり、仕事に関してただ頭ごなしに命令されるのではなく、上役から相談されたり、また後輩の指導などもまかされることにもなる。

と巧みに述べています。逆にいえば、「誰も自分に頭が上がらない」状況で**熟練労働者の専横状態**が始まっては困るので、組織内で取り替えのきく歯車をたくさん作ることになります（腐敗防止からの観点については Klaus（2004）参照）。一方、作家の故城山三郎（1977）は、

サラリーマンというものは、だるまとおなじなのだ。手をもがれ、足をもがれて行くうちに、最後に円満になって落ち着く。辛抱して、だるまさんになるんだ。

とまで述べています。たしかに日本のサラリーマンが「金太郎飴」であり、どこを切っても同じと揶揄されてきました。そのうえ「だるまさん」では少し悲しいですが、だるまになる理由はそうでないと出世できない、出世させないからでしょう。これまでと異なった職種をこなさないと出世しない、別の部署で昇進するといった慣例は広く見られます。さらに考えてみれば、この程度の仕事は私が調べてやっておきます、と言う人と、これは難しいから専門職を呼ばねばならないという人のどちらが企業内で出世するでしょうか。そこから、だるまになっていくということの

喩えは、多能工的熟練形成は独立自尊の人材を作らず、いわば**取り替えのきく歯車**を作る目的から生成されるという面をうまくとらえています。新卒者が表向き全員幹部候補生という現象も、出世意欲を保つ労務管理のためでしょう。しかし現実はエリートと数合わせ人材に分かれますから、後者のジョブ・ローテーションは無意味なものとなりがちでしょう。[7]

この**熟練労働者の「専横」**という部分をもう少し考えてみましょう。本田（2010）は流通業を中心とした主婦パートを考察した好著ですが、そこで強調されるスーパーマーケットの変容は「職人からパートへ」という現場作業の担い手の流れです。1960年代のスーパーの精肉・魚介部門では専門職人が雇われ、彼らの専横、無法行為が見られたのですが、いまでは職人技術と工程のマニュアル化により、パートでも対応できるようになったというのです。ただし現在では、各店に定着的な古参バイトが**「ボス」パート化**し、静かな抵抗を行っていると観察しています。一般に弱い立場と思われるパート労働者ですら「ボス」化するわけですから、特定の職場に居座り、ヌシになって専横の限りを尽くす、誰にも思い当たるふしがあるのではないでしょうか。

元鳥取県知事の片山（2010）は東京都や神奈川県の学校図書館に、専門職としての司書がほとんど雇用されていないことを指摘しています。同書は教育軽視のためとしていますが、実は東京都には弁護士等の専門職もほとんど雇用されていません。その理由は通常の人事管理に「そぐわない」からで、専門職は技能があっても敬遠されているのが実情です。

気に入った職場や仕事に従事すると、一つのことを深めたいと思うときがあり労働法学ではキャリア権と言うようです。しかしジョブ・ローテーションの例外はなかなか認められません。しかし、だからこそ、このような人事を受け入れる代わりに、保険メカニズム的な雇用保障と賃金を受け取っている暗黙のパッケージが存在すると労働法学でも考えるようです。

流動化論への留保② 「タテ」と「ヨコ」の競争意識

一方でサラリーマンの意識も、多能工型熟練形成に対応しています。弁護士や会計士に対して、大した知識もないのにつまらん資格で威張りやがって、と怒る人を見かけたことはないでしょうか。この雰囲気のもと、新たな専門職資格は疑問視されがちで、たとえば**キャリア段位**といういわば人的資本の格付け制度が政府のモデル事業として始まっているものの、期待する声は大きくありません（2011年5月18日、緊急雇用対策本部）。

実はサラリーマンの競争意識として、

- 正しく競争するために小さな差異で分かりやすい競争**基準**を求め
- 同期の競争というように、競争**相手**が明確であることを求める

傾向が強いのです。[8] これでは互いの異なる専門性を認め合う社会は難しいでしょう。

筆者はある程度の専門職のエリート養成は不可欠であり、個性を発揮させるためには、若干の

2月の新刊　●8日発売

ちくま学芸文庫

Math & Science

たべもの起源事典　世界編
岡田哲

西洋・中華、エスニック料理まで。バラエティ豊かな食の来歴を繙けば、そこでは王侯貴族も庶民も共に知恵を絞っていた。全1200項目で読む食の世界史!

09592-3
2200円＋税

言葉をおぼえるしくみ
■母語から外国語まで
今井むつみ／針生悦子

認知心理学最新の研究を通し、こどもが言葉や概念を覚えていく仕組みを徹底的に解明。さらにその仕組みを応用した外国語学習法を提案する。

09594-7
1400円＋税

増補　ソクラテス
岩田靖夫

ソクラテス哲学の核心には「無知の自覚」と倫理的信念に基づく「反駁的対話」がある。その意味と構造を読み解き、西洋哲学の起源に迫る最良の入門書。

09595-4
1400円＋税

アメリカ様
宮武外骨

占領という外圧によりもたらされた言論の自由は、結局外圧によって葬り去られることを明らかにする、ジャーナリズムの記念碑的名著。（**西谷修・吉野孝雄**）

09603-6
1000円＋税

電気にかけた生涯
藤宗寛治　■ギルバートからマクスウェルまで

実験・観察にすぐれたファラデー、電磁気学にまとめたマクスウェル、ほかにクーロンやオームなど科学者十二人の列伝を通して電気の歴史をひもとく。

09586-2
1300円＋税

価格は定価（本体価格＋税）です。6桁の数字はJANコードです。頭に978-4-480をつけてご利用下さい。
内容紹介の末尾のカッコ内は解説者です。

神国日本のトンデモ決戦生活
早川タダノリ

これが総力戦だ！ 雑誌や広告を覆い尽くしたプロパガンダの数々が浮かび上がらせる戦時下日本のリアルな姿。関連図版を多数収録。

43131-8 950円+税

将棋エッセイコレクション
後藤元気 編

プロ棋士、作家、観戦記者からウェブ上での書き手まで──「言葉」によって、将棋をより広く、深く、鮮やかに楽しむ可能性を開くための名編を収録。

43140-0 900円+税

あさめし・ひるめし・ばんめし
日本ペンクラブ 編 大河内昭爾 選 ●アンチ・グルメ読本

味にまつわる随筆から辛辣な批評まで、食の原点がここにある。文章の手だれ32名による庖丁捌きも鮮やかな自慢の一品をご賞味あれ。（林望）

43145-5 880円+税

レ・ミゼラブル 5巻（全5巻）完結！
ユゴー 西永良成 訳

一八三二年六月、市民たちが蜂起しバリケードを築く。戦闘で重傷を負ったマリウスを救うジャン・ヴァルジャン。苦難の人生に、最後の時が訪れる。

42975-9 1300円+税

好評の既刊
＊印は1月の新刊

思考の整理学
外山滋比古 受け身でなく、自分で考え行動するには？ 話題沸騰
02047-5 520円+税

たましいの場所
早川義夫 心を揺るがす本質的な言葉。文庫用に最終章を追加
43005-2 780円+税

ファビュラス・バーカー・ボーイズの 地獄のアメリカ観光
町山智浩／柳下毅一郎 映画ファンのための世紀末アメリカ裏スポットガイド
43096-0 950円+税

＊**ムーミンを読む**
冨原眞弓 ムーミン物語全9巻を一冊ずつ解説する入門書決定版！
43133-2 680円+税

武士の娘
杉本鉞子 大岩美代 訳 日本女性の生き方を世界に伝えた歴史的名著
★02782-3 950円+税

三島由紀夫レター教室
三島由紀夫 5人の登場人物の様々な出来事を手紙形式で綴る
★02577-4 520円+税

仏教のこころ
五木寛之 人々は仏教に何を求め、仏教はそれにどう答えるのか
43130-1 680円+税

白土三平論
四方田犬彦 著者が敬愛する巨匠への壮大なオマージュ
43099-1 1000円+税

価格は定価（本体価格＋税）です。6桁の数字はJANコードです。頭に978-4-480をつけてご利用下さい。
★印の6桁の数字はISBNコードです。頭に4-480をつけてご利用下さい。

2月の新刊 ●7日発売

ちくま新書

1055
官邸危機
評論家・麗澤大学教授 松本健一
▼内閣官房参与として見た民主党政権
尖閣事件、原発事故。そのとき露呈した日本の統治システムの危機とは？ 自ら推進した東アジア外交への反省も含め、民主党政権中枢を内部から見た知識人の証言。
06763-0
880円+税

1056
なぜ、あの人の頼みは聞いてしまうのか？
明治大学教授 堀田秀吾
▼仕事に使える言語学
頼みごと、メール、人間関係、キャッチコピーなど、仕事の多くは「ことば」が鍵！ 気鋭の言語学者が、ことばの秘密を解き明かし、仕事への活用法を伝授する。
06765-4
740円+税

1057
ヴァティカンの正体
アグロスパシア㈱取締役・編集長 岩渕潤子
▼究極のグローバル・メディア
幾多の転換期を生き延びたヴァティカンのメディア戦略を歴史的に俯瞰し、特に宗教改革、対抗宗教改革における生き残り策から、日本が学ぶべきことを検証する。
06759-3
800円+税

1058
定年後の起業術
企業アドバイザー 津田倫男
人生経験豊かなシニアこそ、起業すべきである――第二の人生を生き甲斐のあふれる実り豊かなものにしたいあなたに、プロが教える、失敗しない起業のコツと考え方。
06766-1
760円+税

1059
自治体再建
福島大学教授 今井照
▼原発避難と「移動する村」
帰還も移住もできない原発避難民を救うには、江戸時代の「移動する村」の知恵を活かすしかない。バーチャルな自治体の制度化を提唱する、新時代の地方自治再生論。
06769-2
880円+税

価格は定価(本体価格＋税)です。6桁の数字はJANコードです。頭に978-4-480をつけてご利用下さい。

特別扱いが必要ではないか、と考えます。さらに「自由な発想」に投資せず、一般に分かりやすいが短絡的な競争観の結果、管理強化と相互監視が高まることになったわけですから、現在の日本企業の閉塞は自ら招いた側面があると考えます。弥縫的な規則作成や細かいあら探しは誰でもできますし、いかにも働いているように見えますが、その結果、有為な人材を潰してきたのではないでしょうか。結局、公正な競争が行われるために、競争条件の明確化を求めると、それは金太郎飴を生んでしまうということにもなるわけです。[9]

以上がいわば職種別の「ヨコ」の競争意識なら、「タテ」の競争意識もあります。もともと企業内部にいれば左遷されても逆転がないわけではありませんが、離職して企業外に出てしまえば同格の企業に復帰できる可能性は極めて少なく、結局、勝ち残りというべき競争が繰り広げられています。この勝ち残り競争の状況の下で、優秀な人を外部から呼んでくるから、その指揮に従いなさいと言われたならば、いわゆる「生え抜き」社員は大きく反発します。実際、パナソニックに吸収以前の三洋電機では一時は「次世代経営者候補制度」と称して、人材を１００人近く公募で受け入れましたが、生え抜き組から不満が噴出し、半数近くが辞めていきました（日本経済新聞２００７年12月７日）。

流動化論が難しい理由は総論賛成、各論反対の構図があるからです。端的に言えば、自分より下は流動化してクビにしたいが、上司がよそから来て出世を邪魔するのは絶対反対であるとなります。これは非正規労働や限定正社員導入と同じ構図です。米国式のトップダウン経営（いささか通俗的なイメージですが）なら決定権はトップにあり、トップからみた下位層は解雇が自由で、雇用は流動化するでしょうが、これには日本のミドルは賛成しないでしょう。

流動化論への留保③「成果」主義の経験

さらに直近の経験を考えてみましょう。小泉内閣期には流動化論議が高まり、世論も是認して**成果主義**という名で大規模リストラが行われました。しかし大企業の中途採用がその時期に増加したわけではありませんし、マクロ経済は低迷しました。また成果主義により、現在、成果が称揚されているわけでもありません。この時期については不良債権処理とそれに伴うリストラの必要性から、やむを得ない側面があります。しかし非正規雇用増大や後述する専門職市場壊滅など問題が噴出しました。

筆者が流動化論や成果主義でもっとも問題だと思うことは、結局ミドル階層が流動化したという側面より、自らの状況は棚上げして、非正規雇用などより弱い階層に「しわよせ」をした側面が強いことです。結果的に、

- 自分たちの階層より下には流動化を促してより弱体化させ、
- 自分より上から、専門職が指示することには反対する

という手前勝手な意見になっていないでしょうか。さらに自らの処遇への不満を他所に転嫁していないのか、流動化論者は自らを顧みる客観性が必要ではないでしょうか。流動化のための専門職等の制度整備を、実は流動化論者自体が否定した側面があるのではないでしょうか。[10]

もともと現在の人事部中心の雇用慣行は、戦前から見れば一種の「近代化」であることに注意すべきです。旧来の職人の世界では、ボスが子分を差配し支配する、より人間関係に縛られた制度が見られました。これを「親方子方制」と呼びますが、古めかしいネーミングにもかかわらず、現在でもさまざまな場所や自由業と呼ばれる職種であっても、同様の慣行が見られるのではないでしょうか。たとえば、医学部教授の学閥による医者の人事支配や、産官学のみならずマスコミまで結びついた「原子力ムラ」などは、格好の例でしょう。孤高の剣豪からノマド・ワーカー、ドクターXまで、腕一本の人生に憧れは尽きません。しかし社会を変えるには、腕一本の人たちの組織化が必要であり、それには「統制」が必要となります。出世が頭打ちになったスペシャリストだけでは経営はできないのではないでしょうか。

流動化論への留保④　現状ではバブル入社組のリストラ一辺倒

実はあまり認識されていないことですが、雇用流動化をいま行ってみたとしても、それはリストラ一辺倒に陥ってしまうことが予想できます。まず大手企業の現状をみてみましょう。図3－2の下半分は賃金構造基本調査から見た各年の年齢階層別の賃金総額（賃金×人員）を表してい

図3－2 年齢階層別賃金構造（男性・大卒・1000人以上企業）

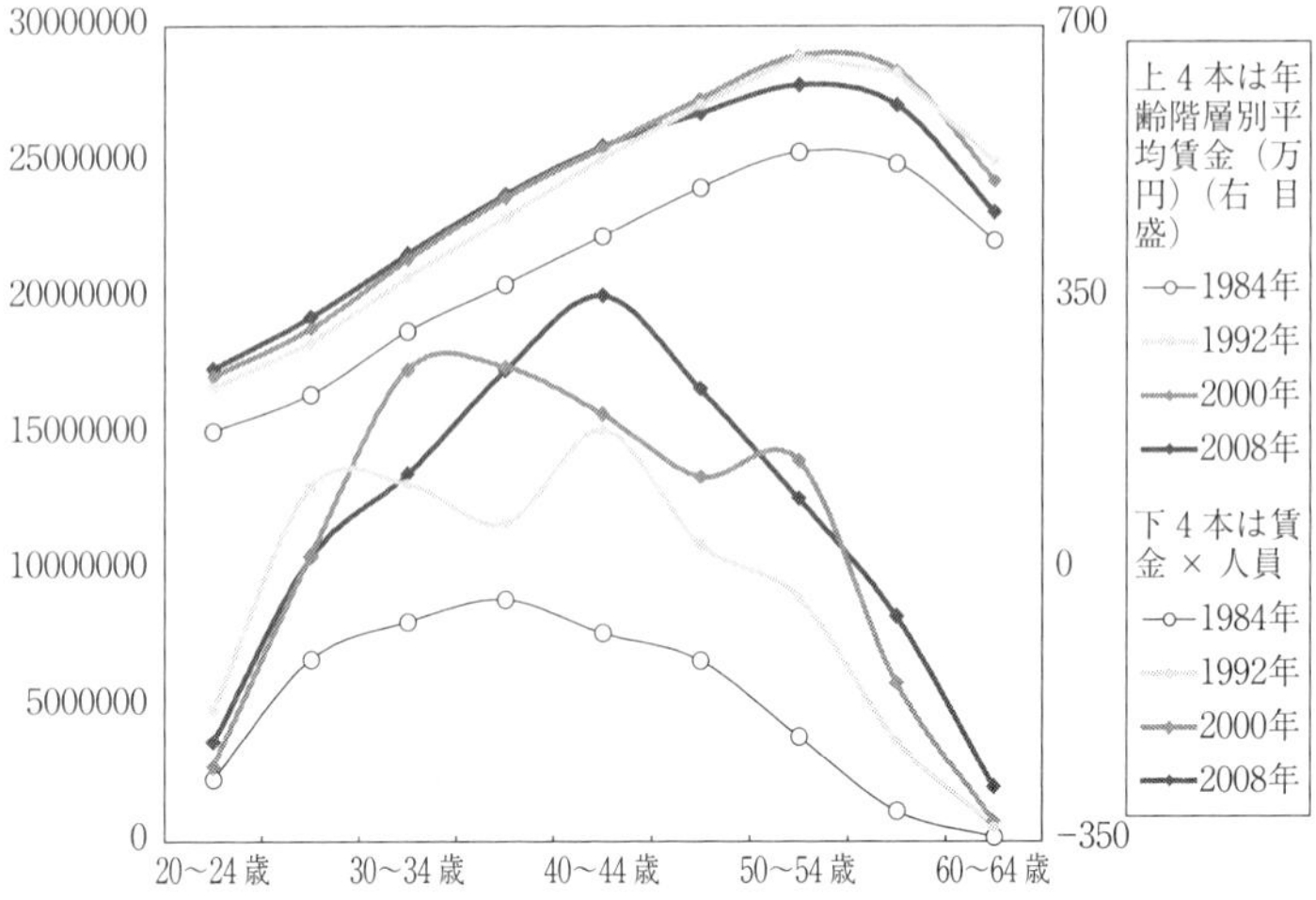

（データ出所）賃金構造基本調査

ます。ここで驚くべきことは団塊世代のコブよりも、いわゆるバブル入社組のコブが高いことです。[11] 上半分の賃金カーブはさほど変わりませんから、これは明らかに人員過剰です。この年代は40代を超え、いわゆる肩たたき年齢に達してきているため、ここしばらくはこれらのリストラが進むでしょう。一方、リストラ後のポストを中途入社で埋めるとは到底思えませんから、流動化した労働市場が実現するよりも、結局のところ中高年社員放出一辺倒になるでしょう。第2章でも述べたとおり、この階層は給料が安くても働きますから（労働供給は非弾力的）、低賃金とリストラの恐怖がマクロ経済をスパイラル的に冷やしてしまいます。

さらに労働の固定性をもとにして保険構造が存在するからこそ、比較的平等な賃金

体系が保たれているのであり、それを破壊すれば、

- 米国の経営者の高額報酬に見られるように、優秀な人間が自分に都合のいいようにルールを変更するなど、所得分配が不平等化するだけであり、このような極端な市場化の反動は
- ヨーロッパ諸国のように政府部門が肥大化し、モラルハザードが蔓延

することになります。

スペシャリストの限界

筆者が労働市場全域での職種別市場の形成と流動化が難しいと考える主要な理由は、ここまで説明したように、あいまいな技能の組み合せのもと、

- 企業の入口では新卒者の不安に対応した**保険形成**であり、
- 企業内部では専門労働者の専横防止のための**労務管理**と結びついており、また
- 経営者やエリート労働者の立場から見れば、企業内の勝ち残り競争に対応して総論賛成各論反対の構図がある

という3点があります。また欧米の職種型市場はビジネススクールを出たＭＢＡによる経理中心

の経営や産業別労働組合とパッケージであるという基本が忘れられています。

もともと日本企業においても、流動化すべきところ、アウトソーシングできるところは常に継続的に分別されており、また企業が仲良しクラブでない以上、誰もが平等に処遇されているわけではありません。つまり雇用流動化や「成果」主義は本来、企業の行動に含まれているものですが、それを声高に言わなかっただけでしょう。この不断の再検討のプロセスを経て、それでも企業内部に抱え込まなければならない（あいまいな技能の組み合せの）労働者集団こそが長期雇用の傘の下にあるといえましょう（本当にきれいに技能別に労働者が区分できれば分社化すればよいのです）。

このような状況で、無理な流動化はリストラ一辺倒となり、もっとも強固なサブシステムと考えられる新卒一括採用のみが残ってデスマッチのみが加速することになりかねません。

さらに筆者は正直言って、ジェネラリスト的な熟練に同情的です。スペシャリストと言っても中高年になっても新しいアイデアを出し続けることは大変なことであり、本当に深い知識を持つ人は少ないものです。多くの人は職場の全体構造を把握したうえで、全体の中で部分を位置づけたりすることができません。その結果、必要な上下関係であっても理不尽に感じる彼らが集まっても、物事は少しもまとまりません。以前は日本企業のすりあわせ力が賞賛されましたが、部品はいいが最終製品は駄目であるという家電産業を例に考えると、日本の政府や企業の現状で弱まっている「まとめる力」がさらに弱まるのではないでしょうか。

高度人材養成と専門職市場の失敗

しかし一方で専門職を中心に、ある程度の職種別市場の存在は有益だし、組織に依存しない「自立した個人」が形成されて、日本人の組織的暴走を防いでほしかったと筆者は思っています。IT技術の発達により、中途半端な専門知識は優位性を失いました。しかし真の専門職は少数は必要ですが、日本社会はそれらを大事にしているでしょうか。世代間格差や、フリーター等の若者の非正規雇用の問題が一時は盛んに指摘されました。筆者はその若者が「全般的」に「割を食っている」という論調に懐疑的であり、データにより支持されないと先述しましたが、明らかに失敗であったと思われる部分があります。それは高度な教育や専門職の職場です。もともと雇用流動化はすべての労働者が職種を超えて全体で流動化するわけではなく、何らかの（ドイツの徒弟制度のように）資格や訓練による労働者の規格化が不可欠ではないか、と筆者は考えますが、日本の代表的な専門職種はいずれも問題を抱えています。順に考察してみましょう。

A　大学と大学院改革

現在、大学危機が叫ばれています。もともとの大学危機は少子化による若年人口減少のためですが、対策と称して行われた政策が、さらに事態を悪化させて二次災害を生んでいます。まず入学者の集まらない短大を4年制に変換を認めるなどの結果、1985年には460校だった大学は2010年現在、778校にも増加し、定員は2倍近くになっています。その結果、現在は

「大学全入時代」とも呼ばれ、10年後には１００校近い大学が消滅するとの予測もあります。[12]

さらに問題は大学院です。文部科学省の指導の下、日本の大学は大学院重点化の名の下に、大学院新設並びに定員増加を行いました。潮木（2009）によると、現在、年間６千～８千人程度の研究職の新規採用枠に対し、年間１万６千人程度の博士が生まれており、今後の需給は少子化のためより悪化します。潮木は「大学の既存ポストも含めた新たな選抜制度を設計するまでの間、大学院の新規募集を一時的に停止すべき」と提言しています。この提言はドラスティックに聞こえるかもしれません。しかし筆者を含む多くの大学教員にとって充分頷けるものではないでしょうか。原発がトイレのないマンションといわれますが、大学院の問題も同じなのです。[13]

もともと少子化で大学学部の入学者数が減少する状況を予測し、それを埋め合わせるための無理な大学院重点化を強行したわけですから、文部科学省の責任は重大です。さらに問題が顕在化した現在でも、オーバードクター急増の現状を放置し、未だに何ら対策を打とうともしないばかりか、逆に定員未達成の大学に圧力を加えるなど、一体、多くの大学院生の将来をどう考えているのでしょうか。空怖ろしい気がしてなりません。さらに経営が悪化する弱みにつけ込んで、独立行政法人化した大学に官僚が次々と天下りするような事態がいつまで放置されるのでしょうか。

B　法科大学院と司法改革

司法改革の失敗は、大学・大学院の状況よりもう少しは報道されています。法曹人口を増やしてニーズに応え、法科大学院設立（２００４年４月）により受験技術に左右されない実力を養うはずの改革が、スクール乱立によりかえって受験競争は激化しています。また多くの時間と費用をかけたロースクール生の多くが、試験に合格できず、受験の回数制限もあって、大きな社会問題となっています。さらに試験に受かったとしても弁護士は経済的に困窮の度合いを高めています。気分のよい予想ではないのですが、今後は社会に怨みを持つ若者が、法曹界周辺で大量生産されるわけですから、法律知識を駆使した犯罪等に大きな注意が必要でしょう。

C　医療改革

2004年に始まった新臨床研修制度はマッチング制度を導入し、研修医は研修先を自由に選ぶことが可能となりました。その結果、研修医は都市部へ集中し、地方の医師数は（病院数および患者数に対して）決定的に不足していると言われています。「希望を聞くこと」と「希望通りになること」は異なりますし、数量的に医師不足なのか、あるいは偏在なのかは議論があるものの、（部外者である筆者の感想ですが）生命を扱う医療分野において制度改革は乱暴であったように思われます。もともと国家試験を課す医師などは、国の管理する専門職として考えるべきで、最低限の配置命令等は許されるべきです。たとえば公務員制度改革により、若手公務員が配属先を自由に選べるような制度に変更されることが望ましいと考えるでしょうか。

他にも会計士など、いわゆる士のつくサムライ資格や歯科医などはいずれも惨状を示しており、この惨状は企業内の管理職過剰と共通点があるように思われます。[14]「高度人材」という言葉が独り歩きし、需要の裏付けもなく、制度の整備もないままに人員数だけが急拡大したわけです。もともと労務管理上、専門職を嫌うという伝統が日本の組織にあることは、ギルド生成などという歴史にさかのぼらなくとも、現実の組織内にいれば実感できるはずです。また自分が部下を雇う立場になれば、あまりうるさいことを言う専門家候補生は忌避することが考えられるでしょう。そういった状況を無視して、数量増をエイヤっと強行した側面はなかったのでしょうか。

司法改革はなぜ失敗したのか

小林（2010）は司法改革に関して（異論はあるのでしょうが）興味深い分析を提示しています。同書は法曹一元のかけ声の下で弁護士会は人員増加を容認せざるをえないはめに陥ったこと、そして法科大学院の乱立などいかに需給を無視して、一見都合の良い夢想的な計画が実行されたかを活写しています。法科大学院の予想定員の和の集計程度はしておけば、いまのようなロースクール受難の事態を招かなかったと同書は指摘していますが、先に述べた大学院や医療崩壊も同じことで、「少しの計算」があれば事態はかなりましになっていたことでしょう。

私たちは複雑な社会ですべての側面に知識を持つことはできません。たとえ難度の高い司法試験に合格したとしても、弁護士は弁護士業種の市場メカニズムの専門家ではなかった、ということです。日本の自動車産業は「すりあわせ」により、高い生産性と品質が達成された、とする研究が盛んでした。しかしこの「すりあわせ」は形あるものを目標として、専門家が何度も集まることにより達成されるものでしょう。[15] ボトムアップ型などといって、素人が集まって「すりあわせ」を行い、希望的観測のかたまりとなった結論に到達することとは違うことなのでしょう。

年金や社会保障上の「世代間不公平」については、第5章で否定的に考察しますが、上記専門職市場の崩壊については、先行世代の指導的立場にある人たちの責任は明らかです。たとえば司法改革について、小林（2010）は高名な中坊公平元弁護士を含めて、弁護士定員増加の責任を追及しています。「世代間不公平」論者も、抽象的に「一億総ざんげ」のようなことは要求せず、責任の所在を限って追及してほしいものです。

労働市場のエコノミークラスとビジネスクラス

以上の考察をまとめて、労働市場を三分すれば、

A	置かれた状況は千差万別だが、増加一方だった非正規労働者
B	過剰気味の中核労働者
C	崩壊寸前の高度専門職市場

と考えることができます。この状況は飛行機のエコノミークラス・ビジネスクラス・ファーストト

クラスの乗客と喩えることができましょう。

　ビジネスクラスの一部の乗客は、ファーストクラスと比較して不満のかたまりです。どうして俺がファーストクラス待遇ではないのか、というわけです。そこでもともとごく少数であったファーストクラス乗客は怨嗟の対象となったと考えられるでしょう。既得権打破というスローガンから専門職市場は崩壊し、現在では中途半端な「高度」人材があふれています。またエコノミークラスのスペースを縮小してビジネスクラスを広げれば、俺たちもファーストクラス並になれるのではないか、と考えた人たちもいます。そこで非正規労働者の規制緩和が進みました。両方向への伸長の結果、現在では専門職を目指した若者も、エコノミークラスに追いやられた若者も社会を怨んでいると言っても大げさではないでしょう。

　しかし収益の高いファーストクラスの乗客が存在してはじめて、飛行機の運航・増発が可能となるのではないでしょうか。ヒット商品を連発する米国アップル社は故スティーブ・ジョブズCEOの独裁体制であり、それを簡単に真似るわけにもいかないでしょうけれども、行き詰まった日本企業に示唆的ではないでしょうか。筆者には、多くのビジネスマンが忙しい忙しいと言いながら、どんどん発想が刹那的となり足の引っ張り合いが多くなっていくように思えます。日本経済はいわゆるミドル層が支えてきたと言われますが、皮肉なことにミドル層は過剰であった期間が長く（第2章図2－6、図2－7）、その結果ミドルを超えた発想を持つ本当の高度人材を日本的システム内でダメにしてきた側面があるように思います。金銭や身分的保障は別として、船頭多くして……の状況に陥らないよう意思決定プロセスを考え直す必要があるでしょう。強きを挫き弱きを助ける改革でも、強きを助け弱きを挫く改革でもなく、多数を占めるミドル層の過剰が、強きと弱きの両端排除に向かったととらえることができるでしょう。

結局、労働問題の「改革」というものは、口うるさい上位層を排除し、言うことを聞かない下位層を使いよくする、ということになりがちなのでしょう。雇用流動化を望むならば、労働者自体が互いの専門性を尊重する意識改革が必要だし、企業も内部で一家言をもつ労働者を尊重するように、人材形成プロセスを変革しなければなりません。現状では労使双方とも「願っていること」と「やっていること」が異なるようです。

コラム◆福島原発問題と専門家のコントロール

福島原発問題は、日本の専門家の問題を端的に表しているといえましょう。

①テレビで原発の状況説明を行っていた官僚は法学部出身のジェネラリストであり、専門家でも何でもなかったこと

②大学の専門家は共同体的な原子力ムラの住人と呼ばれ、知識のない官僚と癒着し、充分な監視の役目を果たさなかったこと

③原発反対派と賛成派のコミュニケーションが成立しないこと

つまり関係者はジェネラリストと原発推進派（原子力ムラ）と反対派の混合体であり、集団としては賛成派・反対派・裁定者と機能が3分され、一通り揃っていると言えなくはないのです。しかし今もって意見の収束は見られないことは周知の通りです。

なかでも問題はバランスをとるべきジェネラリストの人材構築に問題があると言えましょう。内閣官房の自然災害に対応する危機管理担当部門で、政治家を除く参事官以上の幹部16人のうち、11人が東日本大震災後に交代しており、震災の教訓を生かす体制は構築されないままなのです。

4　労働政策は何をなすべきか

さて以上の現状を踏まえて、どのように雇用対策を考えるべきでしょうか。まず第一にマクロの量的に見れば失業率も完全雇用水準よりは高く、企業内の労働保蔵の程度も高く、ヒトは余っている状況がやっと解消に向かってきたわけですから、将来的に人口減少が避けられないとしても、現在時点でとりあえずは、わざわざ巨額の費用をかけて無理に労働供給促進策をとるべきではありません。この点が大前提です。第1章の成長戦略を考察したところで物的資本過剰を指摘しましたが、人的資本も過剰なのです。

さらに第二点として質的に考えると、第2章冒頭に労働市場をめぐる見方には、市場メカニズムが円滑に働くもとでの契約関係か、固定化した関係のもとでの上下関係か、という見方の違いがあると述べました。そこから考えると、まず本書の中心テーマである家計所得増加から需要を増加し、労働市場をタイトにして市場メカニズムを円滑に動かして上下関係の弊害を減らす、というルートを第一に考えなくてはなりません。賃金から消費へのマクロ経済のフィードバックプロセスを忘れ、労働需要減少の側面を無視して、部分均衡的に労働市場を見るべきではありません。これまで問題となった、

A　マクロ経済が上昇して、非正規雇用の待遇が改善すること
B　求人倍率の上昇等を通じて、流動性の欠如と日本的雇用慣行への不満が和らげられること

をみると、もともとケインズ以後のマクロ経済学の基本を忘れ、労働市場の制度いじりで無理に解決しようとしたため、二次災害を生んだ側面があります。また現在の日本では低賃金、職場環境への不満と今後への不安が大きく、この停滞の一因を排除してゆくことは、マクロ経済において大きなメリットがあります。

ただしこのマクロ的なルートは春闘とボーナスなどマクロ的な慣行と共に第4章で論じることとし、ここではそれを補完する労働市場の制度改革を議論しておきましょう。その方向性のポイントは、良質の雇用機会を提供するためには、労働市場がタイト化する状況を助け、それに加えて、労働市場において労働の質の把握が容易になるような政策でないといけない、という点です。

対策① 分類と社会保障番号

労働市場においてまずなすべきことは、社会保障番号など実態把握制度の整備と追跡調査であり、現実にもやっとその方向に進んでいるようです。2008年末には派遣村騒動が起こり、非正規労働者の問題が大きくクローズアップされました。先述したように、

- 非正規労働者1800万人のうち、現状に不満を持つ非正規労働者は300万人程度であり
- 失業率が以前の5％前後から自然失業率4％に下落するためには、労働力人口6000万人×0・01＝60万人の就労が必要だった

わけですが、この300万人や60万人だけを考えれば、救済のためにそんなに多額の資金を必要とするわけではありません。失業者60万人に100万円ずつ配布したとしても総額6000億円となり、後述する5兆円の労働保険埋蔵金や、10兆～20兆円の政府予算増大額分とは比較にならない数字です。

しかし問題は本当に「切羽詰まった人」だけに集中投入が難しいことにあります。本章でも見たように、現在でもマクロの統計から全体の感触はつかむことはできます。しかしこのような統計は、個人の利害に影響しないという前提で調査されたものであって、回答者には虚偽申告のインセンティブがないことに注意しなくてはなりません。

もともと個別の労働者について、保護や訓練の必要性を簡単に見極めることはできません。手当などベネフィットが存在する下で自己申告に従えば、誰もが手当を申請するなどモラルハザー

ドが存在するためといえます。つまり年間120万円もらえると思えば、たちまち皆が失業者となってしまうでしょう。

実際、リーマンショック以降、ハローワークで紹介された職業訓練を受講中の失業者に月10万円の生活費を支給する「求職者支援制度」が導入されました。この制度の利用者は2010年7月までで延べ12万人弱で、実は当事の完全失業者350万人の3・5%にすぎません。失業手当受給者は72万人（6月時点）、雇用調整助成金認定者は128万人（同）であり、これらに比べると小さな数字でした。その理由は厳しい付帯条件（他の手当が受給できなかったり、世帯の主たる生計者であったり、申請時点で年収が200万円以下、かつ世帯全体の年収が300万円以下であるなど）が付いているためであり、さらにモラルハザードを防ぐためには訓練にどのくらい出席したか、など時間を人質に取っているからです。このように政府の対策が回りくどいのも、バラマキを恐れ、モラルハザードを防ぐ必要があるためでしょう[16]。

また問題や不満のある非正規雇用は限られたカテゴリーに集中しています。さらに特定の作業従事者など、貧困化する人々には共通点が多いことが考えられます。カテゴリー分類は年齢差別や性別差別、職業差別と結びつき、微妙な問題を含むことは事実ですが、だからといって1800万人にも上る非正規雇用全体を大まかにひとまとめにして救済するわけにはいかないでしょう。逆にある程度カテゴリー化して100万人程度のオーダーなら、それなりに対策は可能だし、規制による取引阻害効果のインパクトも小さいでしょう。

住基ネットなど番号制には、これまで大きな反対が寄せられました。しかしある県知事は住基ネットはプライバシー侵害のため反対していた一方、現在では財政難のため4人部屋老人ホームはやむなし、と言っています。この人は非常に悪気がある、とか二枚舌とかそういうわけではないでしょう。その場その場に反応しているにすぎないと思います。しかしどちらがプライバシーの侵害にあたるのか、考えてみれば明らかでしょう。

結局、現状の回りくどい対策よりも、ある程度の外からの分類による集中的な救済策が必要なのではないでしょうか。またそしてその分類を特定の専門家と言われる人々も、大きな立場から、受け入れるべきではないでしょうか。

対策② ミスマッチと価格メカニズム

本章で述べたことの一つに、労働市場や組織には暗黙のヒエラルキーや上下関係があり、その点をどう考えるかがポイントであるということがあります。繰り返しになりますが、近代経済学のモデル分析では依頼人(プリンシパル)と代理人(エージェント)の対等な**契約関係**ととらえられる問題が、現実の経済では理不尽な下請け関係や、「お客さまは神様です」といったモンスター○○のような**上下身分関係**となっていることが少なくなく、以前は「経済外的強制」とまで語られたほどです。

労働市場においても、職種には微妙なヒエラルキーがあり、たとえば介護職の低賃金や理不尽な下請けイジメ、ブラック企業などと呼ばれるように、敬遠されやすい企業・職種はあります。

このように好まれることは少ないが社会的に必要な職種は、市場メカニズムが円滑に動いているならば賃金が上昇するなど、悪条件は高賃金によって是正されます。しかし第2章図2－8でもみたように、日本の永らく続いた不完全雇用下ではこの力が働きにくく、法制度も追いついていないように思われます。再度、まとめると、

- 好況・完全雇用下では労働者の力が強く「契約関係」が成立する一方、
- 不況・不完全雇用状況ではそれが「上下関係」に転化する危険性がある

といえます。そのためにも労働市場をタイトにすることが必要という点が本書の基本的主張ですが、それに加えて上下関係を是正する制度体系整備も必要でしょう。

労働市場の改革論には、米国型競争社会への転換を目指す方向と、欧州型福祉社会への転換を目指す方向があり、両方の議論とも職種別市場を目標にしています。「自立した個人」を目指すという点で、それだけを取ればもっともですが、欧米共に若者を中心とした高失業率に苦しんでおり、筆者にはそれを無視した議論は適当とは考えられません。

また我が国で、ここ数年実際に生じたことは、

- しがらみにとらわれないフリーターは非正規雇用の増加により、リスクを転嫁されていますし、
- 中立した判断を行うべき高度な専門職市場は闇雲な人員増大により、崩壊しています。

・流動化論者は現在においても存在する専門職市場の待遇改善に興味を持ちません。結局のところ、こういった流動化の空想的議論は事態をさらに悪化させたのではないでしょうか。本当に雇用流動化を目指すのであれば、弱い立場の非正規雇用を使いやすくする改革ではなく、資格等の整備と過剰供給を制御することによって、職種別の流動化をいわば上部から促すべきではないでしょうか。

対策③　財源と雇用保険の埋蔵金

さて雇用に関して、財源はあるのでしょうか。実は再三話題になる特別会計の「埋蔵金」の中でも、労働保険特別会計（雇用勘定）の毎年計上される不用額は大きなもので、積立金水準は6・3兆円にも上ります。百年に一度のショックを受けた2009年度であっても、失業手当の支給金額の総額は1兆2839億円に留まっており、積立金は過大であることは明らかです。第1章図1－4で示したように、オークンの法則から失業率と実質GDP成長率は密接な関係があり、ある程度の失業率の予測は可能です。また特別会計には収支をはっきりさせる役割と共に、とっさのときに（他省庁の横槍なく）機動的に資金を投入できることにその利点があると考えられますが、失業は本来、経済の大問題ですから、万一足らなくなっても機動的に一般予算から投入できるはずです。

実際、雇用保険の受給者の増加の程度は鈍く、現在ではわずか2割程度に留まっています（脇田（2008）。受給者資格は小刻みに改訂されているため、厳密な実証分析には不向きなものの、いずれの時期も受給者はある程度の勤続期間と労働時間が必要で、短期間・短時間就労者は排除されることは共通しています。

筆者には労働保険の埋蔵金は厚生労働省の気迷いと政策の矛盾と保身が集約された存在に感じられます。

- 世論が騒ぐ失業対策は打たねばならない
- 短期間働いてその後失業保険受給を繰り返すなど、労働者のモラルハザードは助長したくない
- 権限や資金は手放したくない

以上の3つの結果、漫然と埋蔵金が積み上がっており、保険料徴収停止などの埋蔵金削減策を早急に行うべきだと考えます。近年の経済政策は雇用重視の名の下で、きわめて複雑で政策の帰結がわかりにくい政策が行われることが多いのですが、雇用保険料の削減はストレートで良い影響をもたらすでしょう。

本書の随処で述べることにもなりますが、本章でいえば雇用対策、広くいえば社会保障の充実を基本的に筆者は願っています。財政至上主義でこれらを軽視することは望ましくないとも基本的には考えます。しかしながら各論に踏み込むと、どうも疑問を感じる点が多いのです。雇用保険で埋蔵金を積み上げ、訓練参加者に10万円の生活費を配ること（求職者支援制度）が適切な対応なのでしょうか。あれほど派遣を中心として非正規労働者の惨状が報道されたにもかかわらず、

このような大まかな政策が解決につながるのでしょうか。この状況を打開するためにも、番号制度の整備を中心に、より具体的に話を詰めていく方向にならないものなのでしょうか。

1 本来は目的達成のための「手段」であるべき労働ですが、何のために働くのか、という「目的」を考察することは少なく、考察外です。その結果、多くの労働専門家は目的はともかく真面目に働けば良い、というプロセス重視の考え方に陥りがちです。さらにエスカレートすると、人を管理したいとか、支配したいとかそれだけになってしまいます。特に経済分析の分野で、マクロ経済の変動を無視した議論は、どこかで本末転倒して、上からの管理一辺倒の発想になってしまうのではないでしょうか。

2 企業内保険について、近年の研究には Guiso *et al.*（2005）があります。

3 Singh（2010）は人的資本に関するリスクの大きさを動学モデルに即して強調しています。

Wage Insurance（賃金保険）といった産業構造の転換のリスクに対する保険の構想についてはシラー（2004）や Kletzer（2004）を参照してください。

4 よくビジネスマンが「忙しい」「知り合いが多い」と語るのは、「有能だから仕事を頼まれる」「まわりから評価されている」という意味で、非対称情報を克服するためのシグナルになっているわけです。

5 大竹（2010）はアンケート調査から、市場経済にも、政府によるセーフティネットにも信をおかない日本人の特性を示していますが、それは旧来の日本社会論が強調してきた特性と共通点を持ちます。

6 Wakita（1998）は暗黙の引き抜きカルテルが、企業別組合の生成に寄与した点を説明しています。引き抜き合戦に関しては Moen and Rosen（2004）も参照してください。

7 年齢が上昇すると新聞社ではスター記者が、テレビ局では名物ディレクターが現場から外されて管理職になることはよく指摘されます。

8 旧軍隊における学校席次重視もその表れでしょう。

9 フィギュアスケートの起源は、以前に存在した規定演技という明確な競争基準のあるものでしたが、それにこだわっていれば現在のように隆盛になることはなかったでしょう。

10 こう考えると経営者市場が確立し、米国的なトップダウン的な人事がなされるならば、流動化は進むでしょう。しかしそれは日本の流動化論者にとって、良い結果をもたらさないのではないですか。

11 バブル入社組の世代はＩＴ革命以前で事務職過大の時代に入職し、第2次ベビーブームのピーク前で人数も多く、人口比で15%ほど１０００人以上の企業に入社した確率が高いのです。これらの世代の問題は最後のバブル後遺症といえるかもしれません。

12 ２０１２年11月の田中真紀子大臣三大学不認可騒動の背景です。

13 大学危機はスケールメリットとも結びついています。受験生は大規模大学を好むので、1学年３０００人の学生は必須という説を聞いたことがあります。３０００人という数字が正しいかどうかはともかく、受験生が大規模大学を好むということはありそうですし、少子化に悩む大学経営者にとって、これは馬鹿にできない真実です。かくして私学大手は奇妙な名前の学部増設に走り、定員増を繰り返しています。この定員増は個別の立場からは正しく合理的だが、回り回ってマクロではさらに苦境をもたらしていることは明らかです。これは典型的な合成の誤謬と言えましょう。少子化で学生が減る以上に、それを恐れた大学業界全体として、デスマッチの結果、自滅の方向に向かっているわけです。大量のＯＢが天下りとして私立大学に在籍しているためか、文科省は全く無策であり、こんな簡単な構図をなんとかできないのでしょうか。

14 金融庁は会計士の就職難から「企業財務会計士」なる資格の導入を計画していましたが、野党の反対で立ち消えとなりました。

15 「形あるもの」は伝統的な日本文化論のポイントです。

16 職種別でみれば需給が逼迫しているところも多いのですが、その割には公的訓練等はウェブ制作など安きに流れているように指摘されています。本当にウェブ制作者が訓練を強化してまで、経済全体で必要が高まっているとは思われません。むしろ介護等に集中すべきではないでしょうか。公的訓練については、中高年男性の収入に負の影響があるとまでの結果さえありますす（黒澤（2003））。巨額の予算を使ってまで、拡大すべき方向とは思われません。

第4章

要塞化する日本企業

大体、プロデューサーというのは会社の金か自分の金かわからなくなって、気がついてみれば使いこんだという形になっている場合が多い。黒澤明監督のような気むずかしい人のプロデューサーをすることになると（中略）会社側と監督側の板バサミになって随分と苦労させられる場合が多い。予算通りにはいかなくなり、それが尾を引いて金銭的にはルーズな人間になってしまう。

団鬼六『蛇のみちは』

ここまで第1章で生産物市場、第2章、第3章で労働市場の供給面を中心にデータを考察し、労働市場を中心としたマクロ経済のコントロール可能性について考察しました。[1] 第1章ではマクロ経済における経験法則からみて、財政という出発点（ショック）を動かすことは財政危機の現状から難しいにせよ、スパイラル的に所得が変動する乗数メカニズムは生きているのではないか、ということをみました。次に現状の制度的状況を前提として、家計所得と内需増大が正規雇用賃金 ⇓ 非正規雇用の賃金 ⇓ 物価の順に上昇をもたらすことをみました。また第3章では、日本企業は共同体的側面を持ち、その継続性を守るために、マクロ経済的には合成の誤謬に陥りやすい構造を持っていることを示しました。

以上をまとめると、何かでマクロ経済を押してやれば、ゆっくりと動き出すメカニズム（ケインズ経済学的特徴）は存在していることを意味します。ところが企業は北風に吹かれて守りに入って保守化しており、かけ声は勇ましい政府の成長戦略は空回りしてきました。そこで本章の課題は、この「合成の誤謬」構造を打破するためにはまずどうすればよいのか、という問題です。

ここでは企業の財務構成と以下の利益配分の４つのルートを考えます。具体的には、

① 金融危機に応じて財務の安定化を図るルート

が過剰に重要視されたことが、停滞の根本原因であり

② 配当と株価を中心とする株主へのルート

③ 企業規模を拡大する設備投資へのルート

が機能不全であること、これを改善するためには

④ 賃金を中心とする労働者へのルート

を動かす必要があることを見てゆきましょう。

1　混乱するガバナンスの議論

どのように利益が配分されるのか、そのルートを考察する前提は、企業の理論的な枠組みです。日本企業の特徴をめぐっては、これまでも幾多の論争が交わされてきました。企業は労働と資本

を生産要素として、生産活動に投入します。このときミクロ経済学の教科書が描写するように、生産のたびごとに資本と労働を集めるならば話は簡単です。しかし長期継続的な関係のなかで、あいまいな合意を特徴とする日本企業の場合は複雑です。そこで議論の整理のために、企業をめぐる2つの考え方を、やはりAとBに分類して示しておきましょう。

A　企業とは資本を提供する株主のために利潤をあげて、その利潤を配当や株価の上昇として株主に還元する存在
B　企業は株主だけでなく従業員や取引先などの関係者一同、つまり**ステークホルダー**（利害関係者）を尊重して経営を進める存在

前者が経済学の標準的な考え方です。単純に言えば、もともと企業は株主のものという考え方で、法律で言えば法人擬制説です。後者が日本やヨーロッパ的なやり方と言われる考え方です。日本には株式の持ち合いや経営者の内部昇進などの顕著な従業員重視の慣行があります。ステークホルダーを列挙すれば、

① まず自己資本を提供する**株主**
② **債権者**　メインバンク制度の監視機能のもとで、影響力を及ぼす銀行

③ 株式の持ち合い・役員派遣などを通して関係を持つ**系列・取引先**
④ **従業員**あるいは**労働組合**
⑤ 内部昇進からなる**経営者**

となり、以上の関係者がからみあって、日本の企業の特徴を形作っています。なかでも日本のガバナンスは、中核従業員と銀行の力が強く、株主の力が弱いことに特色があると、伝統的には言われてきました。しかしバブル崩壊後の現状では、中核従業員と銀行の力が大きいとは言えないでしょう。それではどのように日本企業をとらえていけば良いのでしょうか。

企業は誰のものか？① 理論的な問題は残余請求権

まず頻出する「企業は誰のものか」といった問題から考えていきましょう。理論的には単純に「誰のものか」という前に、いくつか押さえておくべき点があります。

まず「企業は株主のもの」とは、理論モデルでは「**残余請求権**」を持つことを意味します。この権利は契約や市場で取り決めた支払いの後の残りを自分のものにできるという（第3章で先述した契約関係の）意味であり、一般にありがちな誤解のように、株主が組織の収入を何でも自分の好きにできるという（先述した労働市場のように**上下関係**を含んだ）意味では本来はありません。たとえば知的な労働が企業にとって大きな意味を持てば、それに高く報いることが企業にとって、そして株主にとって必要なことであり、その契約には本来、上下関係がないはずです。しかしそのような契約や市場で決まった賃金など各種支払いを除いた「残余」について、株主に権利があるという意味です。トランプや花札などゲームで、ときに残りは親のもの、とされることがありますが、その親が株主と思えばよいでしょう。

企業は誰のものか？②　順番の議論

この残りをもらう「順番」という形式的観点からすると、ガバナンスをめぐる議論は、

a　あらかじめ労働者が決まった分を先に取り、残りを株主が取るのか

b　あらかじめ株主が決まった分を先に取り、残りを労働者が取るのか

という問題になり、日本企業がどちらに近いのか考えることもできます。大企業では配当金を固定する定額配当の傾向があり、ボーナスが事後的な利益配分の役割を果たす傾向を考えれば、ｂのようでもあります。しかし春闘による横並び傾向を考えればａの傾向も持つといってよいでしょう。一方、中小企業ではボーナスの比率は小さいわけですからａと考えることもできます。

しかし表面的な順番と残余だけに注目することは充分ではありません。利潤が増えればボーナスは増やす、という**条件付き契約**を結んでおれば「残余」は少なくなるからです。そして誰のものか分からない「残余」が少ない方が、参加者の明確な取り分が増加し、努力目標もはっきりとしてやる気（インセンティブ）は高まります。良くできたルールであれば「残余」は少なく、そ

の結果、少ない残余は誰のものかを問うことは意味がなくなります。そういった原理的な意味では、支払いの順番や「誰のもの」にこだわることはあまり生産的ではないという意見があり、それはそれで筋が通っています。

企業は誰のものか？③　具体的にシェフとオーナーで考える

以上の抽象的な議論を、具体的にレストランのオーナー（株主）とシェフ（社員）の関係で確認してみましょう。

- 米国式のハンバーガーショップのように料理の簡単な業態ならば、シェフ（とはハンバーガーショップでは言いませんが）を市場の相場で給料を払って雇い、残りの利潤をオーナーが独り占めする（残余請求権）ことになるでしょう。一方、
- フランス料理のように、シェフ自らが創意工夫する余地が大きい場合、シェフは現場を管理するコントロール権を持ちます。そのコントロールの巧拙に、レストランの収益が依存するわけですから、シェフに大きく報いる必要があるでしょう。

前者のハンバーガーショップならば雇い主と従業員間のドライな契約ですみますが、後者のフ

ランス料理レストランの場合、シェフは雇われ人の役割だけでなく、「自分の店」として、暗黙の（関係特殊的）投資・人的投資や有形無形のリスク負担をしていると考えられます。

もちろん完全な契約が可能ならば、何かをすればこうシェフの取り分が増えると、前もって決めておけばよいのです。しかし普通は契約に不備（契約不完備性）があるもので、シェフがやる気をなくしてしまう（情報の非対称性におけるモラルハザード）ので、通常の解決策は、条件を無理にきっちりと決めるより、長い目で見て不公平にならないようにしよう（繰り返しゲーム）ということになるでしょう。またシェフのやる気を高めるための最適な所有形態はシェフ自身がオーナーになることですが、一方でシェフにはお金もなく、また持てるすべてをレストランにつぎ込むのは危険です。そこで**所有と経営（コントロール権）の分離**が生じてくるわけです。[2]

以上の喩え話でいえば、日本企業はフランス料理型に近く、契約が不完備なもとで、あいまいな合意により物事が進行する組織であると言えるでしょう。そして長期継続関係により、あいまいな合意の弊害を補っているわけです。

もちろん日本企業の場合、もう少し権利・契約関係をはっきりさせることはできるでしょう。誰のものか分からない土地を買う人はいません。権利関係が複雑で、後からトラブルを引き起こす可能性があるからです。このロジックと同じく、あいまいな合意のもとでは話が進まず、企業成長を阻害していることは、充分に考えられます。あいまいなメインバンク制度から、権利の順位の明確なシンジケート型に、そして命令と支配の下請け制から対等な企業間取引に、変化する方向は見られますし、それらは望ましい方向でしょう。

企業は誰のものか?④　日本企業と経営者の役割

ここまで標準的な企業ガバナンスの議論を説明しました。何だ、と言われそうですが、これらの議論に決着をつけることが、現状の日本のマクロ経済における問題と直接的に結びつくわけではない、と筆者は考えています。むしろ両者が併存し、つまみ食いの議論が混乱をもたらしていると考えているのです。

具体的には賃金の抑制傾向が続いているとはいっても、株主にさほど報いるわけではないからです。標準的な議論では、どうしてもミクロ的な企業内の株主対従業員の対決に話を持ってゆくことになりがちです。しかし現状は、事実上、株主にも労働者にも帰属せず、かといって経営者がさほど高給を取っているわけでもなく、また契約が不完備であるからでもなく、ただ巨額の内部留保を漫然と積み上げている状態がマクロ的に問題なのです。

先の喩え話に即していえば、オーナーとシェフの関係に3人目として社長を導入して、社長が保身のために過度に危険回避に走って「立ちすくんで」いるという状況が問題ではないか、ということになります。そして経営陣のリスク回避志向が積もり積もって、マクロ経済全体の財務構成や賃金水準が歪められているのではないか、という問題意識につながります。

それではなぜこのような状況が許されるのでしょうか。筆者は労働者側にも、株主側にも、経営者はダブル・スタンダードな言い訳を行っているのではないか、と感じています。まず好不況

の状況に即していえば、

- 不況期には、労働者を犠牲にするリストラはやむを得ない、という株主側、米国タイプの意見が発せられますが、
- 好況期には、企業と日本的慣行存続のために賃金や配当は払えない、

といわれます。さらに法人税増税に対しては、

- 企業は実態のない擬制であるから、二重課税になるという意見で対抗する一方
- M&Aの脅威に対しては従業員主権論を主張します。

「本音や無意識」では経営者は従業員を代表しているが、「建前や法律・形式的制度」は株主主権なので、どっちつかずの結果となるといってよいのかもしれません。

ダブル・スタンダードな議論の結果としての要塞化

図４－１ 資本と労働への派生需要と純資産増加

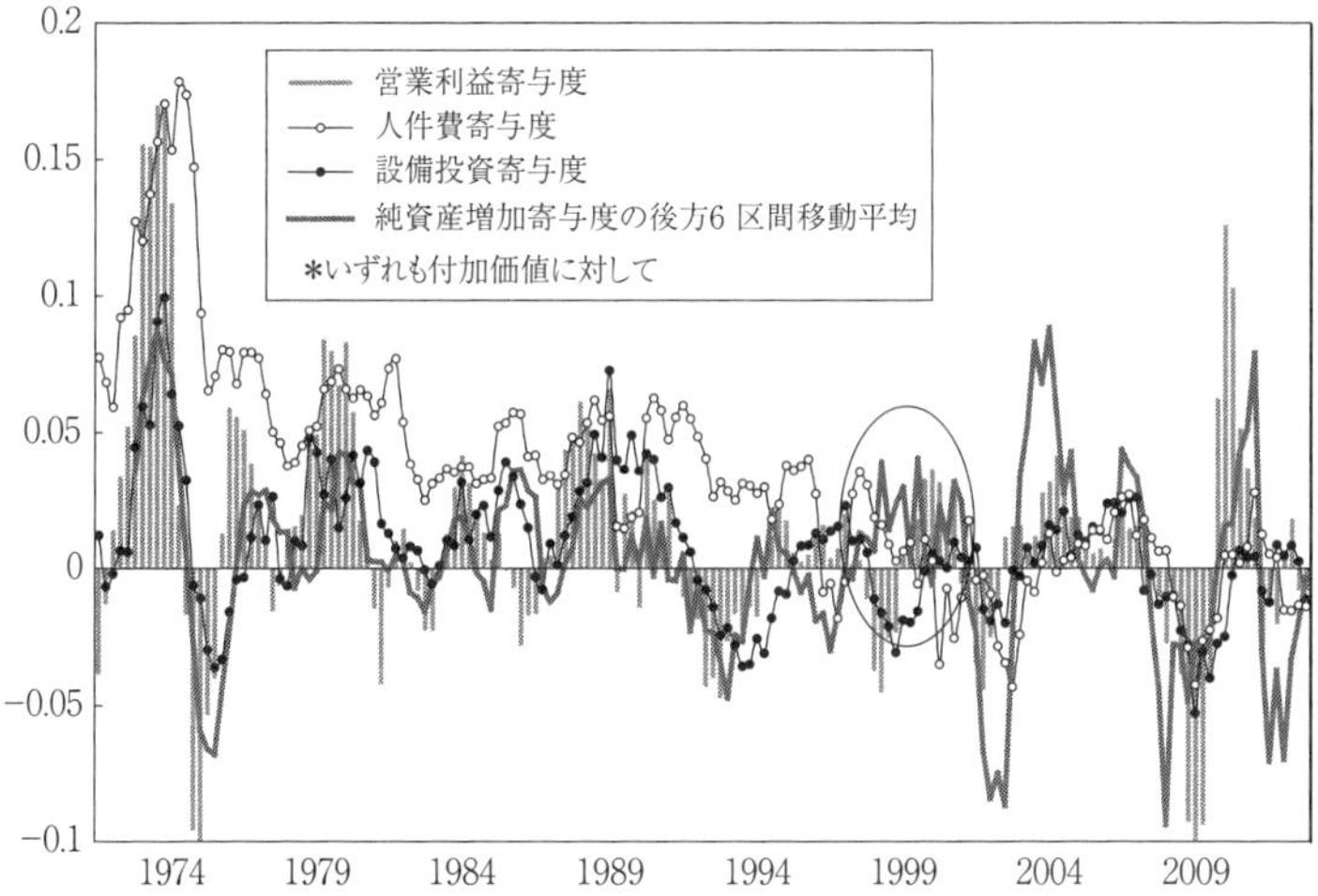

（データ出所）法人企業統計季報

いずれにしてもこれらのダブル・スタンダードな主張は企業の存続を図るという意味では強力なのです。さらに内部労働市場に閉じ込められた労働者は企業内でしか出世できません（第３章）。そこでの前提条件は企業の存続ですから、これらの主張は経営者層とその予備軍に圧倒的に支持されがちです。また「武士は相身互い」ならぬ「ビジネスマンは相身互い」ですから、内部留保増大に同情的なムードがあります。

しかし企業の内部留保が高まるだけでは、家計に所得は回らずマクロ経済のジリ貧傾向が強まります。この株主利益にも反映せず、従業員にも帰属しない内部留保が高まっている（企業貯蓄の増大）ことを背景に、注目すべきデータ面の変容が得られ、マクロ経済面ではケインズ経済学的特徴が得られます。順に説明していきましょう[3]。

2　利益処分の優先順位変化

収益分配優先順位の変容①　企業純資産増大へ

まず法人企業統計をもとに人件費・設備投資・利潤（営業利益）の3変数に加えて利益剰余金（内部留保）の付加価値に対する寄与度をプロットした図4－1を子細に見てください。

- **人件費**(○)の反応度が、**設備投資**(●)の反応度より小さくなっていること、また
- **利潤**（棒グラフ）から、両方の支出への反応度が減少していること

がみてとれるでしょうか。上昇した企業利益は設備投資・人件費・資金運用や利益剰余金などの内部留保に分配されますが、実は98年以降、**分配優先順位の変容**が示されます（図4－2と図4－3は量的な推移をプロットしています）。

- **80年代のバランス成長期**：設備投資と人件費に比例して配分されており、利益剰余金は設備

投資とほぼ相関しています。このため自己資本比率（図4－2上部の折れ線）も一定です[4]。

- **90年ごろのバブル過剰投資期**：設備投資が人件費を超えています。
- **98年までの小康期**：まだ設備投資が人件費を超えています。ただし固定資産の増加は大きいものの、企業純資産（≒自己資本）とほぼ比例しています。
- **98年の銀行危機以降**：内部留保と設備投資の相関が崩れ、利益剰余金が上昇傾向にあります。自己資本比率が上昇し、純資産が大幅に増加しています（図4－3）。

以上を再度まとめると、以前は①企業利潤が上昇後、

- ②人件費を先導に、③企業純資産、④設備投資の3者がバランスよく上昇していたが、
- 98年度以降、経験法則が崩れ、優先度が②純資産、③設備投資、④人件費の順になった

ことが分かります。

図４－２ 優先順位の変容 純資産・自己資本比率・設備投資・人件費

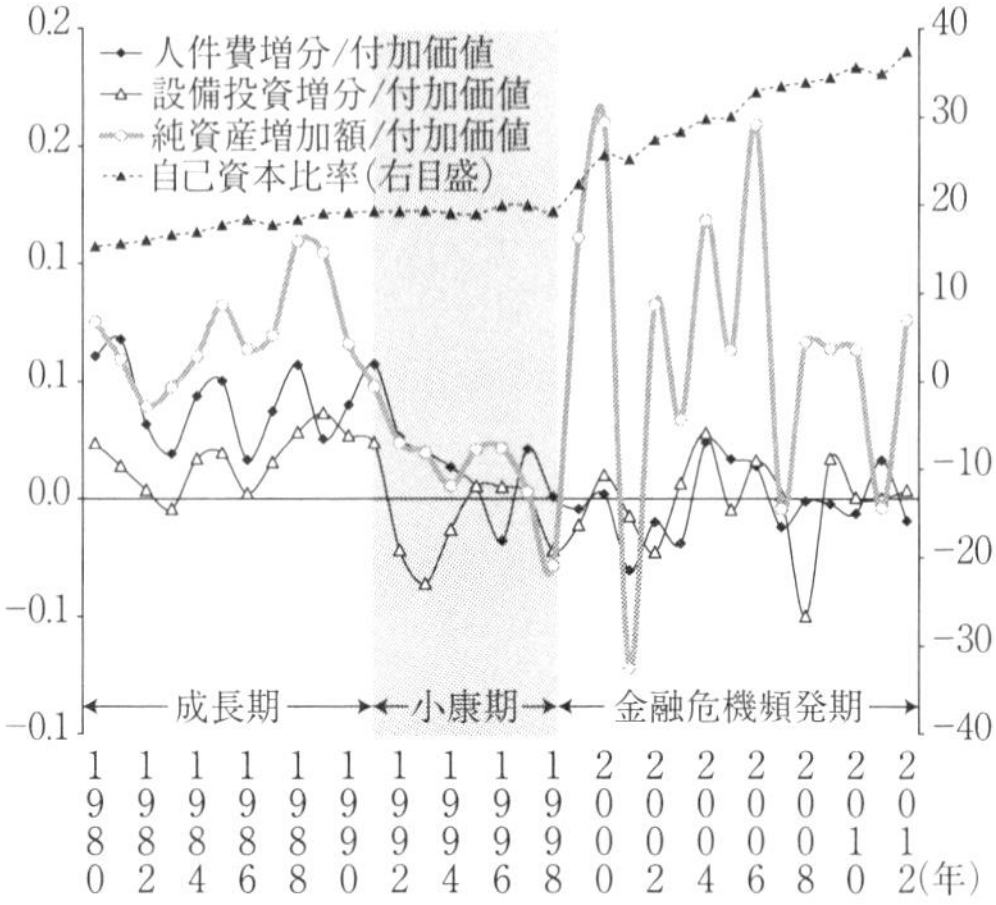

（データ出所）法人企業統計

図４－３ 企業純資産の内訳

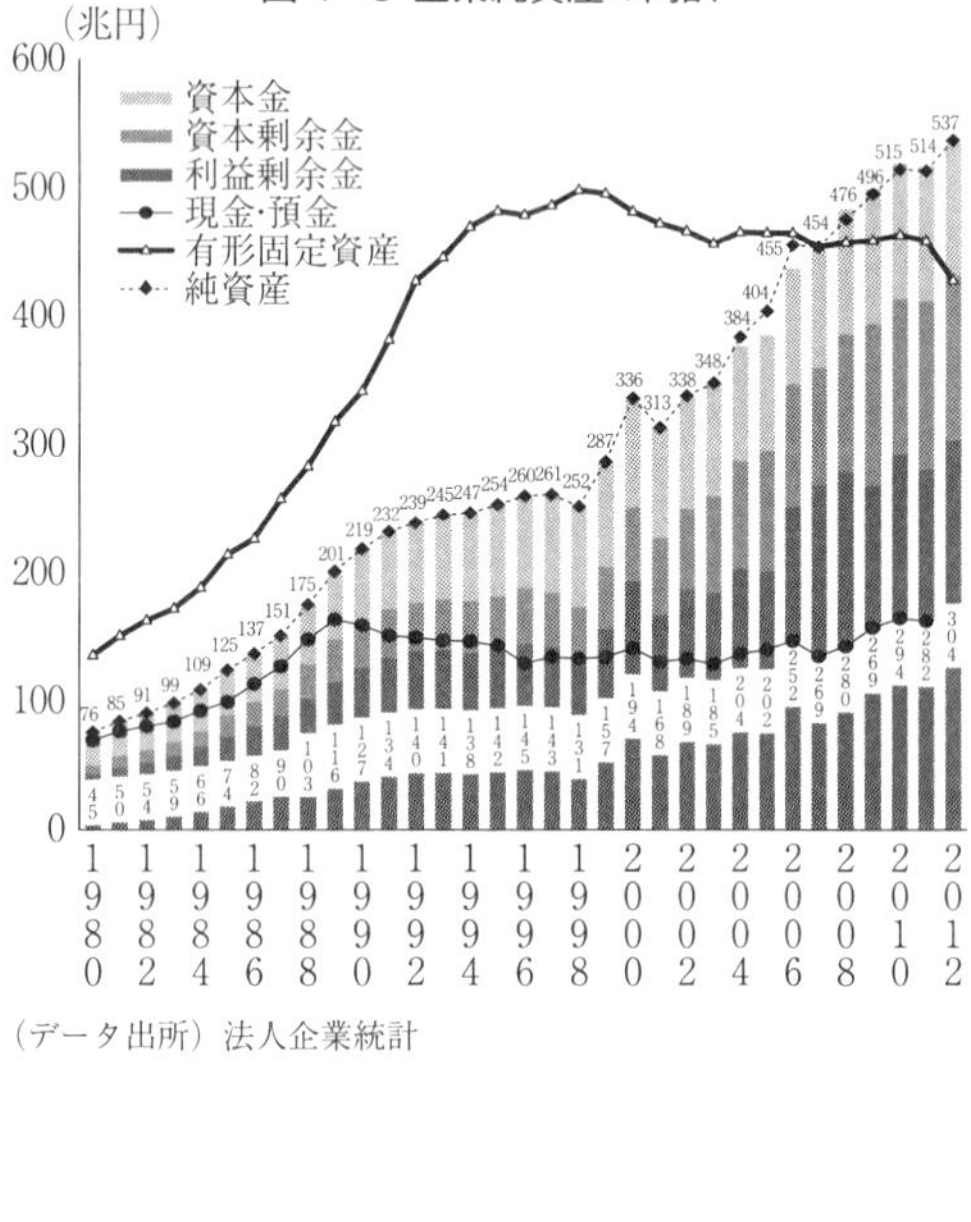

（データ出所）法人企業統計

企業純資産増大の具体的状況

それではもう少し詳しく、企業純資産（＝自己資本）増大の具体的内容を、総額・規模別・構成要素の順に検討してみましょう。

ⓐ法人企業統計（金融業以外の全産業）でみると、自己資本比率はバブル期の19％前後から10年度の35・6％に上昇しましたが、その背景には企業純資産が、95年の252兆円、04年の348兆円から急増し、10年には515兆円に達したことがあります（図4-3）。この6年間は平均28兆円も増加し、**GDP比6％弱もの積み増し速度**であって、有形固定資産の総量（2002年より450兆〜460兆円を前後）を純資産は大きく超過しています。

ⓑ規模別では、自己資本比率の上昇は、大企業のみならず資本金1000万以上の中堅企業に見られる広範囲な現象です。[5] 目立ちやすい大企業のみならず、中堅企業の自己資本比率が高まったことに注目すべきでしょう。

ⓒその構成要素はどうでしょうか。自己資本比率は、「自己資本／総資本」と定義されます。自己資本比率上昇の理由を3分すれば、まず分子の自己資本が増えた場合は、

> ⓐ1 **増資**　資本金（資本剰余金も含む）を増やして増資をするか、
>
> ⓐ2 **内部留保**　各期に利益をあげて、その蓄積である**利益剰余金**（通常、これを内部留保と呼びます）を増やすか、

の2つに分けられ、分母の総資本が減少した場合は、

ⓐ3 **財務リストラ**　遊休固定資産などを売却し、借入金を返して総資本を減らす方策が考えられます。実際には1996年度末から2012年まで、総資本（資産合計）は約145兆円増加しており、増資から資本金・資本剰余金も増えているものの、図4－3が示すように利益剰余金など内部留保の増加が自己資本比率増大の第一要因です。なお純資産は285兆円増加、総資本との差は他人資本の140兆円もの減少（借金返済）です。[6]

第1章でみたように、日本企業は労働を保蔵しているため過剰な雇用が存在しているとしても、その人件費負担の結果、企業利潤が負となったり、圧迫しているわけではありません。それ以上に賃金を低下させているため、企業貯蓄が増大しているのです。

収益分配優先順位の変容②　1998年の銀行危機の影響

この自己資本比率増大と収益分配の**優先順位の変更**はがなぜ生じたのか、第1章でも述べたように、直観的には理解しやすいものです。比率が増加し始める時期は、1998年以降ですから、明らかに97～98年の北拓・山一から長銀に至るまでの銀行危機の影響が大きいことが分かります。金融危機があり銀行依存は危険です。そこで規制緩和もあり、自己資本比率の上昇が生じました。しかし今後の企業成長のためには、設備投資は削ってはなりません。ここは人件費を我慢して乗り切ろうと多くの企業が考えた結果、家計全体の所得は減少してマクロ的合成の誤謬が生じ、消費は盛り上がらなくなりました。企業利益は堅調なものの、消費不振から設備投資の流れは断ち切られて、企業貯蓄・企業純資産が増大したわけです。

もともと、この企業純資産（内部留保）は企業業績の安定のためにあるもので、

- 通常の景気循環であれば、不況期に取り崩すことが望ましいものですが、
- 金融危機を伴う景気循環の場合は銀行はあてにならず、企業は防衛を迫られて、不況期においても取り崩すことができなかった

という側面はあります。しかし日本では2003年以降、金融危機といえる状況ではありません。むしろ過剰な防衛策の継続は2000年代の好況期に大きな盛り上がりを阻害した、つまり小泉・竹中改革の目指した**トリクルダウン政策を企業の内部留保というダムで止めてしまった**と言えます。

まとめると金融危機対応モードの後遺症から、大きく分けて、

① 自己資本の増大、つまり企業貯蓄増大による需要減少効果
② 人件費が増大しないため、需要不足で生じる過剰設備

という2つの「合成の誤謬」問題が生じたわけです。後者の点は現在でも見過ごされがちですが重要です。消費の裏付けがないので、設備は拡大できませんが、その背景に家計所得不足があるのです。

収益分配優先順位の変容③　失われた10年と設備投資のパズル

この点から90年代以降のマクロ経済上のパズル、つまり設備投資GDP比は減少傾向にあり（第1章図1－1）その逆数である会計上の設備投資効率も下がったままだが、ROA（総資産利益率）やROE（自己資本利益率）など資本収益率も概ね下ったままという点が理解できます。

これまでの文献の説明をこの観点から概観してみましょう。まず98年までの時期を念頭に、設備投資は減らしているのに、設備過剰が生じてしまうという状況を背景に、

A1　新古典派的な最適成長モデル的な説明がされました。もともと投資のやり過ぎだったバブルの後は、我慢するしかないというわけです（齋藤（2008））。一方、

A2　不良債権調整をとらえるいわゆるバランスシート不況理論があります。リチャード・クー氏を始めとして（たとえばクー（2003））、この理論はバブル崩壊直後の資産価格の下落によるバランスシート悪化から、債務返済、設備投資抑制を強調しました。

以上の２つのモデルはバブル崩壊直後の投資停滞は説明しますし、後者の説明はリーマンショック以降の世界経済にも当てはまります。しかしこれらの説明を金融危機回復後の10年以上もの時期に当てはめることはできません。これらの説明は基本的に、もっと投資を減らさなくては駄目だ、という**縮小均衡論**となりますが、不良債権処理を反映する特別損失等は減少しており（脇田（2012）p.200）、企業利潤と企業貯蓄が増大し続ける状況には適合しないからです。

一方、投資が過小であり、増やせば良いという**拡大均衡論的**な考え方も表れてきました。

B1 もともとＴＦＰ計測を中心とした初期の構造改革論的な考え方は、供給側における過少投資を念頭に置いていたと言ってよいでしょう。他にも村瀬（2012）は、企業ガバナンスの不全をもとに世代重複モデルで金融仲介等を明示的に扱い、過少投資で低成長が出てくるモデルを作成しています。

B2 金融政策を中心にインフレ促進論を主張する考え方は、流動性の罠による実質金利の高止まりから過少投資を主張しています。他にも家計の貨幣愛から停滞を説明する小野（2007）や、生産性減退から投資減退を重視する深尾（2012）があります。

しかしこれらの２つのモデルは設備投資効率や資本収益率の低落傾向を考慮していません。収益がさほど伸びないからこそ、金融資産は増大するものの、設備投資は頭打ちになっているわけ

表4－1 資本と労働への派生需要と純資産増加

	企業側供給側のモデル	ケインズ的需要側重視	欠点
過剰投資（縮小均衡論）	A1 ・消費削減・投資過剰（齋藤（2008）） ・ゾンビ企業	A2 ・バランスシート不況論	バブル崩壊直後には当てはまるが、その後の企業貯蓄の増大を認識していない
過少投資（拡大均衡論）	B1 ・TFPを中心とした構造改革論 ・ガバナンスに着目した村瀬（2012）	B2 ・金融政策を中心としたインフレ促進論 ・家計の貨幣保有動機に着目した小野（2007） ・生産性から企業貯蓄に着目した深尾（2012）	投資効率の低下を考慮していない 人件費が伸びていないことを考慮していない

です。この背景には日本企業の共同体的側面があると指摘してきた通りです。

そこでこの状況の結果、現在の企業経営者には、

ⓐ一時の流通業のようにイチかバチかの競争に突撃するか（過剰投資・過当競争）、

ⓑ海外に活路を求めるか（輸出志向）、

ⓒ立ちすくんで要塞を築き上げるか（内部留保増大）

という選択肢がありますが、ⓐとⓑは比較的少数であり、ⓒが過半を占めています。

ⓐとⓒを平均すればちょうど良いようですが、そうではありません。ここまで概観した4種類のモデルに難点がある理由も同じです。内部留保が伸び、人件費あるいはそこから誘発される生産物需要が伸びないことを考慮していないため、一部で過剰投資になってしまうと筆者は考えます。内需を中心とした生産物需要を制約しているのは、マクロの人件費総額ですが、個別企業の最適化に視点が留まっているため、そこで考える対策が一面的になっているのではないでしょうか。

以上のように日本経済に対する本書の説明はⓐバランスシート問題に対応する金融危機対策モードから平常モードへの復帰がうまくいっていないこと、ⓑ人件費削減が消費低迷をもたらし、投資収益下落につながっていること、ⓒいわゆる不良債権問題の業種だけでなく、他業種への波及が大きいことを重視しています。

3 企業純資産増加の問題点

このように巨額の企業純資産増加は不良債権業種や大企業のみならず、企業部門全体に広がる現象です。はたしてこれは有効に使われているのでしょうか。本節では株主・不良債権処理・投資・賃金の三側面から検討しましょう。

企業埋蔵金増加の問題点① 株主に還元されていない

経済学の基本的発想から考えると、内部留保は株価に反映し、株主に帰属すると考えられます。しかしながらアベノミクス以前の時期の株価が低迷していたことは、周知の通りです。より詳しくいえば６つのポイントを指摘することができるでしょう。

① ほとんどの株価関連の財務データ悪化の主因は自己資本の増大

近年の株式市場では日本株のＰＢＲ（＝株価／純資産）や、自己資本利益率（ＲＯＥ＝利益／自己資本）といった収益性関連指標の低さが問題となっていますが、これらはいずれも自己資本の過剰が主因です。経営の安定性という観点だけから見れば、その上昇は良いといえますが、株価から見ればその良さは市場から評価されず、好ましくないといえます。なお時に資本収益率が低いので賃上げできない、との意見がありますが、これは誤りです。自己資本が過剰だから収益率が低いのです。

② 新興市場の失敗

いくつもの新興市場（東証マザーズや大証ヘラクレスなど）が開設されましたが、統合されており、期待ほどではありません。これらは専門職市場の無謀な拡大など（第3章）と共通点を持ちます。数合わせ・制度のハコモノ作りに実質が伴わなかったということでしょう。

③ 増資

規制緩和が行われた増資については、多くとも総額で年に数兆円ですが、タイミングによっては大きなインパクトを株式市場に与えるといえるでしょう。１９８０年代のバブル的株価上昇から時価発行増資が急増しましたが、バブル崩壊後の１９９０年には、一般の上場企業の時価発行増資は規制方向にありました。その後、規制緩和され、１９９６年に規制は撤廃されています。しかしながら増資のいくつかにはインサイダー取引など不祥事が噂されていることも事実です。安易な増資がないのか、株主は不利益を被っていないのか、もう少し議論が盛り上がる必要があるのではないでしょうか[7]。

④ 日経平均の相対的不振

さらに問題は旧来の大企業を代表する日経平均が大きく低下していたことです（アベノミクス以前）。実は時価総額やTOPIXでいえばかなり大きくなっていた時期もあります。[8]

⑤ 買収防止策

2006、07年ごろにはライブドア騒動があり、買収防衛策がさかんに検討されました。これらについての研究は株価に対して負の影響を持ち（竹村他（2010）、滝澤他（2007））は持合比率の高い企業ほど買収防衛策を導入しやすいという結果を示しています。これらは株主の犠牲のもとで経営者の保身目的を示す顕著な証拠といえるでしょう。

⑥ 役員報酬

ただし経営者はリスクを取らず保身を図っていますが、強欲とはいえません。役員報酬の構造をみてみましょう。

- まず役員報酬の総額は巨額であり、実は法人企業統計で見れば全体では企業利益とほぼ同一の水準となります。なかでも中小企業では約7倍もの大きさとなります。大企業ではさすがにそこまで大きくありませんが、秘書や車、部屋などの非金銭的報酬が、大きいことは報道されるとおりです。一方で、
- 米国ではなされている上場企業の役員報酬の個別開示が、日本ではなされていません。
- 筆者は経営者が高額報酬を取るなと言っているわけではありません。リスクを取り、個人保証

を強いられる中小企業の経営者にはある程度の報酬は必要です。しかし問題は高名な経営者がインタビュー等で（若者に）リスクを取れ、と言う割りにはそうではなく、リスク回避的に決定される労働者賃金と比例していることです。

企業ガバナンスを強化せよ、との主張は専ら不祥事防止と解釈されているところがあります。しかし本書の主張点はそうではなく、有効需要への対応を問題としています。さらに日本は企業数が過剰であり、集約が不可欠と指摘されることがありますが、このガバナンスの欠如と低金利政策がそれを招いているのではないでしょうか[9]。

単純な考え方をするエコノミストは、上場数が増えればよい、自己資本比率が高まればよいと乱暴に主張しがちです。しかし株式市場などの制度は、究極的には家計のためにあるのですから、何でもかんでも新興企業を上場させたり、破綻間近の企業の上場維持を図って混乱状態にしてしまうことは望ましいことではありません。以上の諸点から考えると、企業は財務政策により株価を上昇させる余地はあるのではないでしょうか。なかでも安易な増資をやめ、内部留保を株主に返すならば、シグナリング効果等を通して株価の上昇余地はあります。

企業埋蔵金増加の問題点②　設備投資に向かっていない

巨額の内部留保に関して、経団連など経営者団体は、

景気が上昇すれば、いずれは設備投資に向かうと主張

してきましたが、実際にはそうではありませんでした。繰り返しになりますが、法人企業統計からみれば、設備投資と純資産の増加額は、以前は少しラグをもって比例関係にありましたが、近年ではその関係が崩れ、純資産のみが大幅に増加し、有形固定資産総額を逆転しています（図4－3）。つまり2003年以降の好況期においても、設備投資は純資産や内部留保の増加幅に比べて増加しているわけではありません。具体的には、ほとんどの企業がキャッシュ・フローの範囲内で投資を行っています。

国民経済計算でも企業利潤と設備投資の関係は企業貯蓄増大のため、薄れています。一方、設備投資とGDPの関係は安定しており、ケインズ的乗数は（後述するように）安定していることを示唆しています。総資産営業利益率もほぼ横ばいであり、投資需要は低迷する賃金を前提とした上では飽和しているといえます。消費関数（p.253のコラム参照）のようには、投資の決定要因は明快には示せませんが、利益（供給）要因ではなく、消費・所得（需要要因）が大きいと結論づけられるでしょう。

時に政府が成長戦略を示さないので、企業は投資ができない、とまで企業経営者から主張されることがありますが、それは本来おかしなロジックです。企業は利潤をあげて還元するために、

株主から資金を預かっているわけです。利潤をあげる投資機会がないのなら、自社株買いや配当で資金を株主に返せばよいのです。また個別企業が一時的に現金過剰である場合は経営判断としてあり得ますが、企業セクター全体が資金過剰である状況が10年以上も継続する事態は、本来おかしなものと認識すべきです[10]。

企業純資産増加の問題点③　資金循環不全を起こしている

企業純資産の積み上げと設備投資抑制の影響から、資金循環上の問題が生じています。一般に知られているように、日銀の資金循環上、家計と企業は黒字であり、政府は赤字です（グラフはたとえば脇田（2010）p. 143）。つまり家計と企業は貯蓄を行い、政府が国債を発行して借金をしています。特に企業部門は、リーマンショックから立ち直り、収益が増加する一方、設備投資や人件費の抑制等から企業純資産が増大しています[11]。

この点を銀行からみると、預金の30％に相当する約180兆円の預金超過となっており、余剰資金の多くは国債の購入に向かっています（信用金庫の預貸率は既に50％です）。銀行のあり方から見れば、健全な姿ではないばかりか、国債金利を押し下げ、政府のモラルハザードを誘発する怖れすらあります。

図4－4は政府赤字（制度部門別の純貸出（＋）／純借入（－）における一般政府のGDP比）と企業貯蓄、民間企業資本形成の関係を表しています。3者はばらばらに見るとさほど関係があ

るわけではありませんが、民間企業資本形成と企業貯蓄の差をとり、この変数と政府赤字の関係を見ると、きれいに相関していることが分かります。つまり企業の資金需要が減少すればするほど、政府は結果として財政支出を迫られているのです（金融緩和は財政ファイナンスでないと日銀は説明しますが、資金を借りやすくするのが金融緩和ですから、あらゆる方策は財政ファイナンスになるのではないでしょうか）。

なお先述した98年以降の企業純資産増加幅２６０兆円という規模はきわめて大きなものであり、年間でいえば20兆円、ＧＤＰ比４％となります。この20兆円は資金調達上の金額ですし、金融危機や不良債権問題が存在していることから、単純に成長率と比較することはできません。それでも政府の補正予算が20兆円規模であればかなり大きいわけですから、マクロ経済に大きなインパクトをもたらしたことが理解できるでしょう。

図４－４ 企業貯蓄と政府赤字

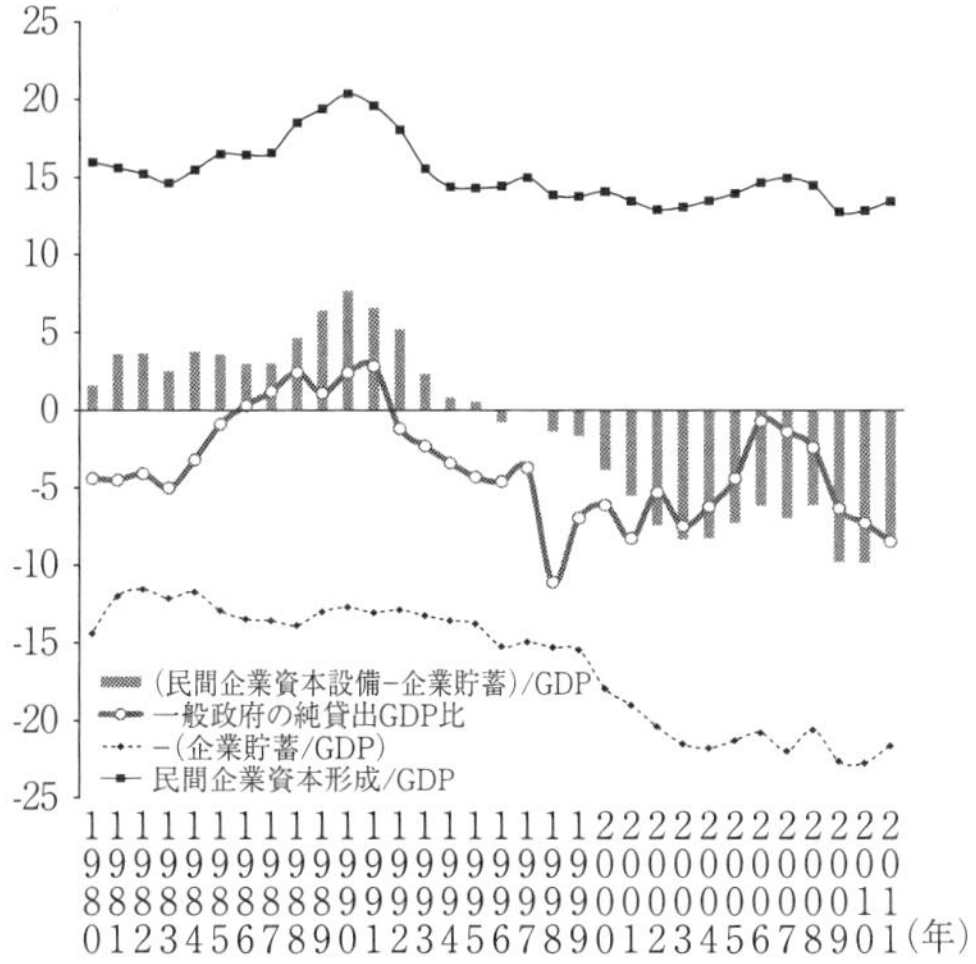

（データ出所）国民経済計算

企業純資産増加の問題点④　金融政策無効の根本原因

以上の資金循環不全の結果、中央銀行の金融政策も

・銀行の信用創造を中心に考えるオーソドックスな政策から

・株価と為替レート中心のアナウンスメント効果中心の危なっかしい金融政策に転換しています。銀行の信用創造は企業の資金需要が増加し、銀行借り入れが増えなくてはならないわけですが、これが無理なためです。

糸がピンと張った状況のもとで緩めたりひっぱたりして、凧がコントロールできるように、企業の資金需要が少し不足気味であるからこそ、日銀の金融政策は有効となります。しかしいつもひもがゆるんでいれば、そのひもで凧を調整することはできません。金融政策は「押せないひも」に喩えられますが、その具体的な内容が企業の資金過剰であるといえます。

企業純資産増加の問題点⑤　資金ルートのミスマッチ

本書の中心的課題はマクロの企業貯蓄過剰ですが、それに加えて金融システム内の、資金ルートのミスマッチの問題が考えられるでしょう。金融市場で生じている、

・政府の税収の低下と国債大量発行

・銀行の預貸率の低下

●あまりに海外の影響を受けやすい株式市場
という特性は、民間の景気低迷と資金需要の落ち込みが究極的にもたらしているとはいえ、資金ルートのミスマッチ状況も影響しています。これへの対策を端的にまとめれば、

●**資本供給**　家計が預金から株式にシフトする
●**資本需要**　企業は増資・自己金融から銀行借り入れにシフトする

ことによって、より良くなる余地は充分にあるということです。

それではなぜその余地を生かさないのでしょうか。あるいは自動調整作用が働かないのでしょうか。企業財務の基本定理であるモディリアーニ＝ミラーの定理（ＭＭ定理）によれば、財務政策により株価を高める余地があれば、そういった方策が使われ、企業の財務構成は企業価値に無関係となるはずです。具体的には日本企業は、より低利な社債や銀行貸し付けを活用すると損金算入ができますから、企業価値を引き上げることができると考えられます。それがなされない理由は企業ガバナンスに欠陥があり、多くの経営者が小うるさい銀行の口出しを嫌い、自己の保身に走っているからだと考えられます。

ところがこの状況を認識して政策が打たれているのでしょうか。

①　家計面では株式優遇措置は廃止されています。
②　企業には増資は野放しであり、自己資本比率増大が奨励されています。

特に中小企業の場合、増資等は難しいわけですから、自己資本比率増大は賃金節約を意味します。以前の中小企業庁のホームページは自己資本比率増を称揚していましたが、これは過去の不良債権問題という失敗にとらわれ、結果的に合成の誤謬を促進していることになります。

4　賃金上昇反対論の誤り

ここまで企業純資産が実際に増加していること、それは①株価に反映されず、②設備投資増大をもたらさず、むしろ③金融市場の機能不全から、④金融政策が変容していることを見ました。この状況を打破するためには、筆者は内部留保（利潤剰余金）を減少させる賃金上昇が最も望ましいと考えてきました。この処方箋についてはいくつかの反論があります。ここではそれらを考察しましょう。

賃金上昇反対論の誤り①　家計所得は貯蓄に向かうのか

まず企業貯蓄過剰への反論として、

反論１　賃上げしても家計の貯蓄に回る、という反論があります。

ところが、日本の家計貯蓄率は大幅に低下しており、所得から消費に回る部分が大きくなっているのですから、もともとこの反論は実証的根拠がありません。この状況で家計所得を増やせば、そのまま支出が増えることは明らかです。むしろ増大しているのは企業貯蓄です[12]。

実はコラムよりうまく計算できるように、日本経済においては、

- 消費が現在所得に依存する**ケインズ型消費関数が経験的に成立**し、
- 雇用者報酬を増加させれば、消費拡大による**乗数効果は大**きくあるはずです。

さらに（あまり認識されていないことですが）家計の得た財産所得はそのまま貯蓄に回るので、

- 企業が利子や配当など支払財産所得を節約し、企業貯蓄を増大させても、株価が上昇したわけではないが、家計貯蓄はその分だけ減少して将来不安をもたらしており、
- 企業内の資金の固定化は、長期的には新陳代謝を阻害していることにもつながります。

コラム◆ケインズ的な消費関数の成立

以下はテクニカルな議論になりますが、日本経済におけるマクロ的な消費関数を簡単な数式で表してみましょう。まず家計の消費については、

①　家計調査等でみると**勤労者世帯の貯蓄率はほぼ一定**であることが理解されてきました。ところが国民経済計算の貯蓄率はかなり変動しており、

その乖離が問題です。近年、両者の乖離を、

② 宇南山（2009）は家計が銀行利子収入等の財産所得を認識していないためではないかという解釈を提示しました（マイクロデータ分析の術語で言い替えれば、所得系列に大きな計測誤差があるということになります）。さらに、以前より

③ 赤羽（2004）は家計貯蓄率低下はゼロ金利による利子収入低下のためではないか、と仮説を提示しています。

これらの3つの議論を統合すると、日本の家計の消費関数は、

- 雇用者所得からは一定比率のケインズ型
- 財産所得からはすべて貯蓄に

という特徴でとらえられると筆者は考えており、近年の家計貯蓄率低下はゼロ金利の結果と解釈しています。

この仮説はデータをプロットしても簡単に確かめられますが、実は家計の貯蓄と企業貯蓄にはさまざまな経験的関係があり、それを使って簡単な計算によっても確かめられます。

まず家計消費（C）を所得－消費で表すと、家計消費は

$$C = WN + I_h + T - S_h$$

で表されます。ここでWN：雇用者報酬、I_h：家計受取財産所得、T：年金などの移転所得、S_h：家計総貯蓄です。実はこの式は以下の経験法則と国民経済計算の定義式を使うことによってうまく計算できます。

図4－5 家計貯蓄と企業貯蓄の和

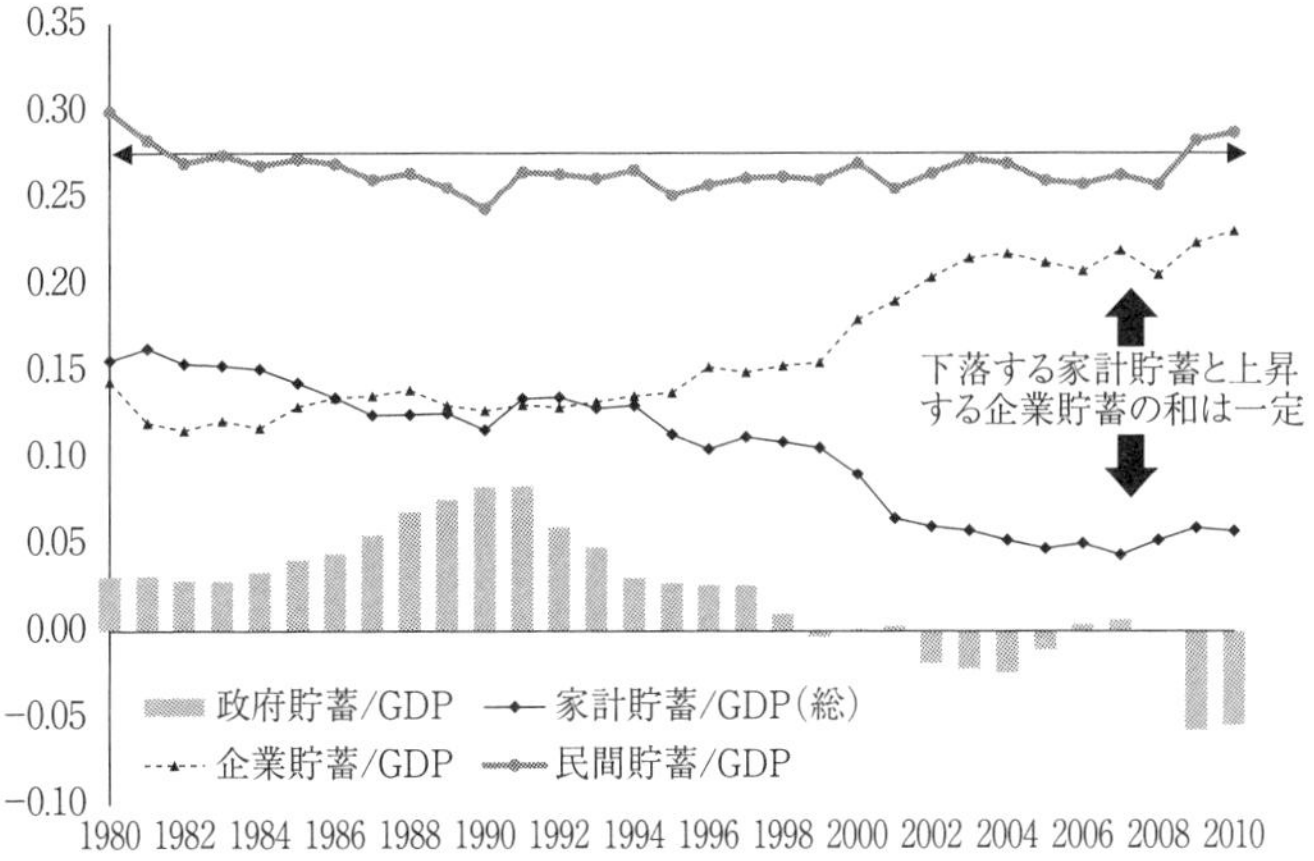

（データ出所）国民経済計算

図4－6 財産所得と比例する貯蓄

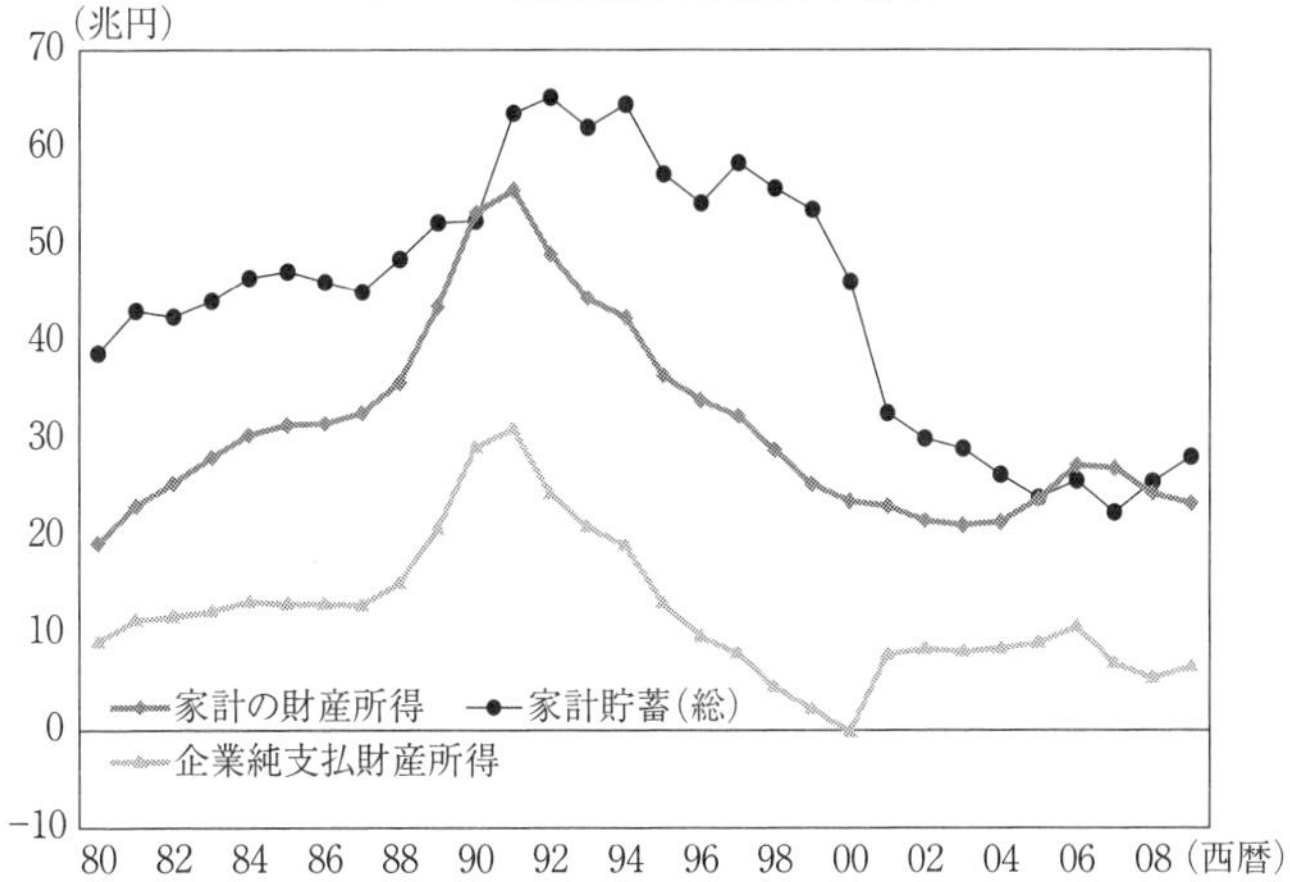

（データ出所）国民経済計算

まず第一に家計総貯蓄（S_h）は実は経験的には金・深尾・牧野（2010）が指摘したように、

ⓐ 企業貯蓄（S_f）と家計総貯蓄（S_h）の和はＧＤＰ（Y）の27％、約3割で一定（$S_f + S_h = 0.27Y$）（図4－5）

という状況から、$S_h = 0.27Y - S_f$ で表されます。つまり**家計貯蓄が減少すると、企業貯蓄は増大している**という重要な特性を使うわけです。この最初の特性は家計が財政所得をそのまま貯蓄することに大きく依存しています。

第二に、企業支払財産所得は家計に支払われるわけですから、家計受取財産所得と以下の関係があります。

ⓑ 家計受取財産所得（I_h）は企業支払財産所得（I_f）とＧＤＰの4％の和で表される（$I_h = I_f + 0.04Y$）（図4－6）。

家賃など他の受取家計財産所得がありますから、少し受取財産所得が大きくなります。

三番目の特性は企業部門の所得はほぼ一定であることです。所得は支払財産所得と貯蓄に分けられますから、企業貯蓄の増大は、配当や利子支払いなどの企業支払財産所得の減少をもたらします。配当は一時的に増加した時期はあるものの、利払いは低下しています。つまり超低金利政策で利子支払いが減少した結果、企業貯蓄は増大しているわけです。

さらに具体的には企業の支払財産所得（I_f）と企業貯蓄（S_f）の和は$0.2Y$程度で、これは税や移転を無視すると企業部門の所得を表しています。これはＧＤＰの5割強を占める雇用者報酬とわずかに逆相関しています。そこで3者を足し合わせると企業部門のシェアは大体、

図４－７ 仮想家計貯蓄GDP比

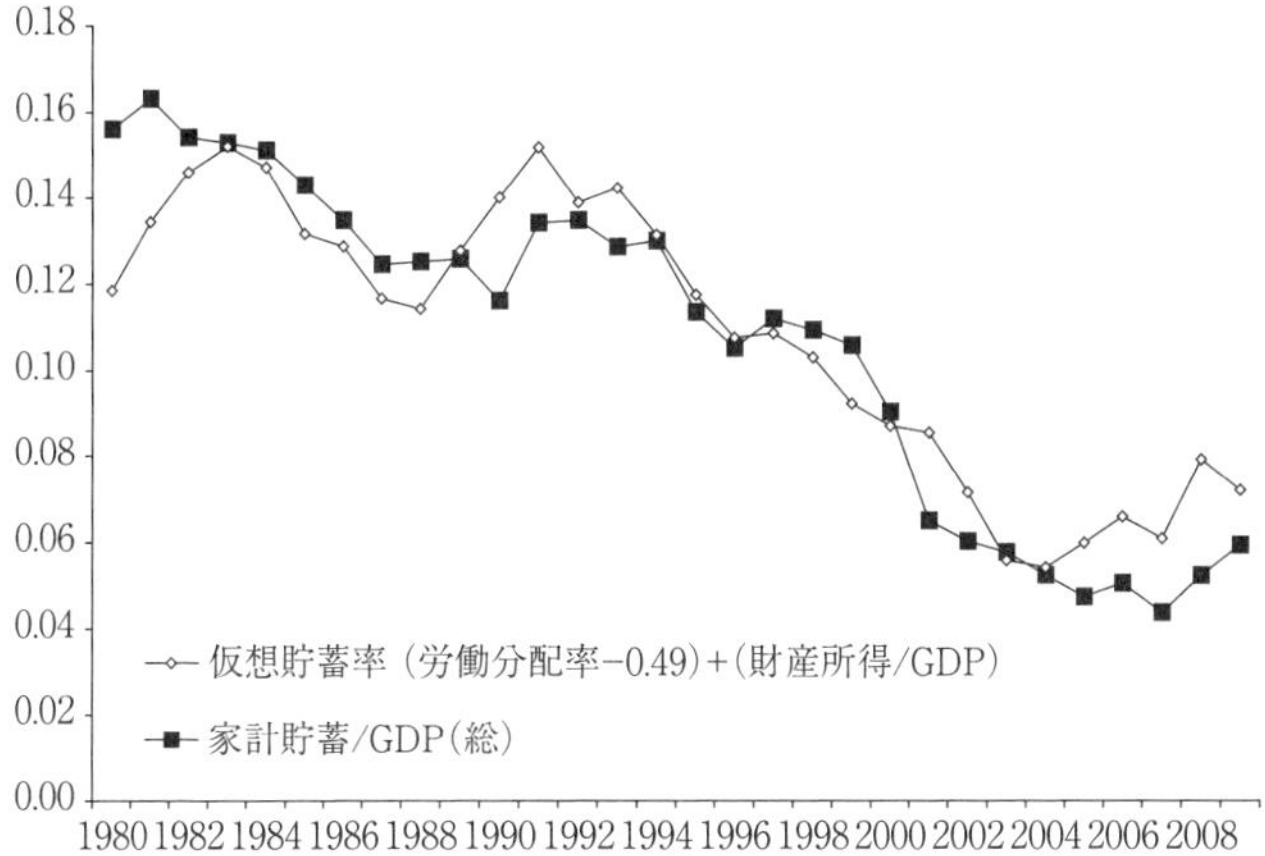

（データ出所）国民経済計算

7割程度で以下の式も経験的に成り立ちます（コブ＝ダグラス型生産関数の使用が正当化されます）。

ⓒ 企業の支払財産所得（I_f）と企業貯蓄（S_f）の和に雇用者報酬（WN）を加えると常にGDPの72％程度

$$I_f + S_f + WN = 0.72Y$$

となります。

これらの3式を連立させ、家計の消費（C）を所得－消費で表すと、簡単な**ケインズ型消費関数**として、

$$C = WN + I_h + T - S_h = T + 0.49Y = T + (0.49/\delta)WN$$

が成立し、限界消費性向が0・49であり、乗数は約2となります。上式でδは労働分配率（＝WN/Y）であり、これは0・55から0・51までの間で成長率にやや逆相関するため、消費は順相関の程度が強くなります。

移転所得Tがそのまま消費に向かうと仮定すると、現実の消費比率に近くなります。その結果、家計貯蓄（S_h）は以下の式で表されます。

$$S_h = I_h + WN - 0.49Y = I_h + WN\left(1 - 0.49/\delta\right) \text{あるいは} S_h/Y = I_h/Y + \delta - 0.49$$

です。図4－7は簡単な上式が、現実の貯蓄GDP比や消費GDP比をトレースすることを示しています。労働分配率δの平均値を0・53とすると、$S_h = I_h + 0.075WN$となり、家計は雇用所得の1割弱を貯蓄すると共に、利子や配当をそのまま預金口座においておく行動経済学的特徴があることを意味します。

　本書ではこれ以上踏み込みませんが、年次データでケインズ的消費関数が成立するからといって、これまでの新古典派的な消費関数をめぐる議論のスピリットを否定しているわけではありません。賃金は生活費保障的発想の下で、景気変動に対して最初からスムージングされて支払われており、消費関数をめぐる合理的な仮説が企業の傘のもとで成立する可能性があるからです。つまりケインズ型消費関数のミクロ的基礎は日本的労働慣行にあるといえるでしょう。ただ高齢化のもとで家計貯蓄率減少一辺倒の議論の風潮には再検討の余地があるでしょう。

*なお消費については家計最終消費支出のなかで帰属家賃を含むものと含まないもの、移転所得を現物社会移転以外の社会給付を使用し、そこから半分を消費するとして、仮想消費GDP比系列をプロットしています。帰属家賃と社会給付はいずれも上昇トレンドをもつため、帰属家賃を含む消費支出と仮想系列は相関を持ちますが、これらについては再検討の必要が

あるでしょう。

賃金上昇反対論の誤り② 産業は空洞化するのか

次に考えるべきは、

反論2 企業が海外に逃げて空洞化してしまう

といわれる点です。第1章でも述べましたが、海外生産比率は製造業で17・1％（内閣府の企業行動に関するアンケート調査）であり、製造業はGDPの2割程度です。非製造業の海外生産比率は微々たるものですから、計算すれば海外生産比率はGDPの3・5％にすぎません。もちろん空洞化は大問題ですが、それを懸念して低賃金労働を温存するばかりでは経済は成長しません。

賃金上昇反対論の誤り③ 減価償却費のトレンド的上昇と労働分配率

労働分配率から見て、賃金が高すぎるという意見もありました。90年代には労働分配率をめぐって以下の主張がなされました。

反論3　バブル崩壊以降、賃金高止まりから、企業利潤を圧迫し、それが設備投資を抑制した

筆者はこの議論は何度も誤りだと主張してきました。実は労働分配率はトレンド的に成長しているわけではありません（グラフは脇田（2012）p.140参照）。実は近年の日本のマクロ経済では固定資本減耗比率がGDPの2割にまで上昇し続け、100兆円を超えています。

もともと労働分配率の計算に固定資本減耗分を含むべきかどうかで、2つの考え方があります。

- 分母に含む、生産関数（国内総生産）で考える労働分配率

$$\frac{\text{雇用者報酬}}{\text{国内総生産}}$$

- 分母に含まない、国民所得で考える労働分配率

$$\frac{\text{雇用者報酬}}{\text{国民所得（＝国民総生産－固定資本減耗）}}$$

つまりGDPを使った定義の分母には固定資本減耗分が含まれており、国民所得を使った定義には含まれていません。ここで問題はどちらを使うべきか、混乱していることにあります。言葉の定義からすると前者がもっともらしいように見えますが、資本減耗を無視したこの定義は誤りです。[13] この理由を会計と経済学などさまざまな4つの側面から説明しましょう。なお1から労働分配率を引いたものが、資本分配率であり、資本分配率に資本減耗を含むかどうかという問題の

ほうが直観的に説明できますので、資本分配率に即して考えてみましょう。

a 会計　まず会計的に考えれば、資本減耗の大部分を占める減価償却は投入した資本の費用を平準化して考察するものです。工場設備の費用を、1期だけで計上することは好ましくありません。使用する期間に応じて、定率法や定額法などで計上することが減価償却の実際的方法です。たしかに実際の計算には不正確な部分が存在します。しかしながら減価償却を設備の費用として付加価値に含めないと、摩耗の激しい設備とそうでない設備を同一にあつかうことになってしまいます。コンタクトレンズの費用を使い捨てとそうでないものとで考えてみましょう。通常のコンタクトレンズは高価ですが、長く使えます。使い捨ては安価ですが、短い期間しか使えません。高価なコンタクトレンズの費用を購入時だけにカウントするのも望ましくなければ、全く費用がないとするのもおかしなものです。[14]

b 経済学　次に近代経済学のモデル分析の立場から利潤最大化の式を考えて見ましょう。もともと生産関数の中には、資本減耗や減価償却の項は含めません。予算制約式などに後で加えることが通例です。さらによく使われるコブ＝ダグラス型生産関数の性質が分配率一定なのであって、この性質は資本減耗率が何％であっても成り立ちます。

c 国民経済計算　また国民経済計算でいえば国内総「生産」は国内「所得」に固定資本減耗を

加えたものであり、「生産」は生産関数にとらえられるわけですから、生産関数を使った概念が正しいことが分かります。

d 直観的な意味 最後に直観的な意味からいっても、資本減耗の増大は機械や工場の摩耗が大きくなっているということですから、早めに使えなくなったり修理しなくてはならないということです。そこで固定資本減耗は資本コストに含まれているわけです。

以上の結果、固定資本減耗を除いた労働分配率の定義では、トレンド的なバイアスをもたらすことになります。これは2003年前後まで生じていた大きな問題ですが、近年の過剰投資の結果、また資本減耗が増加しています。

賃金上昇反対論の誤り④ 設備投資費用とサイクルの動き

以上のトレンド的な動きに加えて、労働分配率にはもう一つサイクル的な問題があります。労働分配率が景気に逆相関していることや、

反論4 労働分配率が低位の状況で、投資が上昇している

ことです。この景気循環における順序は脇田（2010）などで、詳述しました。資本分配率と要素分配は尺取り虫のように動く、と考えればいいでしょう。

景気上昇局面　利潤増大 ⇓ 内部留保増大 ⇓ 資本分配率は上昇
景気下降局面　要素需要増大 ⇓ 内部留保減少 ⇓ 資本分配率は下落

労働分配を抑えて、設備投資が増大するのではなく、いったん増加した利潤から、比例して労働、設備投資に配分される、つまり労働と資本の両方で生産するという順序が大事です。つまり工場を建てれば新たに人を雇うように、労働と資本への派生需要はほぼパラレルに動いてきました（この点が長期的な労働分配率を一定にしています）。

なお分配率の高低だけを使って、賃金水準が妥当であるかどうかは判断できません。上記の景気動向を加味して、考察する必要があるからです。しかし他の指標と組み合わせ、好況が続いても賃金が上昇せず、労働分配率の下がり方が激しければ、常識的に労働への分配が少ないと判断できるでしょう。

さらに分配率は分母のＧＤＰであれ、分子の雇用者報酬であれ、システムの中で決まる内生変数です。両者がともに上昇して分配率が不変であったとしても、両者増大すれば良いのです。さらに労働保蔵下では生産性は需要に影響されます。労働分配率の分母、分子を労働時間で割れば、分子は実質賃金、分母は労働生産性となり、生産性が上がらなければ賃金を上げられないという意見は労働分配率一定を言い換えたものにすぎません。

賃金上昇反対論の誤り⑤　会計上の錯覚なのか

さて、このような純資産・内部留保増大を問題とする見方に、会計の専門家と称する人たちから、会計が分かっていないなどといわれることがあります。しかし、このような反論は誤りです。いくつかの典型的議論をみてみましょう。

反論5a　損益計算書上の利益は経営者の見方であって、実際に現金があるわけではない。

この意見はキャッシュフロー枯渇による黒字倒産を念頭に置いているのでしょうが、それは一般的事例とはいえません。他にも2つの問題があります。第一は「見方」という点です。投資家や銀行は損益計算書の「見方」を信用して、企業の状況を判断するのではないのでしょうか。日本企業において従業員は帰属企業に暗黙の投資を行っていると考えられてきました。また労働経済学的な研究も、企業利潤と賃金水準あるいはボーナス水準との関連を永らく研究してきました。たとえば伝統的な解雇ルールの研究においても2期連続赤字との関連が重視されています。利潤は意図的な会計操作の余地があるとはいえ、公表された利益水準はベンチマークとなる水準であることは間違いありません。会計上の「利潤」概念が当てにならないのなら、何を以て判断すればよいのでしょうか。利益は所詮見方などと、会計に携わる人たちが、自ら会計の理念を踏みにじるようなことを言っているのではないでしょうか。

第二は現金という点です。もともと給与は企業に現金が余っているから、支払うものではありません。給与水準は市場や団体交渉によって定められ、それには「相場」があります。その「相場」は大きくみて、企業の業況に依存することは確かですが、個別企業の状態と直接的にリンクしているわけではありません。たとえば赤字会社やキャッシュフローが負の会社は給料はゼロなのでしょうか。そんなことはありません。

反論5b バランスシート上の内部留保は自己資本となって、機械設備等の実物資産に変わっているから、給与や配当は上昇させられない。

反論5c 企業収益に余裕がない。

バランスシートはいわば財産目録ですから、労働者への賃金支払いの項目がないのは当然です。あれば労働者は奴隷になってしまいます。この意見はフローとストックを混同しています。利潤のフローが積み重なってストックとしての純資産が毎年20兆円以上も増加しているわけですから、当然フローとしての賃金上昇の余地は10兆円程度は存在していたはずです。また永らく旧日経連、日本経団連は企業利益が上昇しても、ボーナスで利益配分すべきと以前から主張しており（この点に関しては後述)、利潤の水準と賃金が関係づけられる慣行が存在すること、そして新国際会計基準では企業純資産増加が利益概念となることから、両者の関係は明らかです。

賃上げが大きく話題になった2013年の春闘時に、コマツ会長(当時)の坂根正弘氏は日本経済新聞のインタビュー(2013年3月10日朝刊)に答えて、「法人企業統計などによると、11年度に日本企業が生み出した総付加価値は275兆円あり、うち6割強の177兆円は雇用者報酬として働く人に還元されている。一方、純利益は20兆円で、その一部が株主配当などにまわり、残りが企業の内部留保となる」ので、そんなに賃上げ余地がないと説明しています。しかし問題は何十兆円のオーダーではなく、177兆円の1~2%、数兆円です(このオーダーの問題は逆サイドの意見にもいえることで、数百兆円の〔ストックの〕内部留保があるから、非正規労働者が救えるという議論は大まかすぎるので、かえって過半は物的資本になっているとの反論を生みます)。10兆円の賃上げは大きなマクロ効果を持ちますが、企業貯蓄に回れば自己資本比率を0・5%上昇させるに過ぎません。

なお資源は経済活動によって何らかに配分されてしまっているので、残りがないという意見は経済分析上の「事前」と「事後」の区別を忘れています。通常の需要曲線・供給曲線からなる部分均衡図で、事後的に資源配分をみれば、すべてが需要されて供給余地がないということになってしまいます。さらに資本市場に即して考えれば「事後」的には、家計の金融資産は株券であれ銀行預金であれ、ほとんどが実物資産に変わっています。しかし家計の貯蓄に対して、もう借りられてしまったから、あるいは国債が買われてしまったから、使われる余地はない、などと言われることはありません。また（ケインズ的な）貯蓄過剰に対して、消費拡大が、また家計の金融資産活用が叫ばれることが多いわけですから、企業貯蓄となる内部留保がなぜ聖域視されるのでしょうか。

近年の会計士試験ではマクロ経済学が必須とされていませんが、これらの議論を見ると義務付けたほうが良いのではないでしょうか。

反論6　企業ガバナンス論からは、余剰資金の使い道として配当を増やすべき。

企業ガバナンス理論から、余剰資金は株主のものであり、賃上げよりも株主に返すべきと主張されることがあります。ただしこの議論は企業と賃金決定を狭くとらえすぎです。現実には日本企業には労働者への収益分配ルールがすでに存在していますし、理論的にも従業員管理企業論や協調ゲーム的企業論として、分析の対象となってきました。また労務出資という言葉がありますが、企業生成には株主が資金を出し合うだけでなく、労働を出資すると考えることもできます。さらに配当が家計消費に与える影響は小さく、株式の外国人保有比率も大きい現状で、日本のマクロ経済政策として適当か、という問題もあるでしょう。

5　賃上げは充分なのか

以上で多くの反論は正しくないことを見ました。しかし問題は具体策です。どのように賃金上昇を実現させていくか、これまでの政府と組合の対応を考えてゆきましょう。

政府の認識と対応

政府のこれまでの政策を見ると、自民・民主という政党・政権の違いにかかわらず、賃上げの重要性を理解していないわけではなさそうです。賃上げが大きく話題になった２０１３年の春闘時のように大々的に報道されたわけではありませんが、

- 安倍・福田内閣では経営者団体に賃上げを要請したり、
- 鳩山内閣では内部留保への課税計画や、
- 菅内閣では新規雇用量に応じて法人税を減免する雇用促進税制（１カ月後の実績は想定の３％前後）を打ち出したり

するなど、巨額の内部留保が賃金・雇用に結びつくよう努力してきました。ただ残念ながら、これらの直接的な政策はマスコミやエコノミストの無理解や不勉強もあって、一般に唐突と受け止

められ、顕著な効果を上げたともいえません。

なかでも鳩山内閣時に企業の内部留保の課税が問題とされたことがあります。経済界の大きな反発を呼び、たちまち沙汰やみとなりましたが、同族会社の一部には内部留保課税が存在するように、ガバナンスの欠如した企業にそういった是正策を課すことは、そんなにおかしなものではありません。金融政策の議論においてマイナス金利が話題になることがあります。最大の貯蓄主体は企業ですから、企業貯蓄へ課税しその収益率を下げることはいわばマイナス金利と同等の効果を持つと言えます。ただフローの利潤には二重課税となりますし、やはり政策上の飛躍は飛躍ですから、まず内部留保は合成の誤謬をもたらす、という側面を全体として認識することから始めるべきでしょう。具体策として他には、以前の地価税のように企業資産、預貯金や株式保有等のストックに課税することも考えられます。

春闘とボーナスの二部料金システム

先述したように現実の賃金設定メカニズムには既に収益分配ルールが存在しています。従来、春闘などで決定される名目賃金上昇率は「横並び」の傾向を持つことが非難されてきました。第3章で説明した企業内の平等的な賃金は労働者個人の熟練形成などの不確実性に関する保険でしたが、これから説明する春闘とボーナスの場合は対象とする不確実性が異なり、マクロ的な景気変動などの変数に対する保険となります。

このメカニズムはマクロ経済の安定のために大きな役割を果してきました。ところが春闘の時期になると、必ず春闘無用論が声高に述べられます。たしかに個別の労働者にとっては、春闘における交渉は大差ない結果をもたらすのかもしれません。[16]しかし経済全体の平均的な名目賃金水準の決定はきわめて重要なマクロ経済問題であり、粗略に扱えば大きなコストを経済全体にもたらします。つまり春闘は公共財的な役割を果しており、そのコストはパターン・セッターと呼ばれる先行的に交渉を行う組合・企業に集中しているといえます。もともと労働者の定着性の強い日本企業は容易に企業側が労働者につけ込む買い手独占に陥りやすくなります。その対抗力として、集団で賃金交渉を行う春闘メカニズムはきわめて貴重なものといえるでしょう。

まず産業間の状況をみると、春闘は崩壊したと報道されますが、

- 上昇率は横並びで収斂傾向は近年は強まっています。また、
- 春闘における賃上げ率は、失業率との相関が強く、マクロ経済整合的に決定されています。

さてそれでは賃上げは充分なのでしょうか。企業利潤の動向からすれば明らかに不充分ですが、他にも賃上げが適正かどうかを判断するマクロの指標として、失業率・インフレ率・労働生産性上昇率などが考えられます。筆者はいずれの指標から考えても不充分であるとの認識を持っていますが、非正規雇用の増加もあり確定したことは言えません。そこで2つのグラフをみてみまし

図４－８ 賃金水準上昇率と賃上げ率　産業計 -1000 人以上規模

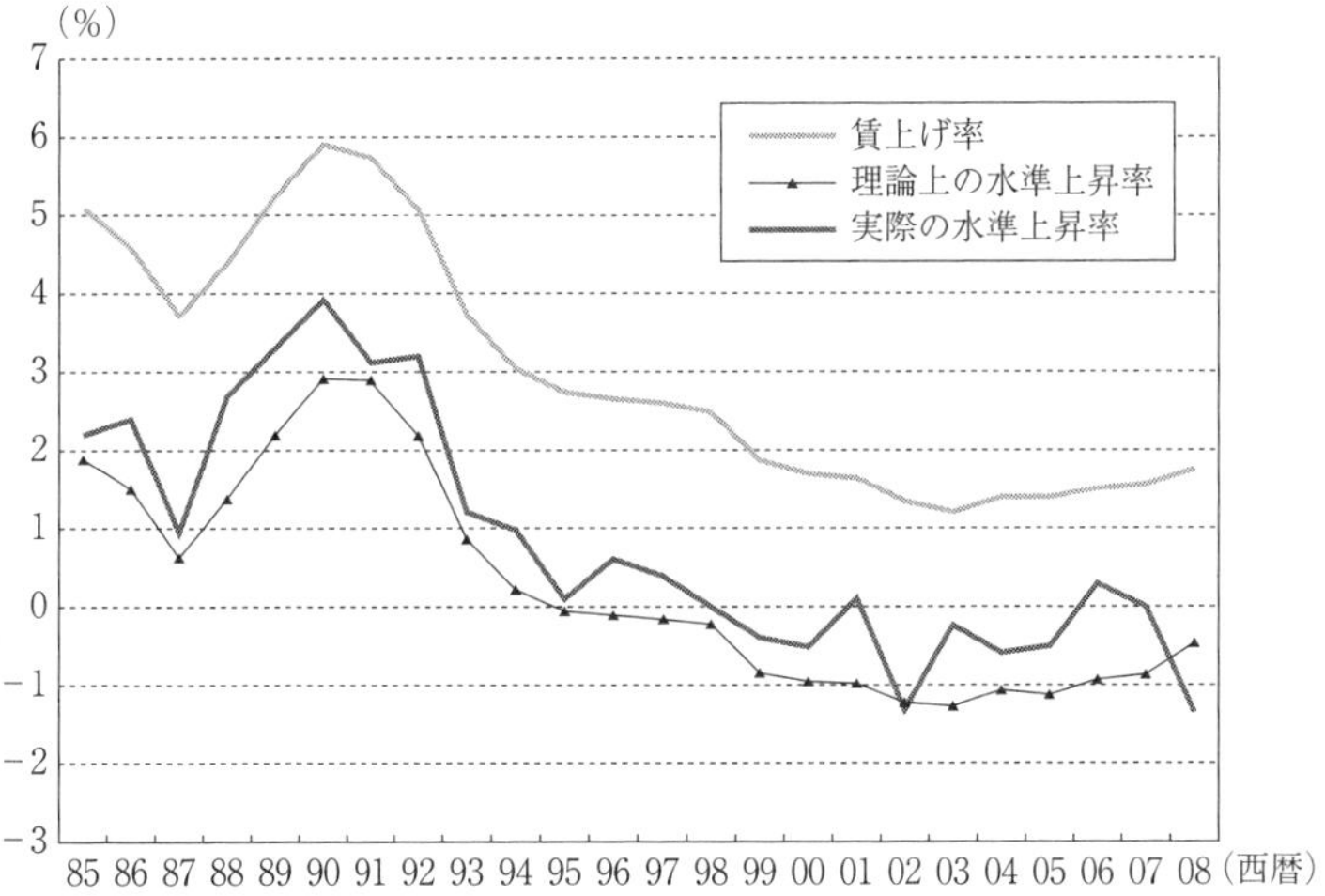

（データ出所）連合ホームページ

ょう。

①まず連合の計算により示される、賃上げの理論値と実際の賃上げ率の比較を見てみましょう。この図４－８は連合が発表している年齢構成の違いを修正した春闘賃上げの理論値と春闘後の実際の賃上げ率の比較です。これを見ると分かるように春闘理論値は実際の上昇率よりも低く、賃金上昇率を過少に要求したこと、相場を引っ張る力がないことを示しています。

②さらに法人企業統計を使って自己資本比率と人件費比率の産業別にプロットすると（図４－９）、ほとんどの産業が人件費削減と自己資本比率増大を同時に行っていることが明らかで、その大きさにはゆるやかな相関があります。

まず春闘メカニズムの制度自体はよく機能していること、労働組合の賃上げ要求は過少

図4－9 1998年度から2007年度までの給与と自己資本比率の変化

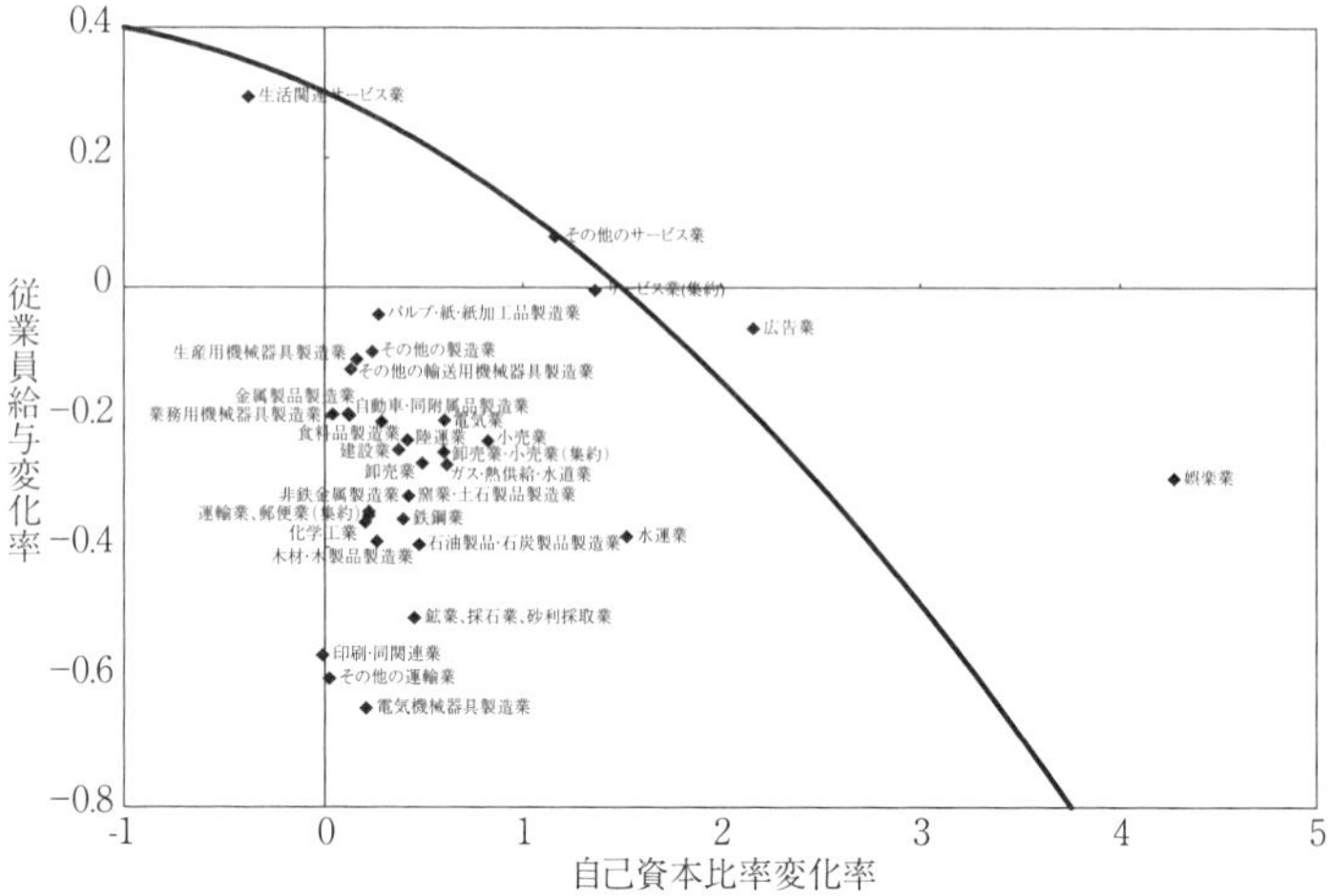

（データ出所）法人企業統計

であること、そして賃上げ不足は内部留保に流れていることが明らかではないでしょうか。もう少し労働組合は会計を勉強し、賃上げ努力を望みたいものです。

ボーナスの罠

なお近年では総賃金決定方式など、ボーナスを含めて賃上げを考える場合が増加しています。なぜ日本の賃金は春闘で決定される定期賃金とボーナスに分かれるのでしょうか。どのような利点があって、このシステムは続いてきたのでしょうか。さまざまな説明がこれまで試みられてきました（脇田（2003）第4章）が、筆者は、

①　春闘はマクロ経済全体の状況をふまえて、個別の状況をならして賃金を支払います

図4－10 相関していた春闘と労働市場指標

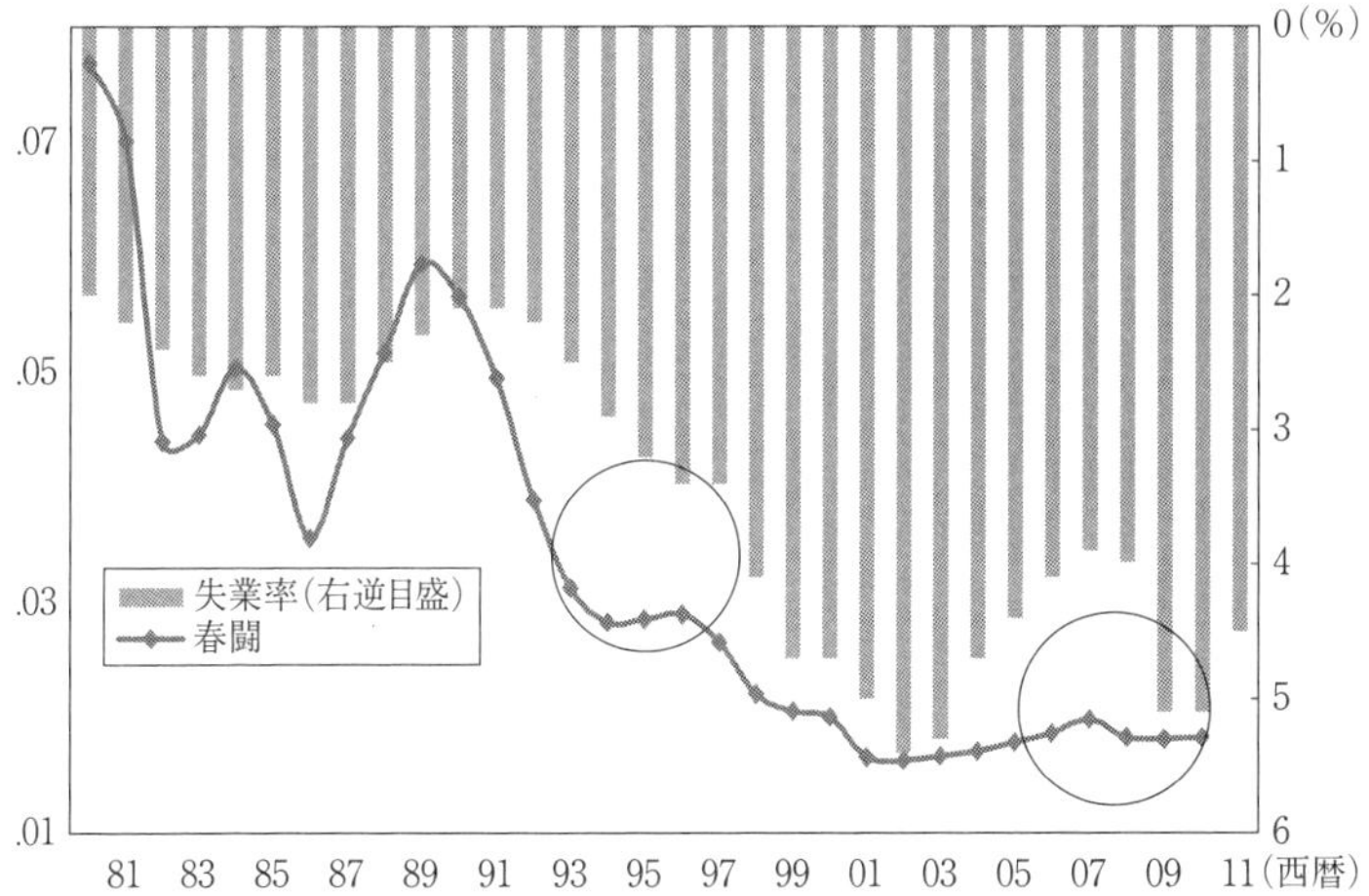

(データ出所) 厚生労働省

＊春闘データは1年ラグをとったデータをプロットしている。つまり2008年のデータをみて2009年の春闘相場が決まる。

図4－11 相関するボーナスと企業収益

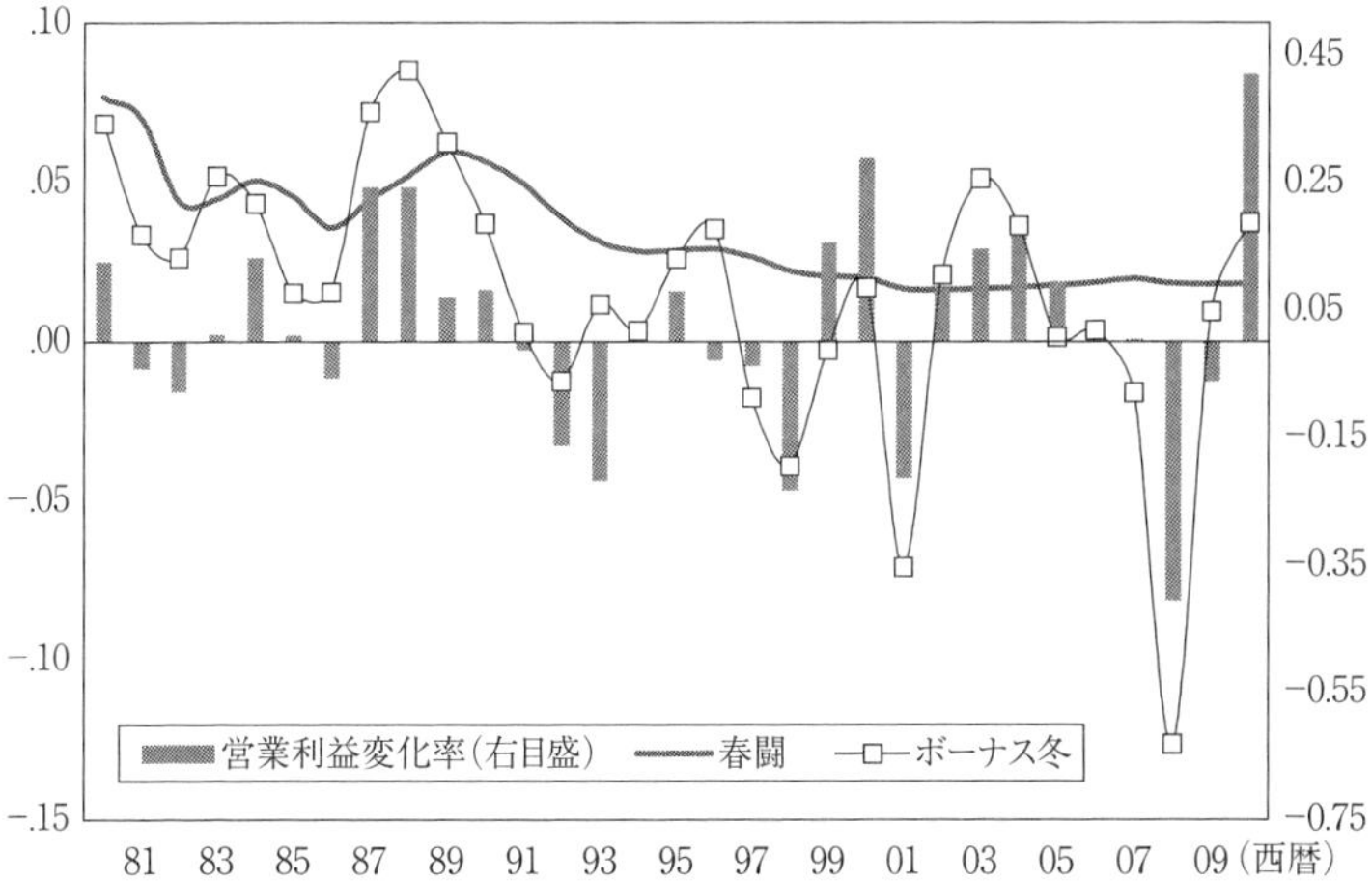

(データ出所) 法人企業統計、厚生労働省

（図4－10）。しかし一方で、

② ボーナスは産業別や企業別の利潤など個別要因を反映している（図4－11）

という見方を示しています（Wakita（2001））。春闘で決められる定期給与が「一階部分」、ボーナスが二階部分となった「二階建て」であり、年金制度等の複雑さと共通点を持ちます。[17]

近年の春闘においても失業率の低下が充分でないと考えられたため、業績好調な企業はボーナス等一時金で対応するよう促されました。ただし周知のように、非正規労働者にはボーナスはほとんどなく、中小企業はボーナス比率が低いため、ボーナス重視では、賃金格差は拡大します。さらに総給与全体に占めるボーナス比率は低下しています。賃金構造基本調査から計算すると、バブル期の23％から２０１０年の16％に低下していますから、好調企業からの波及メカニズムが働きません。この点は賃金が上がらない理由の一つです。中小企業も自己資本比率は上昇しており、利潤分配のルートを確保すべきと言えます。

もともと製造業を中心に日本のかなりの部分の中小企業と大企業は下請関係を通じて、ヒエラルキーを構成しています。[18]春闘ではこのヒエラルキーにそって、上部から下部に賃金上昇が波及してゆきます。逆に下請から賃金を上げれば、そんなに余裕があるなら納入品の価格を下げろと言われかねません。そこで賃金上昇は大企業から中小への流れが自然ではあるのですが、一方で比較的恵まれた状況にある大企業が賃上げを先行するルートは、政治的心理的にはなかなか抵抗のあったところかもしれません（また第２章で述べたように大企業の中核労働者の労働供給は賃金に対して非弾力的です）。

ただボーナスは商品の価格を先に決め、よく売れた場合の利潤を山分けする場合に払われるという意味で、いわば後払いですから、**ボーナスを払うために商品価格を値上げする企業はない**でしょう。この意味で物価に影響を与える人件費は区分して考えることが必要でしょう。さらにいえば、ボーナスで支払っても定期賃金で支払っても同じとよくいわれますが、ボーナスは既存の構造を前提とした後払いのため、経済の新陳代謝が進まず現状の構造を固定する機能を持ちます。そこで筆者はできる限り、春闘で賃金を上昇させるべきだと考えています。[19] 図4-10に示される春闘の近年の上昇率はマクロ状況から独立して、定期昇給込みで2％弱ですが、約30年の間2％上昇が続くと給与は倍になり、大企業の年功賃金制の結果と一致します。つまり近年の定昇込み2％賃上げ水準の継続は給与総額据え置きを意味しているのです。この結果、実質的な賃上げ率は2％を引いた数字で判断すべきです。

本書の随処で、

①組合の賃上げ意欲が足らず、要求が現実の賃上げを下回っていること
②組合の上層部が家電等に偏り、輸出主導的な発想を持つこと
③非正規雇用の賃金総額シェアは1割程度であり、「格差」是正策はマクロ的な力を持たず、
④ボーナスは非正規・中小企業に少ない

ことを指摘しました。

格差是正やボーナスで利益分配という耳障りのいい言葉で、労働者側はいわば賃上げの主戦場

をはぐらかされてきたといえましょう。この構造を見通すのがナショナルセンターの仕事といってもいいのですが、伝統的に賃上げを主張してきた全労連と異なり、連合にはそういった観点は見られません。労働組合は自己資本比率等会計指標を監視すべきであり、もう少し会計士等を雇って、理論武装はできるでしょう（個別企業においては中間決算で財務上の状況を知ることは可能であり、法人企業統計季報の四半期データでマクロの企業純資産増加も知ることができます。ちなみに２０１３年度は、３四半期連続で対前年同期比では20兆円以上増加しています）。また本書で展開している議論はマクロ経済学の初歩中の初歩であり、難解なものでは決してありません。ドイツ等のヨーロッパ諸国では政府首脳が賃上げを要請することは当たり前で、それらは日本でも報道されています。

大企業の組合幹部は、よく愚痴をこぼす人がいるように、たまたま組合の任務に就いた人が多く、２０１３年の安倍首相や麻生財務大臣の賃上げ要請発言はありがた迷惑なのだろうと想像できます。しかしながら組合費は労働保険料の倍程度のところが多く、また重要な社会的役割があるのですから、本来の役目を果たすべきではないでしょうか。検事になりたかったので、被告の弁護をしたくない弁護士では裁判は成り立ちません。日本の労働組合を第二人事部、労務部と揶揄する言い方が永らくあります。この言い方を拡張すれば、連合は第二経団連と呼ばれていく怖れもあるのではないでしょうか。

6　企業優遇政策の帰結

日本企業はシャッター商店街寸前の状況のなかの一店舗と考えることができます。人口減少下、先の見込みはあまりありませんが、とりあえずは利潤をあげています。商店街全体で大規模化を図れば、全体として活性化し、隣町の商店街に打ち勝つこともできるかもしれません。また活性化すれば、高い給与も払えて、町の消費は盛り上がって、給与と消費の好循環も可能でしょう。しかし個別の一店舗だけが雇用を拡大したり、大規模投資に打って出ても、需要は拡大しません。このため町の銀行が一時危機に陥った時期を契機に、ひたすら企業の存続のため、銀行に借金を返し、資金を貯め込んで、最低限の設備投資を行い、人件費は節約するという行動をとるようになりました。この人件費削減が回り回って需要を低下させ、細く長く企業を存続させようとする縮小均衡に陥ります。これが日本企業の要塞化であり、日本経済の陥った「合成の誤謬」です。

本章では日本企業の見方として、

① **理論**　理論と現実、本音と建前からなるダブル・スタンダードな状況が続いており、

② **データ**　その結果、株主にも従業員にも帰属しない、企業純資産が増加していること

③ **弊害**　その純資産増加は設備投資や株価に反映されていないこと

④ **解決策**　ケインズ型消費関数の成立するもとで、消費上昇のためには賃上げが望ましく

を説明しました。

⑤ **政策**　財界等の賃上げへの反論は根拠がないこと

特に**データ面の変容**については、98年以降の混乱期には、

・企業財務面では利益剰余金など企業純資産が増加し

・資金循環面では銀行貸出が減少し、上場企業の52％が実質無借金企業（日本経済新聞2013年6月2日）となり

・株式市場では株価純資産倍率（ＰＢＲ）が低下

・賃金と雇用面では、非正規雇用の増大とリーマン・ショック以前の労働分配率の持続的低下に表れました。さらに景気循環のプロセスでは

・企業利潤増大後に人件費と設備投資が増加するタイミングは同じであっても、人件費の上がり方は小さくなっています（図４－１）。

もともと日本は純債権国であり、大震災後の時期は別として貿易黒字も巨大でした。これは国内のどこかにたまった資金があることを意味し、その行き先は企業部門です。リーマンショック後の２０１０年度さえ、10兆円以上の利益剰余金を計上し、ケインズ的需要不足をもたらしています。つまり**マクロ経済の「閉塞感」と個別企業の「底堅さ」は表裏一体**だといえます。

実は企業貯蓄を民間貯蓄と言い替えたりすることの多い経済マスコミも、中国など諸外国における企業貯蓄拡大を認識し、ここまでの同様のロジックで批判することが多いのです（国際比較として高田（2011）参照）。また海外の報道機関（２０１３年4月10日英フィナンシャル・タイ

ムズ紙）も日本の企業貯蓄を問題視しています。問題が認識されつつも、解決策が採られない理由はまず人々の固定概念です。組織防衛を第一とする空気が蔓延する我が国では、これまで個別の企業を保護することが、日本経済を強くすることと信じられ、その行き過ぎがガバナンス不在につながっています。さらに、

- 組合は賃上げに積極的ではありませんし
- 銀行からのプレッシャーを経営陣は喜びません。
- これまでの政府の政策は及び腰で効果はありませんでした。

このためにも政策の発想を切り替える必要があります。これまで

- 自己資本を預けて、自由にして下さい
- 非正規をいつでも解雇して下さい

という企業保護策が行われてきました。さらにさらなる拡大志向の結果、またもやリーマンショック後の過剰設備のワナに陥った産業もあります。この背景には生産物市場のみに固執した誤った競争観があります。資本と労働と生産物の三大市場においてバランス良く競争することがマクロ経済運営の基本であるのに、生産物市場で勝つためには生産要素を大量投入という競争観から抜けられません。その結果、銀行・株価と労働の惨状があります。

筆者は企業は儲けるなと言っているのではありません。企業は儲けて家計に還元せよと言っているのです。マクロ経済学的に考えれば、家計にどれだけ還元するかをめぐって企業が競争するのが新古典派のロジックであり、（80年代の日本の貿易黒字やユーロ圏のドイツ、戦間期のイギ

リスの利子生活者、80年代の日本の貿易黒字など）貯蓄主体に支出を促すことがケインズ経済学の基本的ロジックです。どちらの理論からみても好ましくない状況を冷静に認識する必要があります。[20]

コラム◆もしドラと資本家の不在

２０１０年には『もし高校野球の女子マネージャーがドラッカーの「マネジメント」を読んだら』（ダイヤモンド社）という本が２００万部を超えるベストセラーになりました。内容は経営学者ドラッカーの教えを高校野球のマネージャーが生かしてゆくというもので、なかなか面白い本です。ただこの本が大きく受け入れられている背景は気になります。筆者にはこの本が日本の経済社会の「気分」を象徴的に表していると思えるからです。

- 利潤追求機関ではない高校野球が舞台になっているビジネス書であるところ
- 権限のよく分からないマネージャーが活躍するところ
- 自分で直接、野球（作業）はしないで、人を動かそうとするところです。

なかでも高校野球は何といってもアマチュアですから、プロの経営者や資本家が活躍すべきビジネスとは異なるはずです。80年代には日本は資本主義ではないという議論が、近代経済学の分野にも進出し、大きく注目を浴びました。小宮隆太郎の従業員管理企業論や青木昌彦の協調ゲーム的企業論です。たしかに日本企業はボトムアップ的で従業員重視の傾向があります。これらの特徴は以前は良好なパフォーマンスをもたらしたもの、とされてきましたが、高齢化が進むいまこの特徴は大きな問題をもたらすと筆者は考えています。その問題とは資本家あるいは企業ガバナンスの不在です。実際、経済論争において「それでは社会主義になってしまう」と決めゼリフがよく発せられますが、企業の現状は資本の論理に忠実なのでしょうか。

現状の経済において、資本家とは特定の富裕な集団を指すわけではなく、多くの家計が老後を自分で備えるための貯金が、資本となっていきます。ところがこの努力を応援するわけでもなく、むしろ日本銀行や政府は、永らく低金利政策で自助努力を圧迫してきました。さまざまな企業支援策が裏目に出たことは、本文でも述べたとおりです。

高校野球には賛否両論がありますが、日本経済が高校野球のように無欲のアマチュアリズムで進むことがよいこととはいえないでしょう。『マネジメント信仰が会社を滅ぼす』という新書（深田（2010））で、

> マネジメント信仰が強まりルールや制度が増えていく中で、日本企業は、審判をたくさん抱えている一方、監督がいないチームのようになってしまった。これでは、ルールや制度に則ってゲームをすることはできても、ゲームに勝つことはできない。

と述べ、また医師の村上智彦は『医療にたかるな』（2013）で

いつの間にか、トップがいるピラミッド型の小さな組織がいっぱい出来たのです。（中略）しかも、ピラミッドのトップになった人は、組織がどうあるべきかを議論したり、組織をいじったりするのが仕事だと勘違いして、目の前にある本当にやるべき仕事が目に入らなくなってしまうのです。

と述べています。日本経済の進む方向は、管理職気取りの女子マネになることではなく、自分でスポーツをすること、あるいは「やってみせ、言って聞かせて、させてみせ、ほめてやらねば、人は動かじ（山本五十六）」というところにあるのではないでしょうか。

1　第2章・第3章で労働供給面の状況をみたとすれば、本章で考察する賃金を中心とするルートは、企業の労働需要と第1章で考察した中期と分配側を考察することになります。

2　プロ野球のオーナー（所有者）が監督の采配（経営）に口を出すな、といえば分かりやすいでしょうか。

3　日本経済は通常の資本主義や経済学の想定を裏切る状況となっています。企業は資金を需要するどころか、貯蓄に走り、株式は邦人が購入せず、外国人シェアが高まっています。その結果、企業が銀行経由で国の債務を肩代わりしています。

4　従来は株主資本＝自己資本＝純資産という考え方でしたが、新会社法施行後は、資本金、資本準備金、利益剰余金、自己株式のことを「株主資本」と呼び、これに評価・換算差額等を加えたものを「自己資本」と呼び、さらに新株予約権、少数株主持分を加えたものを「純資産」と呼びます。したがって株主資本＜自己資本＜純資産という位置づけになります。

①株主資本＝資本金＋資本剰余金＋利益剰余金

②自己資本＝株主資本＋その他有価証券評価差額＋繰延ヘッジ損益＋土地再評価差額金＋為替換算調整勘定

③純資産＝自己資本＋新株予約権＋少数株主持分

5　家族経営の多い従業員が３～４人の中小企業では役員給与賞与のシェアが大きく、自己資本比率は上昇していません。これらの企業は利潤が大きいと内部留保増大で累進的な所得税を節約するインセンティブがあります。

6　高橋（2006）は過去20年間日米トップ企業の利益率の分析を行い、日本企業は、ＲＯＡが上昇しているにもかかわらず、自己資本比率が上昇してＲＯＥが低下していること、一方米国企業では、自己資本比率を下げてＲＯＥが高くＲＯＡが低下傾向にあることを示しています。

7　ヘッジファンドの空売りにより、株価低落を招き、一般投資家に損をさせ、それで増資を消化するなど本末転倒です。

8　２０１２年4月2日に著名音響映像機器メーカーの山水電気が破綻しましたが、従業員が5名しかいなかったにもかかわらず東証1部の上場は継続されていました。

9　無駄な競争がなぜ生じるのでしょうか。これもやはり企業ガバナンスの欠如に由来するものが大きいのです。スーパーの株主は共倒れは好みませんし、自動車会社の株主は過剰投資を嫌うはずです。大学はそもそも株式会社ではありません（一時規制緩和されましたが）し、出世競争が激しくなる会社はボトムアップ的傾向が強く共同体傾向も強いからです。実はスケールメリットの存在と共同体的側面は表裏一体の関係があると言えないこともありません。雇用の安定をもたらす共同体的側面は、余剰労働力をもたらし、その労働力を使って拡大志向に走る側面があるからです。

10　バブル崩壊後は過剰投資と不良債権問題についての研究が盛んだったのですが（たとえば米澤・佐々木（2001））、その教訓は生かされていません。

11　そのなかで資金循環統計によれば現預金は２００兆円を超えており（２０１０年の３月末残高）、法人企業統計の70兆円と差があります。

12　貨幣を貯め込むとか、消費を遅らすなどという現象は観測されていません。むしろ家計貯蓄率の急低下から、ケインズ的消費関数はより妥当性を増しています。

13　法人企業統計年報データによるよく使われる労働分配率の定義は労働分配率＝人件費／付加価値であり、ここで付加価値＝営業純益（営業利益－支払利息・割引料）＋役員給与＋従業員給与＋福利厚生費＋支払利息・割引料＋動産・不動産賃借料＋租税公課であり、人件費＝役員給与＋従業員給与＋福利厚生費です。季報にはいくつかのデータがありませんので、見かけのサイクルを増幅させます。

14　資本減耗は建物や機械設備の消耗分である「減価償却費」と、災害などで発生する有形固定資産の損失分である「資本偶発損」に分類されます。

15　事例としては2つをあげておきましょう。第一は２０００年代前半です。この時期、トヨタ出身の奥田元日経連（現経団連）会長は、トヨタのみならず国内企業全体の賃上げを牽制し、輸出志向を進めましたが、その結果、自動車の国内需要は低迷しました。リーマンショック後の自動車産業は外需激減に見舞われますが、日本政府の出すエコポイントという名の補助金で自動車産業は一息ついたのではないでしょうか。第二は２００９年初頭期です。週刊ダイヤモンドＷＥＢ版 Close Up 第63回（２００９年2月23日）によれば、「大企業は内部留保を取り崩して、その原資で非正規切りをやめるべきだ」という野党・労働組合の主張を経産省幹部が「内部留保は生産設備などに再投資されている。」という適当でないロジックにより、沈静化させたと報道されています。輸出主導のA論から賃金をコストとしてしか見ないトヨタや経済産業省らの意見に対し、賃上げ必要論はアベノミクスを経て、ようやく主流となったといえましょう。

16　金融政策においても賃金設定の制度的側面は重視されています（**Giovanni and Tenreyro** (2010)）。

17　このメカニズムは電話や水道でみられる二部料金制度と類似の保険メカニズムを日本の賃金制度が持っていることを意味します。つまり、定期賃金は必ず支払わなくてはならない「基本料金」であり、ボーナスは優れた労働者への報酬としての二階上乗せの「従量料金」なのです。（脇田（2003）第4章）このようにわが国では高度なマクロ賃金設定メカニズムが存在し、中央集権的なメカニズムのみの北欧諸国に比べて調整がある程度可能です。

18 平成17年度中小企業白書は製造業14万社全体の取引構造を以下のように概観しています。

・東証1部上場企業が773社存在

・上場企業を主要な販売先としている1次取引企業が4万880社、

・1次取引企業を主要販売先としている2次取引企業が2万9305社存在し以下、6次取引企業までを合計すると、約8万社のピラミッドが存在し、素材・部品型もしくは加工・組立型業種では、上場企業に連なる企業が多い。

・6次企業までに含まれない独立型企業は、約6万社存在する。食料品、飲料・たばこ・飼料、衣服などの業種では、独立型企業の比率が約7割に上る。独立型企業比率の高い業種では、製品が家計部門で消費されたり、企業の設備投資に用いられることが多い。

19 たとえば公的労働保険には埋蔵金があり、それは企業内の埋蔵金、内部留保と同一のロジックでとらえられます。

20 筆者の年来の主張は反企業主義、アンチ・ビジネスなどといわれます。そして反企業主義とは、第3章で考察した昔ながらの共同体的企業に刃向かうもの、と考えれば、理解しやすいのではないでしょうか。逆にいえば日本の企業中心社会は反家計主義であり、これらの論者はミクロ経済学の家計の効用最大化問題から勉強し直す必要があるでしょう。

第5章

自分を見失った政府

大蔵省課長はこういっている。
「われわれはある種のイデオロギー集団である。財政の健全化をめざすこのイデオロギー集団があったからこそ、アメリカのようにならなくて済んだ。政治家の言いなりになる組織ばかりで、ノーという集団がなければどういうことになるか」

田勢康弘『総理の座』

日本経済における差し迫った危機として喧伝されているのは、消費税増税が決まったとはいえ財政でしょう。政府の財政はどのくらいの危機にあるのか、不安は尽きません。少子高齢化のもと増大する社会保障負担と、過疎化する地域経済の問題も重くのしかかっています。財政が危機レベルにあるという懸念を筆者も共有しますし、消費税を中心の増税も結論としては、やむを得なかったとは思います。

しかしながら財政危機に対して、世論は何となく釈然としない思いを抱いているように見えます。そして筆者は国民が不審を持つのもやむを得ないと感じます。よくバラマキ志向の政治家が財政を歪めているという報道があります。そういった面もあるのでしょうが、財政当局が誠実に対応しているともいえません。

議論の動きをみると、どうもおかしい、と多くの人が思うのではないでしょうか。財政危機をめぐる多くの議論は、あまりにも雑ではないでしょうか。2010年の動きだけを見ても、

- 5月には消費税増税はやむなしと言われ、子ども手当（総額約5兆円）の財源はない、と言われていましたが、
- 発足当初の菅内閣の増税発言が混乱を招いて、民主党は参議院選挙に大敗し
- 景気の足踏みに伴い、10月には5兆円の補正予算を計画
- 2011年度予算は7兆円の埋蔵金を活用する計画をたて、
- 1月頃から、消費税増税がなければ、国家財政が破綻するというキャンペーンが張られました。
- 大震災後の2011年度は評価が難しいのですが、税収の過少な見積もりなどから生じた2・5兆円の剰余金などの結果、補正予算は異例の第4次まで作成され、整備新幹線等も認められています。

このように方向性はクルクル変わっています。5兆円の補正予算を決めておきながら、3カ月で増税必至という計画はどういったものでしょうか。財務省は増税策をこれでもかと政治家に吹き込むあまり、選挙を大敗させ、かえって混乱させたのではないでしょうか。一方、政府資産売却などリストラ策は政権交代以降、中断しています。外交などで政府の場当たり主義が非難され

るわりには、財政の場当たり主義はマスコミも同調するためか、不思議と報道がされません。なかでも特別予算の埋蔵金は常にもはや掘り尽くしたと言われますが、予算編成のたびに新たに発掘され、結局は予算は何とかなってしまうのは後述する構造的な理由があります。

東日本大震災直後にさえ政府は消費税増税を打ち出し、多くの人々の顰蹙《ひんしゅく》を買いました。実務的に考えれば、増税はただちに可能というわけではない一方、復興は急務ですぐにも資金は必要ですから、埋蔵金や国債等でつないでいくしかありません。政府の債務というものはいずれは増税して返済しなくてはならないものですから、結局、大きくみれば**問題は増税のタイミングを計るだけ**、ということになります。ところがどんな理由であっても、機会をとらえて今すぐ増税がしたかったというだけでは、やはり国民は長期的には納得しないのではないでしょうか。

さらに増税といえば消費税に集約してしまった議論も気になります。第1章で考察したマクロ景況感の相場、さらに１９９７年の橋本内閣時の国民負担９兆円の増加時の経験から考えると、消費税など国民負担はＧＤＰ比２％程度の変化が限界であり、それを超えるとマクロ経済変調をもたらす危険水域となると思われます[1]。ところが現在の増税計画は、消費税増税分が成長の果実を独り占めする計画になっており、このような計画は果たして現実的だったのか、と疑問に思います。また最適課税論からいっても、少しずつまんべんなく課税する策が望ましく、それには所得税、法人税に加えて特別会計等の総合的な配慮が不可欠です。後述するように、すべての負担を一般会計に集約し、その結果、消費税増税が不可欠という現状の議論のもっていき方は、いくらなんでも国民に誠実に対応しているとはいえません。筆者は財政危機を軽視しているつもりはありません。増税は避けられないからこそ、どのように国民に納得してもらうのかを当局に考えてほしいし、この機会をとらえて、財政を国民全体で考え、チェックするメカニズムを作成してほしいのです。本来、官僚機構を中心とした政府はエージェント（代理人）として公共サービスを独占的供給し、プリンシパル（依頼人）である国民の付託を受けた議会や政治は監視者であるとモデル化されることが通常です（**Laffont**（2000））。ところが監視者が独占者と結託して、増税という名でもう少し依頼人に費用を負担せよ、と簡単に言いすぎではないでしょうか。

本章では政府と社会保障について、財政の現状、社会保障と年金、そして地方の三側面から考察していきましょう。

1　財政の現状

財政危機の実態

まず大切なのは財政危機はどのような状況なのか、という問題です。後段で詳細は説明するとして、押さえておくべきポイントと数字をまず提示しておきましょう。

①国の借金はどのくらいか——国の債務には、地方を含めるか、国債のみならず借入金や財政

投融資を含めるか、などの問題に応じて、さまざまな計算方法があります。具体的には脇田（2012, p.168）を参照してもらうとして、国の公債残高は637兆円、国と地方の債務残高は確かに862兆円の最悪の状況です。

②誰に借金をしているか――日本国債の95％は国内の銀行や生保経由で買われています。その原資は国民の預金などですから、日本国民が日本国民に借金をしていることになります。また10年国債の名目金利が1％を切っていることも多く、デフレの影響もあって先進国の中で名目金利は最低水準です。

ここまではよく指摘されている事象です。ここから少しずつ一般に流布している議論はおかしくなっていきます。

③これ以上債務増大は可能か――国内の金融資産はストックで総額2200兆円であり、そのポートフォリオの一環として国債は各種金融機関が分散して保有しています（脇田（2012）p.165）。個人金融資産は1400兆円、負債を引いて1100兆円を国債総額が超えると危険であるなどと言われますが、金融機関はさまざまな貸出や資産を保有する中で、資産の一つとして国債を保有しており、個人金融資産だけを「純」概念で取り出して「あと何年」と計算することは意味があるとは思われません。またフローの貯蓄においては破綻論は企業貯蓄を無視していますが、第4章で説明したように民間貯蓄はGDP比3割を保っています。

④政府の資産や埋蔵金はどのくらいか――債務だけでなく資産を相殺して純資産で考えるべきであり、政府の資産の665兆円の半分程度は処分可能ではないかと思われます。

⑤毎年の借金増加ペースはどのくらいか――プライマリー・バランスはリーマンショック後には悪化したものの、一時は赤字額が6兆円程度まで好転しています。

⑥少子高齢化の影響はどのくらいか――毎年、社会保障費は1兆円増加といわれますが、これは一般会計の数字であり、特別会計を含んだ総予算額ではもっと増加しています。ただし名目GDPが2％成長すればGDPは10兆円増加するわけであり、国民経済全体として吸収不可能というわけではありません。

以上のように、たしかに財政危機は深刻で社会保障負担も増加しているのですが、危機感をあおりたいためでしょうか、あまり意味があるとは思えない説明や計算も多いのです。財政危機といっても、GDPに占める政府支出＋社会保障費の比率（**国民負担率**）は先進国で日本が一番低く、最近は米国の次に低いのです。だから財政が破綻して、日本経済が壊滅すると考えるより、増税すれば済むことだ、とまずは落ちついて考えたほうがいいでしょう。だからといって、さっさと増税してしまって、かえって不必要な政府支出が増えてしまうのも困ります。これからはどのように公的債務を解消し、共存していくか、国民全体の理解と計画が必要です。

財政の外部要因——国債暴落の可能性

以上の現状認識はいわば財政の**内部要因**です。これを前提として、国債暴落や財政危機はくるのかを考えますが、これらを左右するのは以下の４つの**外部要因**です。

ⓐ 日本政府は、将来、さらなる増税が可能か

筆者はさらなる増税は不可能だとは思っていません。日本の選挙民もそんなに愚かではありません。しかしそれにには財政の現状を誠実に説明する必要があるでしょう。また問題は政府自らが財政を把握しようという意欲に欠けるように思われることです。以前に財源など「埋蔵金」を財務省がどこからか掘り出してくる、という政府高官の発言がありましたが、政府高官の態度も財務省の態度も困ったことです。

ⓑ 日本の金融機関は、国債を買い続けるか

二番目は銀行の状況です。これは楽観的に見ていいでしょう。第４章で述べたとおり企業向けの貸出は減少を続けており（それは残念ですが）、また海外への融資も通貨リスクがあるため極端に増加することは考えられないからです（日本の銀行は円で預金を受け入れており、外貨建て資産を購入することは通貨リスクを抱え込むことにつながります）。

ⓒ 日本の家計は、銀行預金を続けるか

三番目も楽観的に考えて良いのではと筆者は考えます。企業はともかく、家計の金融商品の

選択は、適合的というか、直近の収益率に依存します。バブル時のように株価が上がれば、リスクを取りますし、そうでなければ銀行預金に逃げ込みます。また高齢者に年金が振り込まれるとそのまま預金に置いておかれ、それが国債購入に回るという図式もあります。

ⓓ 海外金利は暴騰しないのか

ただし最後の問題は難題です。上記3点は資金調達の大きな流れが逆流しないかどうか、を考察したものにすぎません。究極的に財政が壊滅するリスクは小さいとしても、実は国債は主として海外要因で一時的に暴落したことは何度かあります。[2] 景気循環のなかで価格の変動は避けられず、国民負担は増していきます。

危機をあおる言論は多すぎるが、やはり大丈夫かといえばそうでもないといったところでしょう。特に最後の要因は微妙な問題をはらんでいます。財政危機というと国が停滞し貧しくなって破産するというイメージがありますが、世界景気上昇に伴い第1章で述べた同時資金余剰が解消し、世界金利が上昇して、積み上がった債務が（危機というより）重荷になるというメカニズムが働くのです。一般企業の倒産が増加する時期は案外、好況初期が多いのですが、それは他に利潤機会が増えるため、金融機関が破綻の引き金を引くことが考えられます。同様のメカニズムが日本国債に働くことが考えられますので、後述するように資産・財務リストラと現状の明確化は不可欠です。

プライマリー・バランスで状況を理解する

それでは現状のデータをみてゆきましょう。問題を、

●毎年の借金増加幅であるフローの「新たな借金」と

●これまで累積したストックの面（「これまでの借金」と「その利払い」）

に分けて、それぞれの問題を考えていきましょう。

２０１１年度の予算規模は92兆円ですが、歳入の44兆円は新規国債発行によってまかない、税収は41兆円弱、税外収入は7兆円を見込んでいます。さらに借換債が１１５兆円弱もあり、巨額の調達が必要です。一方、一般歳出は54兆円、利払いなどの国債費が21兆円です。

支出項目では、

●まずピーク時には15兆円近くあった公共事業（公的資本形成）は半減しており、

●社会保障費は毎年1兆円ずつ増加しているとよく言われます。

●地方交付税交付金等（17・5兆円）は地方分権改革との関連で、よく話題となります。

●さらに現状は国債発行による新たな借金増加に加えて、過去の借金の利払いや借り換えなど国債に関する要因が大きいことが分かります。

そこで過去の借金を仮に棚上げできるとしたら、状況はどうなっているのかを表す概念がプラ

イマリー・バランス（基礎的経済収支）です。具体的には国の予算から公債金収入（借金）と国債費を除いた基本収支を指すものです。

歳出＝国債費Ａ＋一般歳出・地方交付税交付金Ｂ

歳入＝国債Ｃ＋税収等Ｄ

とすると、

プライマリー・バランス＝Ｄ－Ｂ、あるいは歳出＝歳入なので＝Ａ－Ｃ

となります。

プライマリー・バランスが黒字で、さらに受け継いだ借金（国債費）がなければ、新たに借金をしなくてもよい、という意味になります。過去に発行した国債に対する元利支払い以外の歳出が税収などでまかなわれていると、収支は均衡していることになり、プライマリー・バランスが黒字になれば、過去の借金は残っていても、新たな借金のつけを次世代に回さないことを意味します。２００７年度から最悪期の２０１０年度まで、プライマリー・バランス赤字は6兆円から、34兆円まで急激に悪化しました。これは税収が15兆円強減少し、歳出が18兆円増加したためです。中でも法人税は9兆円近く減少しましたが、歳出は総花的すぎて何が無駄という批判もできません。ただし震災前の２０１１年度一般会計予算でみると、歳入総額約92兆円のうち、公債金収入は44兆円です。これに対し、歳出の国債費は21兆円で、予算の当初の段階でプライマリー・バラ

表5－1 2007年度と2010年度の財政比較

（億円）

		2007年	2010年
歳入			
1．租税及び印紙収入		525,510	368,610
	所得税	165,450	126,140
	法人税	147,444	59,530
	消費税	102,719	96,380
2．その他収入		58,212	122,422
3．公債金収入		254,320	534,550
合計		838,042	1,025,582
歳出			
1．国債費		204,676	192,515
2．地方交付税交付金等		149,316	165,733
3．一般歳出		484,050	667,334
合計		838,042	1,025,582

ンスは約23兆円の赤字になっており、少しは改善していました。現在の巨額の赤字はリーマンショック以降の世界的金融不況と東日本大震災が大きく影響しており、問題は問題ですが、まず2007年当時の歳出構造を基本として考える必要があります（表5－1）。

税制改革の方向性

近年の経緯をまとめると、好景気が続き、経済成長が達成されれば、プライマリー・バランスで示される財政状況はかなり好転しますが、それでも正の値を取るまでにはいかないこと、さらにリーマンショックと東日本大震災という突発的大事件により悪化したこととなるでしょう。

そこで税制改革として、消費税増税と法人税減税の方向性が打ち出されています。このパッケージは基本的な最適課税理論に基づくもので、その意味では標準的なものです。しかしながら日本の現状に即して考えると、いくつかの留保があることも事実です。以下のように大きく3つ、小さく5つに分けて考えてみましょう。

⑴ⓐ 景気循環上の税収見積もり誤差
⑴ⓑ 法人税減税と消費税に集約する議論
⑵ⓐ 埋蔵金等の特別会計
⑵ⓑ 純資産等の資産リストラの可能性
⑶ 社会保障費の一般財源化

懐疑⑴ⓐ 税収見積もりの予測誤差と財政急好転の論理

本章冒頭に財政をめぐる議論は方向性がくるくる変わると述べました。その理由は景気循環上の財政状況の見積もり誤差が大きいことがあげられます。まず税収の状況は大幅に変化することが多く、特に好況初期には予測以上に好転します。一方で国債の利払い費が見積もりより低下するためです。たとえば、

- 2005年度の税収は、7・6%（決算ベース）も増加し、見積もりよりも3・5兆円も多くなりました。
- 2010年度は、景気の腰折れ懸念から、補正予算が組まれましたが、財源の5兆円は国債増発に頼らず、剰余金などが活用されました。

図5－1－1 税率の推移

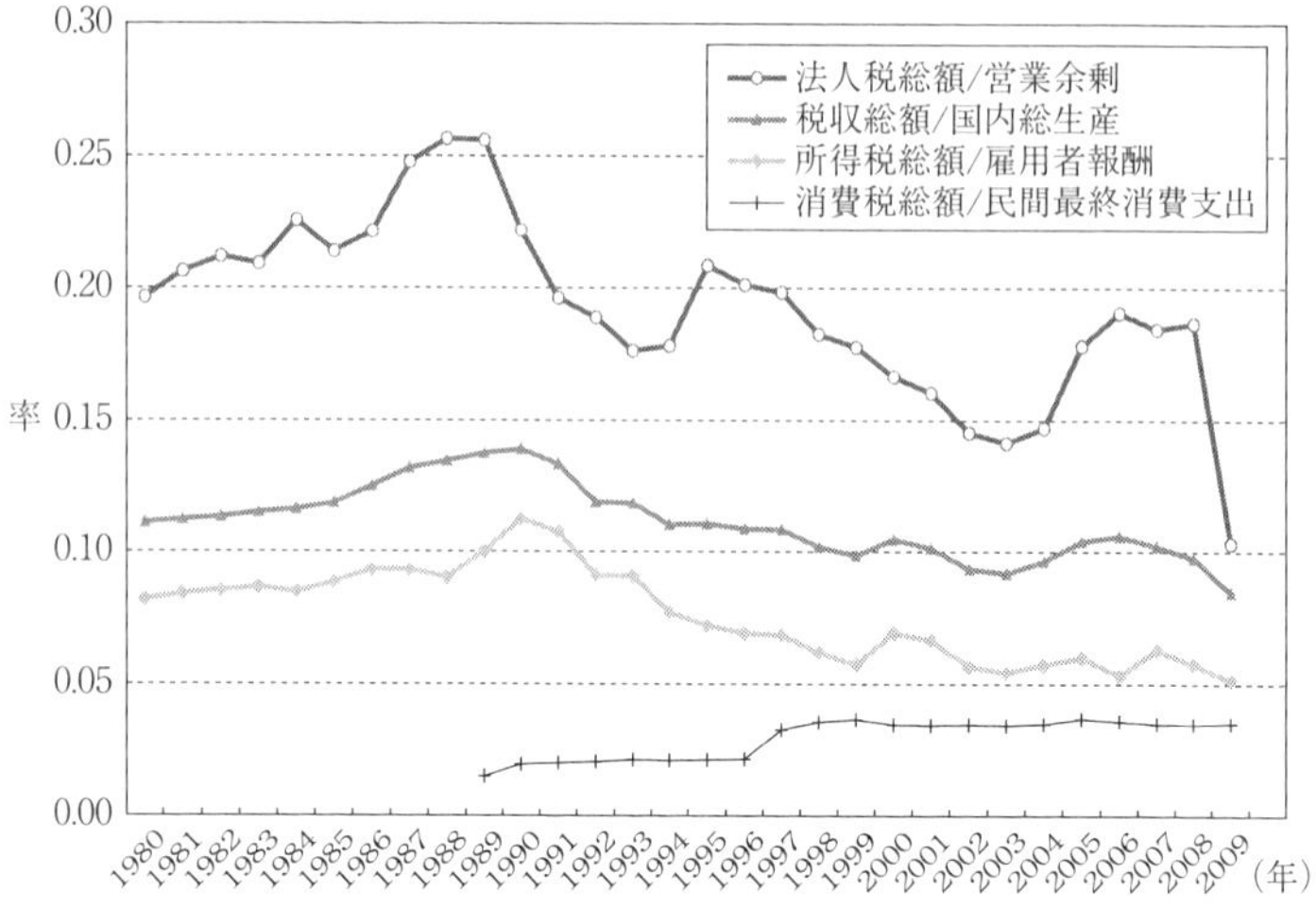

（データ出所）国民経済計算、財務省

これらの予測誤差の理由は何でしょうか。第1章並びに脇田（2010）で強調したように、日本の景気循環プロセスにおいては、

- 好況初期には企業利潤が上昇して、その後設備投資と人件費に分配される傾向が強く（図4－1）、
- 法人税率は3～4割、所得税率は1～2割ですから、好況初期には貯まった企業利潤から高率の法人税が納付されます。

実際、法人税は激しく変化することが知られており、図5－1－1は以下の主だった税が課税対象を含む分配額総額などに、どのくらいの比率を占めるかを示しています。

- 消費税総額（約10兆円）／民間最終消費支

図5－1－2 GDPに比べて大きな各税の変化率 先行する法人税と遅行する所得税

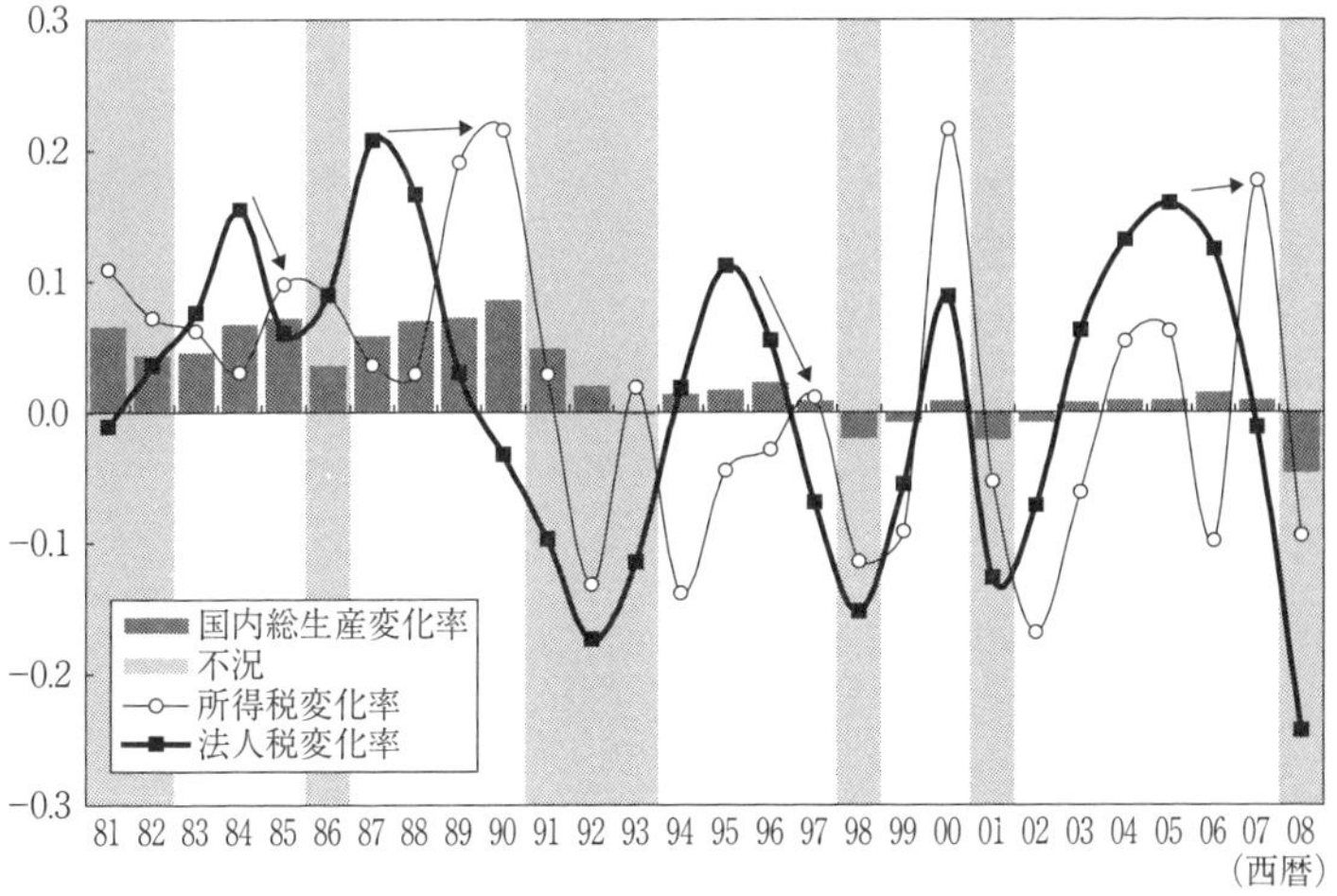

（データ出所）国民経済計算、財務省

図5－1－3 法人税の見積もり額と決算額

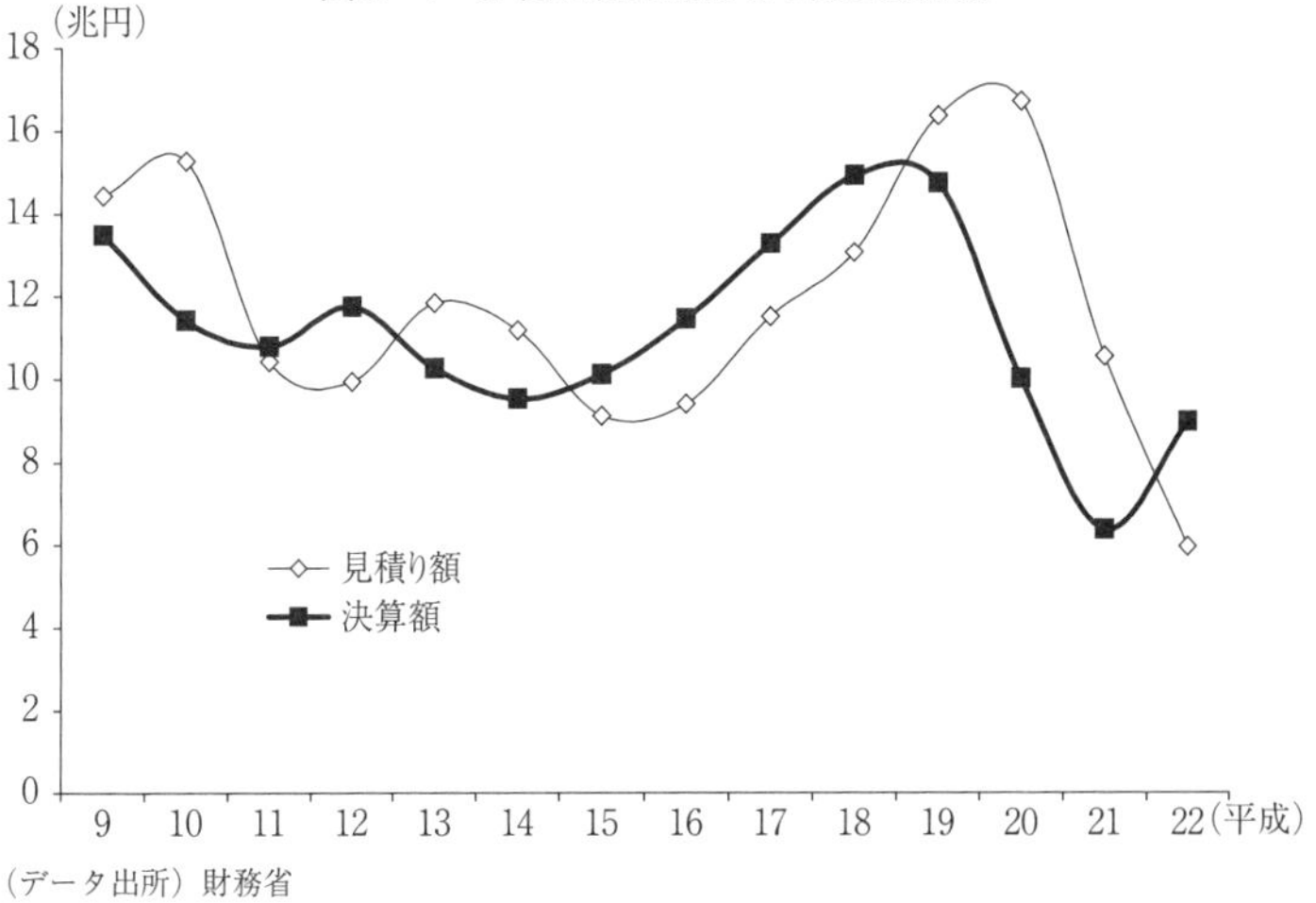

（データ出所）財務省

出

・所得税総額（約15兆円）／雇用者報酬

・法人税総額（約5兆～15兆円）／（営業余剰＋混合所得＋固定資本減耗）

図5－1－1をみると分かるように、消費税はたしかに安定的ですが法人税、所得税も比率はそんなに大きく動くわけではありません。キャッシュフロー面から大まかに分ければ、国内総生産は「雇用者報酬」と「営業余剰＋混合所得＋固定資本減耗」に分けられ、景気初期には税率の高い後者の企業利潤が増え、後期には税率の低い家計所得が上昇します。そのため税収見積もりが労働分配率に左右され、法人税がバブル期には大きく先行していることが見てとれます（図5－1－2）。また北浦・長嶋（2007）がまとめたように、税収見積もりと決算額の差は平均3兆円にも上りますが、これは見積もり額が静学的になされるからです。図5－1－3は法人税の見積もり額と実際の税収をプロットしていますが、見積もり額は前年度の決算額とほとんど同じで、グラフは見事に1年ずれているだけであることが分かるでしょう。それでは税収予測は難しいかといえば、そうではなく案外簡単で、図5－1－4が示すように前年度の国民経済計算上の営業余剰・混合所得に0・65をかけ、10兆円を引いた額が全体の税収の予測値とすれば（回帰式の決定係数は85％にもなります）。

筆者は脇田（2008）以来、旧態依然たる税収見積もりの作業を問題視してきましたが、なぜ是正されないのか理解に苦しむところです。ソロバンと集計用紙の時代から少しも変わっていないのではないでしょうか。政治家は財源はどこからかついてくる、などと言いますが、結局のとこ

図５－１－４ 税収の推移と予測

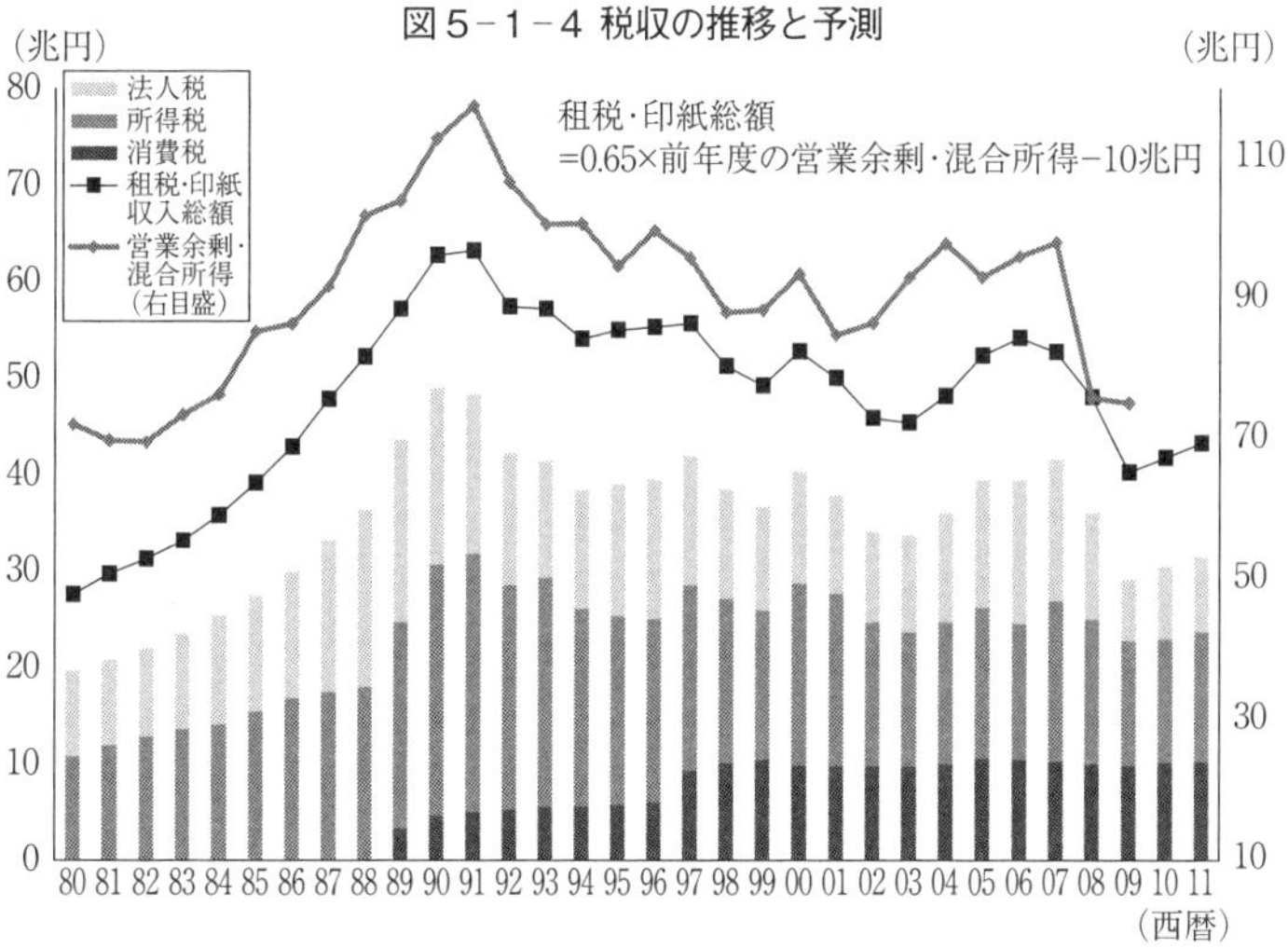

（データ出所）国民経済計算、財務省

ろ、この見積もり作業が問題をもたらしているのでしょう。

次に利払い費です。名目利子率を、フィッシャー式により分解して、実質利子率＋予想インフレ率とすると、予想インフレ率に依存して利払い費が増加すると考えられます。フィリップス曲線で示したように、好況初期には賃金増加からインフレ率に波及しませんから、利払い費は低額なままといえます。つまり好況初期には税収が増加する一方、名目利子率はさほど上昇せず、財政は好転したように見えます。ただし無理な金融政策などを行うと利払い費は上昇する危険があることに気をつけてください。

以上で分析したように、財務省の見積もりあるいは租税弾性値は景気循環のプロセスのなかで、大きく変化し、システマティックな誤りがあるといえます。

インフレ政策は危険

以上のように財政の状況は深刻なわけですが、

A　インフレターゲットにより名目成長率が高まれば、増税しなくても良い

という見解があります。まずたとえ実質成長率が高まらなくとも、見かけ上の名目成長率が高まれば、たしかに税率が高まって税収は上昇します（通常、所得税などは高い所得であれば、より高い税率が課される累進税率となっており、インフレが生じて、名目上、経済成長率が高まれば、実質的には変わらなくとも名目的には高い税率を適用される家計や企業が増加します。これをブラケット効果と呼びます）。あまり経済厚生上望ましい事態ではありませんが、税収を増加させる効果はあることは事実です。一方、

B　名目成長率が高まれば、いずれは名目利子率が高まり、国債の利払い費が増えてしまう

という効果も本来はあります。ただし第1章でも述べたとおり、世界経済の中ではほぼ実質金利均等化が成立すると考えなくてはなりません。そのなかで日本だけインフレにしても実質利子率は変わらず、名目利子率上昇から、利払い費が高まるだけの結果に終わるでしょう。つまり、

長期税収変化率≒名目GDP成長率≒名目利子率－1≒実質利子率＋（予想）インフレ率－1

とまとめられますが、変動の激しい短期税収変化率はこの式に含めることはできません。

具体的に利払い費とそれをもたらす、ストックの状況を考えてみましょう。国と地方を合わせた公債残高が２０１０年度末には８００兆円に達した現状を考えると、利子率がもし５％とすると、８００兆円の５％は40兆円となります。[3]ただし借換債も含めて、毎年の国債発行額は１５０兆円程度で国債の平均満期が7年程度ですから、突然１％のインフレになったとして１・５兆円、４％のインフレで6兆円利払いが増えることになります。次年度にも新たな発行と借り換えがあるわけですから、前の年の分と合わせて、インフレ率４％が継続すれば、12兆円になり、利子率増加分は現状の消費税収10兆円をすぐに超える規模になります。

先述したように短期的には税収は変動が激しく一時的に税収が増加したとしても、長期的に増加し続けることはありません。一般的に見積もられている長期的な税収弾性値は１・１であり、それは概ね正しく、２％の成長ならば税収は２・２％の増加となるはずです。税収はもともと50兆円しかないわけですから、（４％のインフレ）×１・１％分で２・２兆円増加するとしても、利

払い費の増加にはまったく足りません。

財政当局関係者などで、金融政策を熱心に唱えて日銀に責任をかぶせようとしてきた人がいますが、それは問題の解決になりません。基本的なマクロ経済学では、本当にインフレ気味になれば、名目価格の粘着性のもと利払い費という問題が何よりも先に財政当局に返ってくると予測します。近視眼的な議論をするのではなく、もう一手先を読んでほしかったものです。

懐疑⑴b　抜け穴の多い法人税

次に税率引き下げが話題になることが多い法人税減税を考えてみましょう。筆者は国際競争という観点から見て、諸外国が税率を引き下げる動きに出る以上、その動きについていくことはやむを得ないこととは思います。この点は確かに大前提ではありますが、しかしながらいくつかの留保があり、第4章で述べた企業の貯蓄主体化のもとで、率先して法人税引き下げを行えば、日本経済が活性化するわけでは必ずしもない、と考えます。

- もともと好況期には**法人税が急増**することで、財政が好転する効果が大きく、時には増加額が5兆円にも上ります（図5－1－3）。言ってみれば増収が期待できるのは法人税だけなのに、なぜそれを減税するのか、その減収分を埋め合わすために他の増税が大きく必要となって、かえってそれが成長を阻害するのではないか、という疑問が生じます。

- グローバル競争が激しくなり企業支援が必要といっても、機械産業など**輸出産業の法人税率**は租税特別措置等の影響により、20％台となってすでに低くなっています（第1章図1－10）。このグラフは法人企業統計の産業別数値から、法人税／（法人税＋税引き後利益）で計算したもので、黒字企業・赤字企業が合算される集計値であるという限界もありますが、ネット上のデータから簡単に計算できるものです。
- 弱い企業ガバナンス状況のもとで、経営陣の保身のために**内部留保を積み増し**ている状況はマクロ経済の合成の誤謬をもたらしています（第4章）。企業は利潤を削減する法人税増税に反対しますが、利潤を最大化するためにギリギリの努力をしているかといえば、そうでもありません。財務面でいえば教科書的なモディリアーニ＝ミラーの定理が示すように、銀行借り入れなど負債を活用して損金算入を図って法人税を節約すべきですが、その動きは見られません。その理由は銀行に縛られることなく自由気ままに経営したいと考える、経営者のモラルハザードです。[4]
- 法人税率引き下げで生まれた資金を何に充当するか、というアンケート調査では、答の第一は「**内部留保に回す**」（25・6％）。第二は「**借入金の返済に充てる**」（16・8％）でした（帝国データバンク、２０１０年７月）。また企業に海外移転の理由を聞くと、答の第一は「人件費の安さ」。第二は「消費地に近い」。第三は「製品・原材料が安い」。「税負担の軽さ」はずっと後順位です（経産省、２０１０年４月）。これで経済活性化の効果はあるのでしょうか。
- 松谷（2003）が指摘するように、わが国は「財政支出のうち25・７％が、**産業基盤整備**や産業補助政策等の「経済サービス」に支出されており、この比率は先進国では例外的な高比率（ドイツは7・2％、フランスは7・9％、イギリスも8・2％）である」とのことですから、法人税約10兆円以上のサービスを政府が提供していると考えることができるでしょう。法人税減税はこの経済サービス削減とパッケージであるべきではないでしょうか。

●中小企業の苦境が叫ばれますが、法人税を支払っている法人は3割程度であり、多くの中小企業が赤字決算のため法人税を支払っていません。その一方で役員報酬は巨額です。所得増税と法人減税の組み合わせは結果的に中小企業圧迫と言えるかもしれません。

●詳細な国際比較や、産業別企業別の調査が不足しています。各省庁にはシンクタンク等も付属しており、上記で筆者が独自にインターネット上のデータベースからダウンロードして簡単なグラフを描いたような作業以上の作業は可能なはずです。ところが数字やグラフなど、国別集計値ぐらいしか提示されていません。

法人税について（最高）税率の引き下げが、結果的に国際競争上やむを得なかったとしても、特別措置の整理や役員報酬、そして外形標準課税など、一体化した改革が必要です。また企業アンケート調査が示すように、内部留保や借金返済につながらない策を講じる必要があります。

さらに企業など法人にも共通番号制を採用する計画が政府で進められていると報道されています。このような実態把握の制度は是非とも必要であり、法人税減税がもしこれ以上行われるのであればパッケージでやるべきでしょう。また一部で見られるように、会社設立と破綻を繰り返す経営者については、経営者の有限責任制の下で「食い逃げ」が可能ですから、会社経営者については独立した登録制度が必要ではないでしょうか。いずれにせよ現在のように法人税は40％か、5％引き下げか10％引き下げか、というような、大ざっぱな議論が本当に日本経済の活性化につながるのか、疑問を感じます。

懐疑②a　政府資産の状況と埋蔵金論争

以上の景気循環をめぐる杜撰な税収見積もりに加えて、**資産**やいわゆる**埋蔵金**の状況にも疑問があります。２００７年にはいわゆる埋蔵金騒動があり、特別会計には剰余金があることが示されました。当時の埋蔵金は揶揄する言葉であり、埋蔵金は掘り尽くした、もうないと言われてきました。しかしながら、埋蔵金は毎年発掘されて、財源として使われてきたのも事実です。たとえば財政投融資特別会計の積立金は、２００７年度末に20兆円ありましたが、毎年度の予算編成で一般会計の財源として取り崩し、10年度予算まで使われました。抽象的な官僚叩きはマスコミは得意ですが、こういったことはもう少し大きく報道される必要があります。[5]

もともと特別会計には、

- 一般会計に埋もれないようにして、収支をきちんと計算する役割（収支計算の明確化）と
- 保険や年金など、誰が払ったかを明確化する（受益者負担）
- 会計処理の例外

の役割があるとされています。明確化は大事なことですが、ところが実際には、特別会計があることでかえって不明朗となっている場合も少なくありません。さらに一般会計から国費が投入され、受益者負担の原則から外れたものも多くあります。また形式的には国会の承認を必要とするものの、各省庁が財務省の管理を外れて、機動的に、

- いわばとっさのときに、お金がすぐ出せるようにする（流動性確保）役割も
- へそくりとして調査研究のための経費として使ってしまう場合もあるでしょう。

埋蔵金論争① へそくり論の問題点

この問題を家庭内の貸し借りとへそくりで考えると、父と母がそれぞれ独立採算制で、父は銀行から借金（国債発行）、母は銀行にへそくり（埋蔵金）を貯めている状況です。この場合、家庭全体の借金は父の借金から母のへそくりを引いた額となるはずです。また取引コストの詳細に依存はしますが、母のへそくりから父は借金をすれば、若干の費用節約はできることになります。

つまりきっちりと父母の貸し借りは計算されている必要はありますが、へそくりが別建ての資産として積み上げられている必要はありません。しかしこの例に即して、問題点を説明すると

i　倹約家の母のへそくりがあるから、浪費家の父は無駄遣いをしてしまう（政府に無駄遣い

表5－2　国の資産664.8兆円の主な内訳

種類	金額	
現金・預金	約23.7兆円	処分可能な資産。
有価証券	約99.3兆円	為替介入に伴い取得した外貨建て証券など。9割が米国債などドル建て資産。
貸付金	約163.0兆円	地方公共団体や政策金融機関などへの貸付（財政投融資）など。
運用寄託金	約125.0兆円	将来の年金給付のための積立金を運用寄託したもの。厚生年金が約9割。
有形固定資産	約182.7兆円	道路や橋など公共用財産と、皇居、自衛隊基地、国庁舎、国有林などの国有財産。
出資金	約54.5兆円	独立行政法人への出資が約5割。残りは日本郵政株式や国際機関や国立大学法人などへの出資金。

するインセンティブを与える（ソフトバジェット下のモラルハザード）」

という危険性があります。埋蔵金がなければ予算規模は小さくなっていたのか、あるいは国債発行を行っても予算規模は変わらないのではないか、という考えがあり得るでしょう[6]。一方で課税の経済学の基本である資源配分を乱さない、という観点から考えると、

ii　税金を取り立てると死過重を生む（最適課税論）ため、埋蔵金を使う場合と税を取り立てる場合では、現在から未来への資源配分の歪みは課税のほうが大きい。

という議論もモデル分析をすれば成立するのでは

ないでしょうか。埋蔵金が見つかったから、全部すぐに使ってしまえという議論は暴論ですが、資源配分を乱さないためにも少しずつ使って課税を抑える（課税平準化）ことは、税理論的にも望ましいはずです。以下で説明する日本政府の特性を考えて検討すべき事項といえます。

埋蔵金論争② なぜ生成されるのか

国の資産は表５－２にまとめたように、もちろん多種多様です。しかしながら何年も埋蔵金が発掘されていることから考えると、挑発的な書き方をすれば、安定財源は埋蔵金ということになります。しかしそれならばなぜ埋蔵金が継続して生じるのでしょうか。この理由の一つは日本政府が資産を保有しており、その利子など財産収入の計算が無視されがちなことにあります。つまり、

- 負債に利払いは当然、必要であり、一般会計上の利払い費は増加する一方ですが、
- 資産の利子収入は特別会計で生じる場合が多く、その収入が埋蔵金となる

という構造があるのです。日本政府は**大規模な金融業務を併設**しており、それは、

① 財政投融資などの公的銀行
② 国民年金、厚生年金などの公的年金

③ 為替介入などのいわば公的ヘッジファンド

などに大別されます。また日本は例外的に政府内で保有する公債を全て資産計上しており（大部分の国はネット表示）、その他の金融資産も多く保有していることから、粗債務と純債務の差異が先進国平均の20％程度を超えＧＤＰの90％にも及んでいます（小池（2011））。そこで以下のような個別の事例が生じます。

- 外国為替資金特別会計には積立金があり、これは為替介入による対外証券投資（主として米国債）：１１０兆円です。介入は銀行借り入れや短期証券発行によりなされ、債務を増やしますが、一方購入した米国債は資産となります。債務だけをカウントし、資産をカウントしない計算方法はバランスが欠けています。
- また第3章で述べたように最低限、労働保険の埋蔵金は6兆円あり使えるはずです。
- 年金については、団塊世代による人口構成のコブが存在するため、積立金は必要ですが、それを別建ての資金としてプールしておく必要は疑問です（利子を支払い、会計をはっきりさせるならば、そこから借用することは可能です）。

埋蔵金論争③　混乱の原因は総債務と純資産の使い分け

このように、政府の総債務が重要か、資産を差し引いた純資産が重要か、という問題については経済学者の間でも永らく議論になってきました（楽観主義者と悲観主義者を分類した展望としてハバード＝伊藤（2007）参照）。少なくとも金融業務併設部分に関しては、資産を考慮する必要があります。銀行で考えれば負債は預金、貸出は資産です。総債務を使った説明にしたがうと、預金の大きな銀行は負債が大きく経営危機に直面することになりますが、もちろん貸出等を考慮して銀行の状態を判断する必要があります。なお金融業務を除いた部分の政府を考えると、総債務を財政危機の指標として考えることは自然かもしれません。

財政の問題がいつまで経っても収束しない理由の一つは、財政危機を警告する多くの議論が純債務と総債務の使い分けを行っているからです。たいていの議論はまず、

- 財政危機を強調するため、状況を総債務を使って、ＧＤＰ比２００％であると述べますが、
- 一方で、埋蔵金の説明として、純資産を使った議論を行います。

資産を見かけの資産と埋蔵金に分割し、純資産を、

見かけの資産＋埋蔵金－総債務

と式で書けば、埋蔵金はもともと純資産に含まれているものですから、たしかにこれが「発見」されたとしても、実質は同じと主張することは正しい議論です。しかしそれなら全部の議論が純資産で統一されているかといえばそうではありません。多くの文献で国の借金として総債務が使

われて、GDP比200%が喧伝されます。日本を除いたG8で最悪の財政状況の国はイタリアですが、日本はイタリアの2倍の総債務を持つとされてきました。しかし純債務で考えればイタリア並みです。

懐疑②b　債務超過と資産査定の必要性

金融部門を併設しているわけですから、債務の状況はどうかチェックする必要があります。これは、特殊法人改革であり資産圧縮です。ただし近年は関心が薄れ、財務省の国有財産統計によると国有財産売り払い収入は平成16年度の1兆2500億円から、2000億円以下に激減しました。さらに民主党政権以前の閣議決定により、国有財産売却並びに平成27年度末に国の資産規模対GDP比の半減を目指し、国の資産を約140兆円規模で圧縮することが定められていましたが、忘れ去られているようです。無駄の削減は政治的に難しいという意見はまだ分かりますが、現在は無駄の削減は止めてしまおうという状況にあります。たまたま小泉元首相という郵政民営化を旗印とするリーダーが、熱心に特殊法人改革や特別会計改革を進めたが、それは個人に負うところが多かったため長続きしなかったといえます。しかし財務リストラは量的にも重要です。たとえば公共事業費は小泉内閣時に4~5年でほぼ半減しました。その伝で言えば、固定資産や出資金を10年で半減させるならば、年数兆円程度の財源捻出が可能という考えもできます。[7]

また破綻寸前にある会社が、出資者や銀行に資産の存在を隠して、隠し資産があろうとなかろうと純資産は同じと主張すれば、それは認められないでしょう。その理由は経営者のモラルハザードの問題を含むためで、資産があれば経営規律がゆるむことが考えられます。政府の資産もこのようなエージェンシー問題を含めて考える必要があります。

懐疑③ 社会保障費の一般財源化

政府が金融業務を併設している状況をもう一段進めて、政府内の財務省と他の省庁の関係、そして一般会計と特別会計の関係を、

- 財務省が歳入中心の機関であり、企業グループにおける銀行やメインバンクに対応し
- その他省庁が企業グループにおける銀行以外の企業に対応すると

考えてみましょう。個別企業はメインバンクから独立したがっており、独自財源である特別会計を大事にしています。一方、財務省（メインバンク）は、一般財源化を進めています。

たとえば社会保障費については、予算が足らずその結果として国費投入が進められました。ただそれを受けて、社会保障費増大のため、消費税増税が不可避という議論には必ずしもならないはずです。増税が可能ならば社会保険料引き上げで対応しても良いし、またそれなら社会保障の給付削減も考えられるはずです。大きく支出をどんぶり勘定にして、予算拡大をはかる方向性は、「ひさしを貸して母屋を取られた」という状況かもしれません。「税と社会保障の一体改革」は原理的にはもちろん必要ですが、予算や支出区分が一体化してどんぶり勘定にならないようにする

必要があります。

　またこの分野は省庁間の対立が多いようですが、番号制の導入の下で、税でも保険料でも実質は変わらない状況にもっていくことが大切です。財務省と厚生労働省のどちらが「集金」するかは、本来は大きな問題ではないはずです。筆者はこれまで財政をめぐる議論は、財政再建が「目的」であり、消費税増税が「手段」であると思っていました。しかし現状の議論をみれば、省庁の権限争いが過半を占めているように見えるのは筆者の錯覚でしょうか。

　以上のように省庁間の縦割り構造は、いわば政府貯蓄の予備的動機を生んでおり、その結果、さまざまな省庁で特別予算を抱え込んでいます。会社内で事業部ごとに剰余金を貯め込んでいれば非効率なように、このような組織形態の不備からなる貯蓄は経済学的には全く望ましくない事態のはずです。ところが本来チェックすべき学者やマスコミも省庁の縦割り構造に組み込まれているため、どうも権限争いに同情的なようです。また税の配分をめぐる議論が多いのですが、財政学の基本から考えるともともと**目的税**は好ましくなく、また**安定財源**を求めることはビルト・イン・スタビライザーと呼ばれるような税制の景気の安定化機能の否定です。いまこそ経済学の基本に立ち返り、判断の材料となるべき理解しやすい枠組みを提供すべきではないでしょうか。

財政危機と対策の現状

　ここまで、

①財政危機はやはり深刻だが、誇張されていること、にもかかわらず、
②税収見積もり等はきわめて誤差が大きく、毎回同じパターンの誤りを繰り返しており
③杜撰な見積もりに対応して、増税計画は消費税のみに収斂する国民負担の多いものであり
④埋蔵金等、資産・財務リストラは国においても不可欠であること
⑤政府のリストラ策はほぼ停止しており、これでは国民の理解を得られないこと

を述べました。

特に債務とその利払いのみを強調し、資産とその利子収入（埋蔵金）の存在を無視する議論は問題があるでしょう。財政状況が大変なこと、そして国債は一時的な暴落がないわけではなく、大問題であることには間違いないのですが、政府は明細を示さずどんぶり勘定で金をくれと言っています。そしてそれに迎合し、無駄削減や（後述する）人口減少対策を無知な議論であるかのような言い方をするエコノミストの態度は望ましいものでしょうか[8]。

筆者は人口減少に対応し、社会保障の必要があるからこそ、財政危機を懸念し、増税が不可避であると考えてきました[9]。今もその考えは変わりません。しかしながら本章を書く中で、徒労感に襲われたことも事実です。意図的、計画的というわけではないのでしょうけれど、結果的には稼ぎ頭を切り（法人税減税）、借金を肩代わりし（社会保障予算一般財源化）、リストラ策（資産

圧縮・特殊法人改革）は中止し、財産は隠し（総債務と純資産の使い分け）て、財政危機をこれでもかこれでもかと誇張し、未来への投資（児童（子ども）手当）はバラマキとネガティブ・キャンペーンを張って、国民に必要以上の不安を与え、そこまでして消費税増税さえすればよいというといわば**ワンフレーズ財政**とも言うべきあり方は正しい道なのでしょうか。日本経済の将来をしっかりと見据えているのでしょうか。

財政危機対応への一試案――日本政府の上下分離と持株会社導入

人口減少のもと日本経済の先行きへの不安は大きなものがあります。その不安を共有するためのシステム作りが必要なのではないでしょうか。時に唐突に消費税30％が必要などといわれると、財政危機論はオオカミ少年化するのではないでしょうか。政府が情報を隠微するため国民が疑心暗鬼になっている状況より、むしろ情報を開示し自然体で苦しいと訴えるほうが国民の理解を得る早道であり、それが日本経済全体のためになることだと筆者は信じます。

そこでとりあえずの方策として、第一に、

① 税収予測を近代化し、それを元に予算を組み立てるべきです。

現状の情報開示状況では、国民が財政の状況を詳しくフォローすることは不可能です。財務省が開示に積極的でないのならば、会計検査院や日本銀行等が税収見積もりや執行・支出状況等を適切に開示するメカニズムを整えるべきでしょう。このメカニズムを使って、選挙民が容易にチェックすることができるならば、今のような疑心暗鬼の状況は避けられるのではないでしょうか。

② さらにふるさと納税を一般化し納税者の意向を聞いて使い道を決めるシステムはもう少し導入できないのでしょうか。特に人口減少対策は文教予算・公共事業・社会保障など、さまざまな方策がありますが、直接民主主義的な査定のもとで納税を選択できる方策を導入すればどうでしょうか。

③ 恒常的な国の資産査定の枠組みを作り、不断に資産リストラを行うべきです。

現在、国の総債務と純債務は大きく乖離しています。それは国の資産が存在するためですが、処分可能な資産をどのように見積もって良いのか分かりません。言ってみれば住宅ローンは3000万か5000万かどちらか分からないが、とにかく多いから子どもは作れないと言っている状況です。そこで現状はエイヤっと計算するしかないわけですが、毎年の予算を扱う財務省とは別建てで、債務における国債整理基金などに習い、**国の持株会社・資産管理会社ともいうべき、財産管理のための会計**を統一的に作るべきではないでしょうか。現在、財源捻出のために、国有財産が財務省管理下に置かれることがあります。それを一般化、組織化し、売却可能な資産は新たな機構に移管し、国有だが売却可能な純資産の計算をすべきではないでしょうか。さらにこれを拡張し、建物等の固定資産は日本政府に**持株会社**的なセクションを作って保有し、各省庁は使用するにあたってリース代を支払うことにすれば、各省庁は機会費用を認識し、節約のインセンティブが生まれるでしょう。

現状では財政破綻も心配だが、増税や歳出削減による需要減少も心配です。そのため両者のバランスをとって政策を進める必要がありますが、不況下で緊縮策はとりにくいものですし、不動産価格等も下落しています。しかし持株会社・資産管理会社のようなものに売却可能な国の資産を移行させる作業は、需要を冷やすことなく実行可能です。

鉄道や空港など社会インフラにおいて管理と運営を分離する上下分離方式の経営や会計が議論されますが、財政危機の日本政府全体においてもそれが必要ではないでしょうか、あるいは持株会社形態により、政府内の経営資源を効率的に配分することが可能となるのではないでしょうか。もともと破綻寸前の企業に、資産査定なき救済策が実行されることはあり得ません。国の借金も同じで、増税は救済策にあたります。財政が破綻しているのならば、企業ならば倒産であり、経営陣は総退陣し、企業倒産の専門家などを投入し、既存の経営システムを見直さなくてはならないのではないでしょうか。

これらの資産管理機能を国家公務員の幹部人事を一元化する内閣人事局構想や、予算を財務省主計局から切り離し内閣直属にする内閣予算局構想と統合し、成長戦略等の進捗度合いをチェックするリサーチ機関を加えれば、強力な総合調整機能が得られるのではないでしょうか。この計画は実現のために、ある程度、劇場型政治となることは避けられませんが、それでも良いから、こういった方策は考えられないのでしょうか[10]。

繰り返しになりますが近未来のさらなる増税はやむを得ないでしょう。しかし増税を機会に、これまでの政府運営の何を改めるかという議論が必要です。

2　社会保障と世代間不公平

人生にはさまざまなリスクがあります。これを国家レベルで助け合おうとするのが社会保障です。この社会保障の規模は以下の通りです。[11]

> ①平成23年度の社会保障給付費総額は107兆4950億円（前年度比2・7％増）
> ②国民1人当たりの社会保障給付費は87万6700円
> ③分類すると「医療」が約34兆円で割合は約31％、「年金」が53兆円で49％、「福祉その他（介護含む）」が20兆円で19％です。

多くの報道が示すように、費用は単調に増加しています。この背景には少子高齢化があります。政府は国民全体の相互扶助と保険の管理者ととらえることができるでしょう。相互扶助と保険はどのような社会でも見られますし、ビジネス社会では複雑な金融商品などにより保険が達成されています。そう考えると、保険があること自体が問題ではなく、どのようなメンバーで保険の参加者が決定されるのか、どの水準で規模が決定されるのかが重要となってきます。

社会保障改革の方向性――ワークフェアとベーシックインカム

日本では企業を中心に相互扶助を行う企業・勤労中心型の社会が形成されてきました。今後の方向については、議論は大きく3つに分かれるでしょう。

> ① 社会保障の削減を目指す「小さな政府」
> ②a 社会保障需要の増加を勤労促進を通してまかなおうとする現物給付・ワークフェアの議論
> ②b 社会保障需要の増加を現金給付を通してまかなおうとするベーシックインカムの議論

「小さな政府」という方向性はそのスローガンはともかく、実際の問題としては高齢化する日本で社会保障の役割はますます重要となるでしょう。そこでどのような方向性に分かれるか、が問題となるわけですが、大きく分けて②aと②bの2つの議論があります。

一つ目は勤労中心の考え方です。近年、「ワークフェア」という言葉が聞かれることがあります。就労を軸とし、支援を行う一方、就労義務を強調する福祉の考え方といって良いでしょう。福祉の現場からすると、給付を行う代わりに就労を（時には強制的に）義務づけるという考え方になるでしょう。この言葉自体は新しいものですが、より広く日本の経験を考えると、新しい考

え方というより、

- 現金を給付することを避け
- 公共事業等で就労機会を確保する

日本の伝統的な考え方の反映ではないのか、と筆者は考えてきました[12]。

勤労を重視するワークフェアとは逆に、近年では**ベーシックインカム**という言葉もあります。ある程度の所得を働かずとも無条件に保障しようとする社会保障の考え方です。ワークフェアが「働かざるもの食うべからず」という考え方ならば、ベーシックインカムは人間の権利として最低の所得が必要であり、働く必要はないという正反対の考え方になるでしょう。この2つの考え方は社会保障のあり方の軸として、現金給付か現物給付かという議論と関連付けられ、それぞれにメリット・デメリットがあり、バラマキとハコモノという言葉にデメリットは代表されます。

- 現金給付やその極端な形であるベーシックインカムならば、民間の意思が尊重され官業による非効率性は防げますが、給付が流用される危険、つまり民間側のモラルハザードがあります。
- 現物給付や就労機会の提供ならば民間側に流用はされませんが、官業の非効率性が生じます。

現金給付による民間側のモラルハザードは明らかでしょう。生活保護や失業保険には必要がな

表5－3 社会保障給付の2分類

	究極の形	問題点	労働市場	少子化対策
現物給付	ワークフェア	政府側のモラルハザード（ハコモノ）	就労支援	保育園
現金給付	ベーシックインカム	民間・家計側の不正受給（バラマキ）	失業手当	児童（子ども）手当

いのに給付を受けているのではないか、という世間の厳しい目があります。また旧子ども手当はパチンコに流用される、という議論も大きくありました。そこで一般に官僚や専門家は影響力拡大のため、現物給付を好みます。しかし細かい介入を嫌う若年層を中心にベーシックインカムは人気があります。

たとえば郵政民営化は7000億円かけてユニバーサルサービスは必要か、という論点で行われたものですから、現物給付の廃止と位置づけられます。過疎地域に必要な支援は、お仕着せの現物でなく地域や家計の選択に即したものが必要なのではないでしょうか。なるべく現金やバウチャー（使い道を特定した金券）で給付すべきでしょう。

現金給付政策に

筆者は全体の方向性としては、現物給付中心の政策から現金給付中心に舵を切るべき、と考えています。現物給付は官業の無駄が多く、かえって意欲を疎外するといえましょう。パチンコ代に流れたとしても現金給付の結果、家計の効用は増大しますが、不必要な官業による現物給付は効用を生まないばかりか資源を浪費します。また現物給付は特定の利害関係者が声高に必要性を主張し、放っておいてもそちらの方向性に進みがちですから、なるべく現金給付を基本とし、やむを得ない場合に限って現物給付を認めるという方向性がよいでしょう。

なお社会保障の場合、民間のモラルハザードを防ぐ対策が実際的な問題となります。たとえば、

- 年金の消費税化や
- 失業者に対応して、労働給付の訓練義務づけ

などです。これらの政策提言の背景にある非効率性は、現在検討中の社会保障番号（第3章参照）により大幅に削減が可能であると思われます。よく大きな政府には反対を唱えるわりには、子ども（児童）手当のような現金給付にはバラマキだと反対する場合が多いことは残念です。現金給付こそ、ハコモノにとらわれず、中間搾取のない望ましい政策ではないでしょうか。

日本の公的年金のあらまし——三階建ての構造

さて少子高齢化のもと社会保障はとても大きな問題ですが、そのなかでも、とりあえず差し迫った問題は年金です。年金問題は複雑で制度も入り組んでおり、さらに社会保険庁の不祥事は絶えません。まず年金制度はいくつものカテゴリーに分かれており、**三階建て**だということを確認しましょう。

1階：基礎年金　全国民に共通する基礎年金（国民年金）。ほぼ一定額で40年間加入の満額で6万4875円（2013年度）。国庫負担は以前は3分の1だったのですが徐々に増やし、2009年度から2分の1になりました。

2階：厚生年金　民間サラリーマンの厚生年金（保険料に応じて年金が増える**報酬比例部分**[13]）や、公務員などの共済年金

3階：企業年金　大手企業の一部に設けられている厚生年金基金などがあります。50万円もの年金を貰っているという人たちは企業年金を貰っているのです。

図5－2－1 積立方式と賦課方式

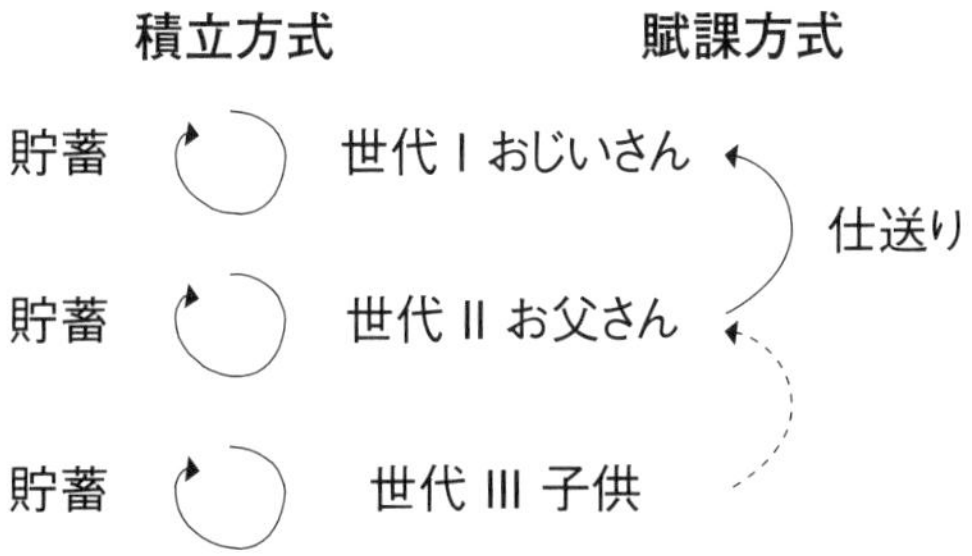

その上に個人年金が来るので、一部は四階建てとなります。

次に被保険者は職業によって4種類に分けられます。

第1号被保険者　自営業者・パート等

第2号　民間サラリーマン

第3号　民間サラリーマンの被扶養配偶者に加えて

4　公務員となります。

3×4で結局12種類ものカテゴリーがあるので、きわめて複雑で口頭でいろいろ話されても普通は理解できません。しかし自分でマトリックスを書いていけば、どうなっているかが分かってきます。たとえば年金未納4割といわれますが、それは国民年金の第1号被保険者の約2200万人のうち未納者900万人のことです。もちろんそれは大問題ですが、年金加入者7200万人全員の4割ではありません。[14]なお年金には大きく分けて2つの問題があり、ⓐ世代間の不公平是正のための積立方式化とともに国民年金の未納問題を回避するため、ⓑ消費税化が主張されることがあります。しかし社会保障番号制等の整備が進めば、未納問題回避にも役立ちますから、それを前提として、とりあえず本書では積立方式を中心に考察することにしましょう。

賦課方式と積立方式

まず収益率を中心とした2つの年金方式を説明しましょう。

A　若年期の国民が老後のための貯金を国に預け、国がそれを運用した結果、給付を老年期に

受け取るシステムである**積立方式**

B「若年期の人が払い込んだ保険料をそのまま老年期の人々に支払う」**賦課方式**

日本は最初は積立方式で始まりましたが、現在では事実上の賦課方式になっており、平成16年度年金改革ではますますその色彩が強まりました。この方法は政府が若い人から集めたお金（保険料）をそのまま老人に分けてしまう（給付）ものですから、高齢化社会になって老人の比率が増えたら、給付がまかないきれなくなります。これが**年金不安**と言われる問題です。

そこで年金保険料率は２０１７年に18・３％まで引き上げられ、その後は財源が不足すれば給付額を引き下げることになりました。このため

- 年金制度は形式的には破綻することはなくなりましたが、
- 勤労世代が減少すれば高齢者に回る年金はどんどん切り下がることになります。

二重負担と初期時点

そこで処方箋として年金の積立方式化が主張されるわけですが、いったん賦課方式になってしまうと、途中で積立方式に切り替えるのは困難です。なぜなら賦課方式では、

- 最初の世代Ⅰは負担を行わず、次の世代Ⅱから移転を受ける。
- 次の世代Ⅱは、その次の世代Ⅲから移転を受けることを期待する

わけですが、ここで積立方式に切り替えると、

- 世代Ⅱは第Ⅰ世代の年金をまかなったばかりか、自分の世代の年金も積み立てねばならず、この世代だけが**二重負担**となるからです。

言い替えると、おじいさん（世代Ⅰ）を養ってきたお父さん（Ⅱ）は子供（Ⅲ）が老後の面倒をみてくれると思っています。しかし子供はお父さんの面倒をみたくない（賦課方式から積立方式への移行）と言っているので、お父さんはおじいさんを養ったうえに自分の老後のための貯金もしなくてはならないはめ（二重負担）に陥ります（図5－2－1）。

このため積立方式への切り替えを主張する人たちも、何十年もの長い期間をかけて国債を発行しながら移行すべきだ、と言っており、国債を償還するためには、結局は増税しなくてはいけないことになりますから、どこかで負担が生じることになります。このような国債償還の負担を世代会計に組み入れ、もう一度計算すれば、結局は同じことになるわけです。

さらに現状では、団塊世代が高齢化しており、その退出までより厳しい状況になるわけですから、現状で大きな二重の負担をもたらす方策には疑問がより大きいのです。なお積立金は2030年ごろに枯渇すると計算されます。逆に言えば30年までに積立金を取り崩して純粋な賦課方式に移行するということになり、年金のシステム自体は破綻しませんが、少子高齢化の状況を受けて、現行の所得代替率50％は守れずひたすら切り下がるということになるでしょう。

積立方式化は可能か

時として年金の積立方式化には誤解があります。「一国内で稼いだものをどう分けようと同じ」などと言う乱暴な意見がありますが、それは誤りであり、本来の**積立方式は資本蓄積を重視するもの**です。高齢化を前に消費を犠牲にして資本蓄積を行い、その資本の収益でもって、年金をまかなうかどうかが問題の鍵となります。[15] 具体的に個人の家計で考えれば、子どもの仕送りの代わりに、アパートを前もって建ててその賃貸料収入で暮らす方法と考えれば良いでしょう。各地にある厚生年金会館や〇〇生命ビルは好例です。さらに標準的なモデルの取り扱いでは、

- 積立方式では自らが自らの世代の老後のために最適な水準まで貯蓄・資本蓄積を行う一方、
- 賦課方式では後続世代の支払いが年金をまかなうため、資本蓄積が過少になる

と説明されています。つまり賦課方式を採用すると、資本蓄積が不充分となり全体の生産量が小さくなってしまう可能性が弊害として指摘されているのです。この弊害はバブル後の投資比率が減少している現状（第1章）において、重要かどうかは疑問です。

- まず年金の積立方式をストックで考えれば総額の必要積立量は３００兆〜５００兆円と指摘されています。それは現状の国富レベルや資本ストックと比較してとてつもない数字です。バブル期にはわずか30兆円の不良債権で失われた10年に陥ったことを考える必要があります。
- 厚生年金基金は廃止の方向で検討され、２０１２年に発覚したＡＩＪ投資顧問問題では**積立金**が消えてしまいました。もともと企業年金の通算の利回りではアベノミクス以前の数年はマイナスを挽回できていません（図５－２－２）。
- フローでは、毎年40兆円の給付をまかなうために、増税すれば、消費税15％分の追加が必要です。しかし、保険料の代わりに増税すれば、家計の負担としては結局同じことです。
- **海外に積み立てる**ことは考えられますが、リスクが大きいことは事実です[16]（現状では民間銀行ですら為替リスクを恐れて、国債投資に走っています）。また資本輸出のためには原資として経常黒字が必要です。
- さらに**団塊世代**（１９４７〜４９）が65歳にさしかかり、年金受給期に達していることを考えれば、もはや時期的に間に合いません。
- 積立方式のメリットは、積立金を貯蓄として家計が認識するため、**最適な貯蓄水準が達成**され

図5-2-2 企業年金の利回り

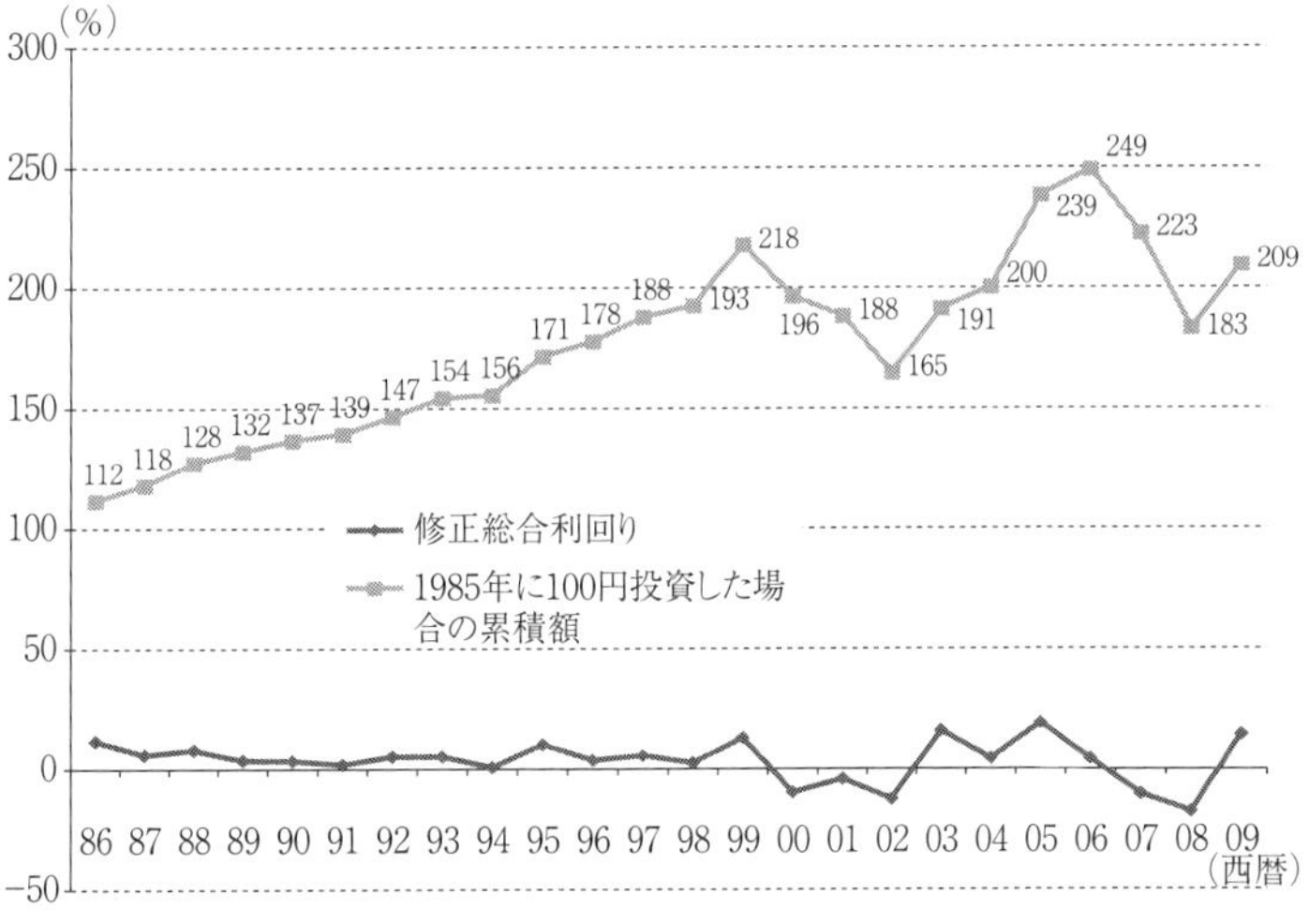

（データ出所）企業年金連合会

るところにあります。しかし貯蓄率の研究では、家計は預金利子を認識していないという結果が報告（宇南山（2009））されており、そこまで家計が合理的か疑問があります。

•時として**相続税強化**で年金不安を解消しようなどという政策提言がありますが、これにはどう反応してよいのか困ってしまいます。テクニカルな議論にはなりますが、理論モデルで積立方式が良いとされる場合は世代重複モデルで遺産のない場合です。遺産のある場合、それにより世代間の調整ができるので、過少な資産蓄積といった事態は生じません（たとえば脇田（1998）参照）。

バブル以前の安定成長期ならば、積立も可能だったかもしれませんが、その積立金はバブルで雲散霧消してしまったでしょうし、年金積立金で整備された施設の建設費がほとんど回収できない事例は多く報道されています。さらに公的に資本を積み立てるよりも、まず現在、老後に備えて自己責任で貯蓄を行っている人たちに、金利をつけて報いることが順序ではないか、と筆者は考えますが、そのような家計主体の発想ではなく、「積立方式」といういわば「型」のみにこだわっている議論に変化しつつあることは残念です。

筆者は少子高齢化に対する備えとして、優遇すべき順序は、

①　公的年金維持に全力を挙げることを前提として、

②　賦課方式のための原資確保のための子育て支援

③　自己責任による貯蓄へのリターンと財産所得の復権

であり、その後に、

④　経済成長促進のための資本蓄積加速

⑤　女性の労働参加

などが来るべきだと思います。ところが流布している議論は公的年金への信頼を破壊する「瀬戸際戦略」に全力を注いでいるようで、本当に残念です。

世代間不公平論への疑問①　遺産と国富

このように筆者はかねがね世代間不公平論と積立方式化には疑問を呈してきました。より広く

世代間不公平を考える立場から見ると、いくつかの論点があります。以下では3点に分けて考察してみましょう。

ⓐ まず年金以外の世代間移転を加えて考えれば、たしかに500兆円近い政府の純債務残高（1人当たり400万円ほど）が、将来世代への負担となります。

ⓑ しかし日本の国富（正味資産）は、バブルから15年ほど減少傾向にはあったものの、戦後を通してみれば、当然ながら長期的には増加傾向にあります。国全体の資産から債務を引いた正味資産は、1980年に1363兆円だったものが、2007年には2787兆円に達しており（1970年には590兆円〔68SNA〕）、1人当たりでみると1000万円程度から2000万円に倍増したといってよいでしょう。そう考えると後続世代は1000万円ほど、有利といえるでしょう。

ⓒ 議論はあるでしょうが、子育て費用1300万円（国民生活白書）なども加えて考えると、出生率の大きい先行世代は大きな負担を被ったと言えるかもしれません。

世代間不公平論への疑問② 現在価値計算の利子率

しかし後続世代の便益はこれだけでは少ないと考えられるかもしれません。実は世代間不公平論の計算方法に大きな問題があると筆者はかねがね考えてきました。3つの推計を検討しましょう。

① 2005年の経済財政白書による1億円の格差
② 2000万～6000万円の格差（一般的な計測結果）
③ 現存世代には格差はない（増島・田中（2010））

この3つの計算結果にはやはり留保があります。

- 2005年の経済財政白書の計測結果（http://www5.cao.go.jp/j-j/wp/wp-je05/05-3-2-11z.html）は実は医療費を中心に考察したもので、しかも単位は個人でなく世帯であること。
- 世帯人員は2～3人と考えても個人ベースの格差は2～3倍に拡大され、なおかつ核家族化が進む方向でも世代間格差は誇張されること

さらに一般論として、

- 多くの計測結果は世代が**太平洋戦争戦中派**まで入った世代と、さまざまな仮定を含んだ計算上の将来世代の格差を考察してその差は数千万単位としています。
- しかし、かって故稲田献一教授が指摘したように、**先行世代の生涯所得は小さく**、ミクロ経済

学でいうパレート最適性の観点からは、その格差が是正される必要があります。

- なかでも**戦後生まれの現存世代（ゼロ歳児を含む）にはほとんど世代間格差はない**とする内閣府の増島・田中（2010）の結果は、もう少し注目されてしかるべきでしょう。今までの議論は一体何だったのか、と多くの人が思うのではないでしょうか。内閣府は独り歩きしている2005年経済白書の結果を早急に修正した計算結果を公式に提示すべきではないでしょうか。[17]
- 増島他（2010）が示すように、クロスセクションで見た所得再配分の効果は、もともと大きいものです。現時点で0歳世代の生涯純負担を比較すると、所得階層間では額で5600万円弱、地域間でも額で4400万円程度の違いがあります。
- 60年代の高度成長は高い実質利子率をもたらし、当然これは積立金の計算に反映されるべきです。また失われた10年の低成長期には低い利子率を採用すべきでしょう。ところが、人為的低金利政策やデータの制約から、八田・小口（1999）は3・5％、アゥアバック・コトリコフ・リーブフリッツ（1998）は5％の一定の実質利子率を採用して、先行世代の積立金を過小評価していると考えられます。

実際、年金の保険料率と実質利子率はこれまで逆相関しています。たしかに先行世代は低保険料でしたが、その時代は金利は高く、結果的に現存世代の損得はあまり変わらなくなるのです。

若者はなぜ不満なのか

このように筆者はいわゆる年金の世代間不公平論には疑問を持ちますが、実は若年層の不満と閉塞感には共感できるところもあります。マクロ経済は停滞し、管理職は過剰であり、専門職市場は崩壊しました。若者は努力の方向を見失い、上昇志向のはけ口がない現状は第3章で述べたとおりです。しかし専門職市場の崩壊については、それぞれ惨事をもたらした責任者がいるわけですから、一億総ざんげのように年長世代全体の責任を問われても困ります。むしろ一部の論者は、世代間対立をあおることによって、本当の責任者から目をそらす役割を担っているのではないでしょうか。[18]

私は年金の現状を肯定したいのではありません。これまでの世代間不公平論の計算は望ましくないし、給付を切り下げてもその場しのぎにしかならない、根本的には少子化があるのに、問題をそらそうとする動きだから批判しているのです。年金問題にとって、必要なことは、実務であり現状の理解であると思われます。極端な議論が時間の浪費をもたらす一方、高齢者の多くは年金が唯一の収入（厚生労働省「平成19年度年金制度のポイント」p.3では、59・9％）であり、簡単に崩壊させるわけにはいかないからです。[19]

世代間の優先順位の変更が必要

年金不安には以下の2つの、

過去　過去の大盤振る舞いがあったから是正されなければいけない

未来　少子化だから賦課方式年金のもと、年金財政が苦しくなるのは当たり前であるという問題があります。筆者は前者には疑問を持ちますが、後者の問題は当然存在すると考えています。つまり①未出生世代、②若年、③中高年、④老年のなかで、①未出生世代は大きな負担を負うことは疑いの余地がありません。しかしそれは人口減少をいくらかでも緩和することによって、負担を和らげることができます。そのためには、

(i)年金の収益率等の計算を、一般に公開すること

(ii)出生率と年金収益率は比例関係にあること

など、厚生労働省は人口減少を考慮した年金のあり方や数理モデルを素直に開示すべきだと筆者は考えます。先述したように、世代間不公平の存在についての内閣府等の研究でも、以前の空想的な主張と異なり、改善される傾向にあります。年金問題には一部の過激な論者が混乱をもたらしたことは事実ですが、それを怖れるばかりでは、将来的により大きな問題をもたらします。

社会保障一般において、信賞必罰あるいは被保険者のインセンティブも高める必要があります。私はたとえば年金や医療など、真面目に支払った人、医療ならば健康に留意した人には特典を与えるべきだと考えてきました。少しのインセンティブでよいから「アメ」を導入すれば、計算高く細かい日本人はより良いシステムを作り上げていくでしょう。

この「インセンティブ」の2つがなく、適切なデータが欠落している現状で、政策論議、たと

えば増税か社会保障かと言われても、意見の言いようがありません。どんぶり勘定のもとでの、空しい予算の取り合いにしか感じられません。[20]

3　地方の「壊死」問題

少子高齢化問題には大きく分けて2つの問題があります。

①　少子高齢化により、高齢者世代の比率が増加すること（従属人口増加）、そして
②　人口が全体として減少することにより、集積や規模の経済性（スケールメリット）が逆に働いて、地域がスパイラル的に悪化すること

です。前者の問題が先に考察した年金や介護の問題に代表されるならば、後者の問題は地域のインフラ負担に代表されます。さらに問題は高齢者と若者が集まる地域が分離していくことです。地方の疲弊の問題はこの2つが絡み合って、周辺から地域が「壊死」するプロセスが進んでいくでしょう。国土交通省の「国土の長期展望」中間取りまとめ（2011年2月）「2050年までに、今の居住地域の約2割が無居住化」すると予測し、市区町村の人口規模別に見ると人口減

少率は人口規模の少ない自治体ほど加速化するとしています。また内閣府（2009）の推定では、1人当たり地方政府歳出総額を最小化させる都市人口は約28万人、としており、それ以下ではコスト高が進むことを示唆しています。

このような現状に対して、都市居住民の危機感は薄いように思われます。たとえば現在、地域政党といわれる動きがありますが、比較的恵まれた都市部の財政状況を元に、減税などの主張がなされています。子ども手当などの少子化対策に反対した知事や代議士も都市部が中心です。

しかし人口減少は外堀から埋まってゆくように、都市に波及します。65歳以上人口が40％超の自治体は05年時点で51ですが、２０３５年には東京都練馬区など７５３に急増すると推定され、現在の市町村の半数近くに達します。ほかに大阪市西成区、北九州市門司区などの大都市圏も４割を超し、介護体制等に大きな問題が生じるでしょう。

また特定の地域で人口の見込み違いは、大きな負担をもたらしています。以前には人口減少で通勤ラッシュが解消するなどとのんきなことが言われましたが、それどころではありません。たとえば千葉県北西部の北総線（第３セクター）は、他線と比べ２－３倍高いと言われ、千葉県並びに沿線６市から補助を受け運賃を約５％下げました。しかし、高額運賃が敬遠されてか人口は伸びず、当初34万人が見込まれた人口が現在９万人のままです。

最終的に地方は全滅するとしても、東京圏だけが香港やシンガポールのようになればよいという意見すらあります。しかし巨大な大陸中国を背景に、英米風のチャールズやリチャードなどという名前をつけて、英語で商売をする香港の中国人たちに対して、後背地をなくした東京の日本人が太刀打ちするのは難しいでしょう。

地方の産業構成と集積の経済

なぜ少子高齢化を背景とした地方の衰退の問題に市場メカニズムによる自動調整作用が働きにくいのでしょうか。その理由は産業や商業集積にスケールメリットがあり、集中すればするほど効率が増すという側面、集積の経済性があるからです。ここ十数年で盛んになった経済学の分野に立地と産業集積の経済学があります。ラーメン屋さんが一つのところに集まるように、○○街と言われるような**商業集積**や**産業集積**がなぜ生まれるのか、そしてどのような影響をもたらすのかという研究です（藤田昌久他（2000）などを参照）。

さらにミクロ経済学ではU字型費用曲線というものを習います。生産量が少ないときはコスト高だが、ある程度までは下がり、そして大きな生産量ではコスト高になるという曲線です。このU字型費用曲線が地方経済に当てはまるとき、残念な予想が思い浮かびます。まず公的インフラなど地域に不可欠な建造物はもっとも人々の「頭数」に依存し、人口減少は大きなコスト高を招きます。次に規模や集積の経済が最も端的に表れるのが巨大スーパーなど商業施設です。

この状況はいわば**U字型費用曲線を原点に向かって逆走する**と言えましょう。この規模の経済のもとでは、破滅的な結果をもたらしますから、間違っても無理な都市間競争は避けるべきです。

図5-3-1は各県における人口集中地区[21]居住比率（一番上の折れ線グラフ）と将来推計人口

図5－3－1 人口減少と地価

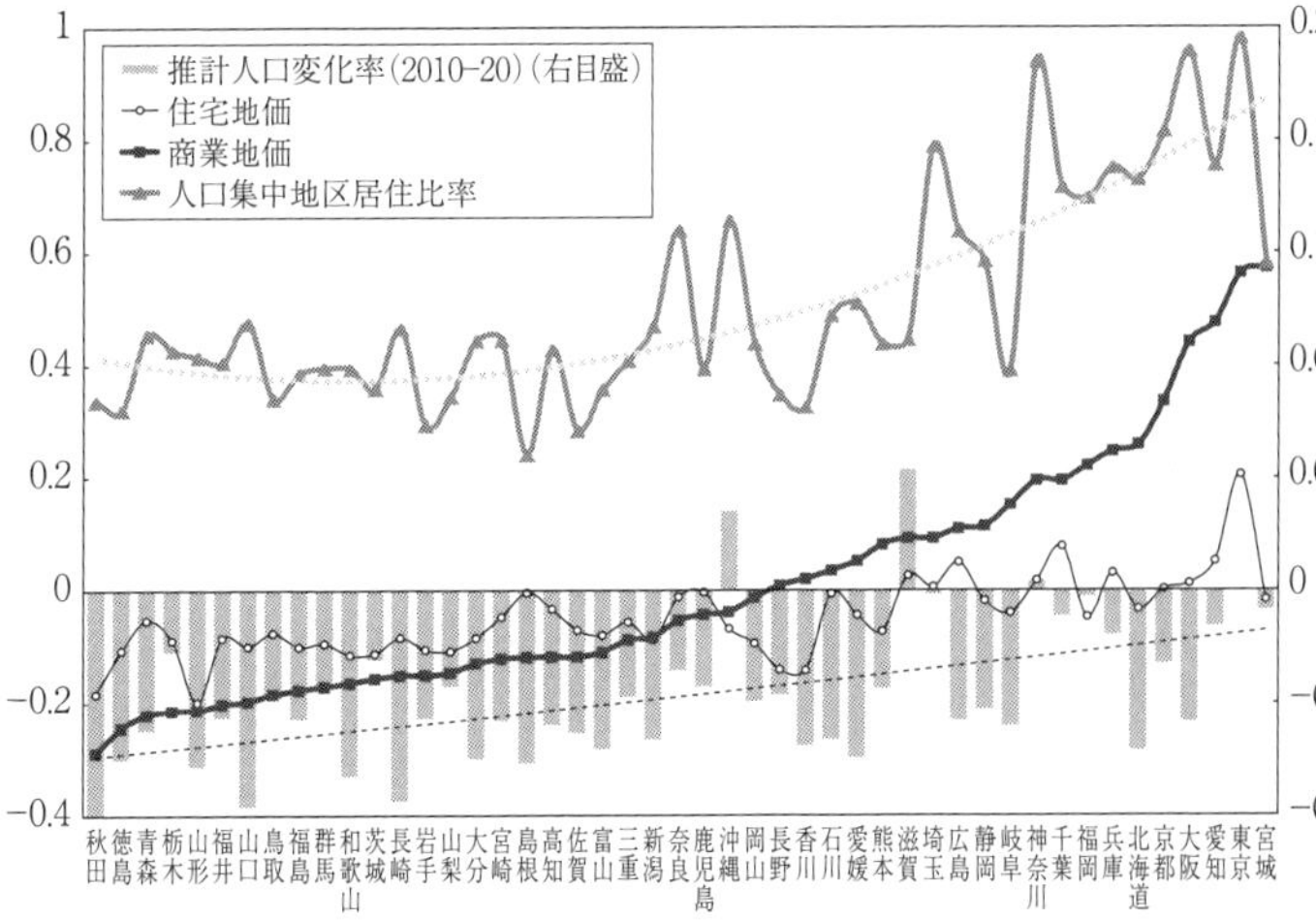

（データ出所）民力

の変化率（棒グラフ）を示しています。両者の傾向線は右上がりであり、人口が集中している地域にますます集中化が進み商業地価も相関していることが分かります。一方、半数以上の県で商業地価は直近の好況期（2003年から2007年までの変化率）においても、下落しています。

図5－3－2は産業構造と賃金の関係を表しています。地方経済を考える上で、重要なのは製造業の立地と工場誘致といわれます。たしかに、

- 理髪店のようなサービス業や商店街は住居の近くにある必要がありますが、
- 製造業であれば在庫を運べばよいので、工場の立地には自由度があります。

製造業があると労働需要は製造業プラスサ

図５－３－２ 工業出荷額と平均賃金

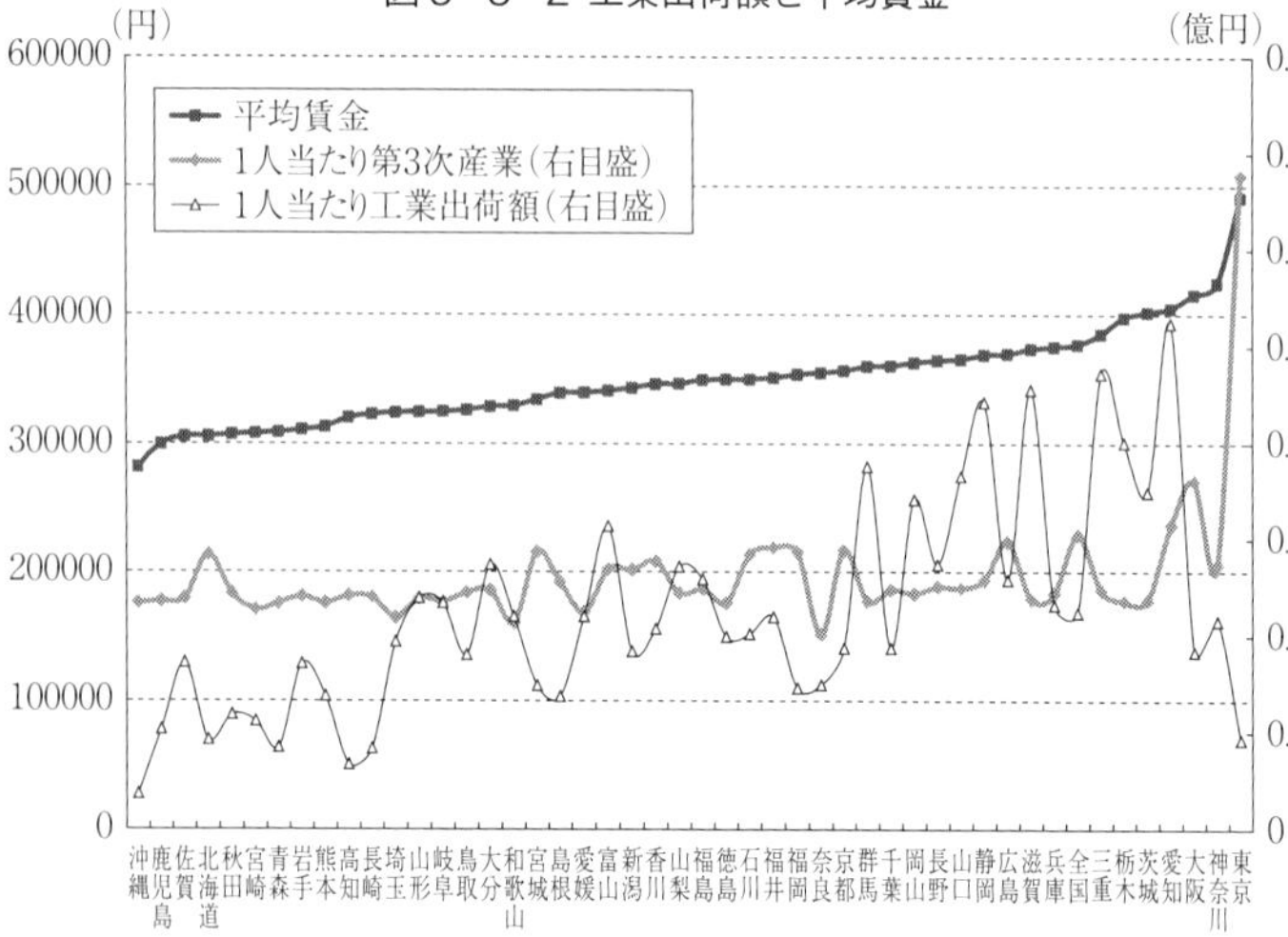

（データ出所）民力

図５－３－３ 第２次産業と第３次産業の県別変動

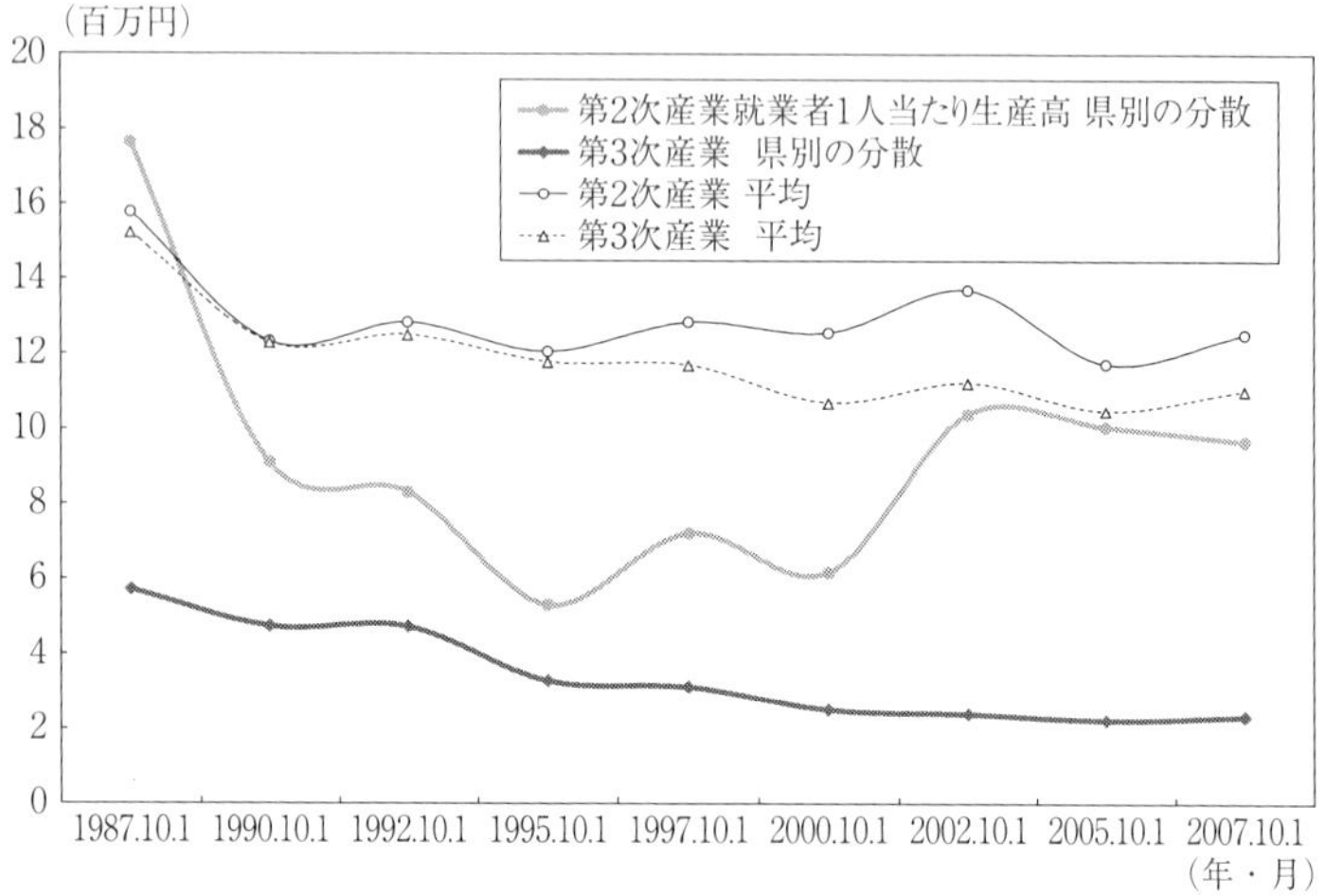

（データ出所）民力

ービス業から構成され、地域の商店街が栄えます。その結果、製造業の多い地域は失業率が低く、賃金所得が高いわけです。たしかに図5－3－2では工業生産高と1人当たり賃金はゆるやかに相関しています。ただしこの動きはシャープ亀山工場の移転計画に見られるように限界が指摘されていることも事実です（みずほ総合研究所（2010）参照）。

一方、第3次産業が横ばいのグラフも大きな意味があると筆者は考えます。つまりこの横ばい状況は、人々の1人当たりの第3次産業に対する需要があまり変わらないことを示していると思われます。図5－3－3は県別の就業者1人当たりの第2次産業と第3次産業の生産高平均と各年の分散を表しています。第3次産業は平均の変動も小さく、県別の分散も変動しません。この両グラフから考えると第3次産業の需要は人口に比例すると考えられ、人口減少は大きな負のインパクトを与えると予想されるのです。

「デフレの正体」の正体

本書冒頭に述べたA論（国際化論）とB論（福祉論）でいえば、

> Aは製造業などグローバル化に対応した「輸出」業種に従事する人々であり、
> Bはサービス業や公務員など、人々の「頭数」に依存した業種に従事する人々

といえましょう。地方では銀行、私鉄やバス、スーパーさらには建設業などを一体的に運営するグループ企業が多くみられますが、その従業員は公務員に加えてBグループの主要構成員ということができます。また飲食店は300人前後の人口で1軒の割合で存在します（図5－3－4）。

図5－3－4 人口集中地区居住率と飲食店数（飲食店1店あたり300人強）

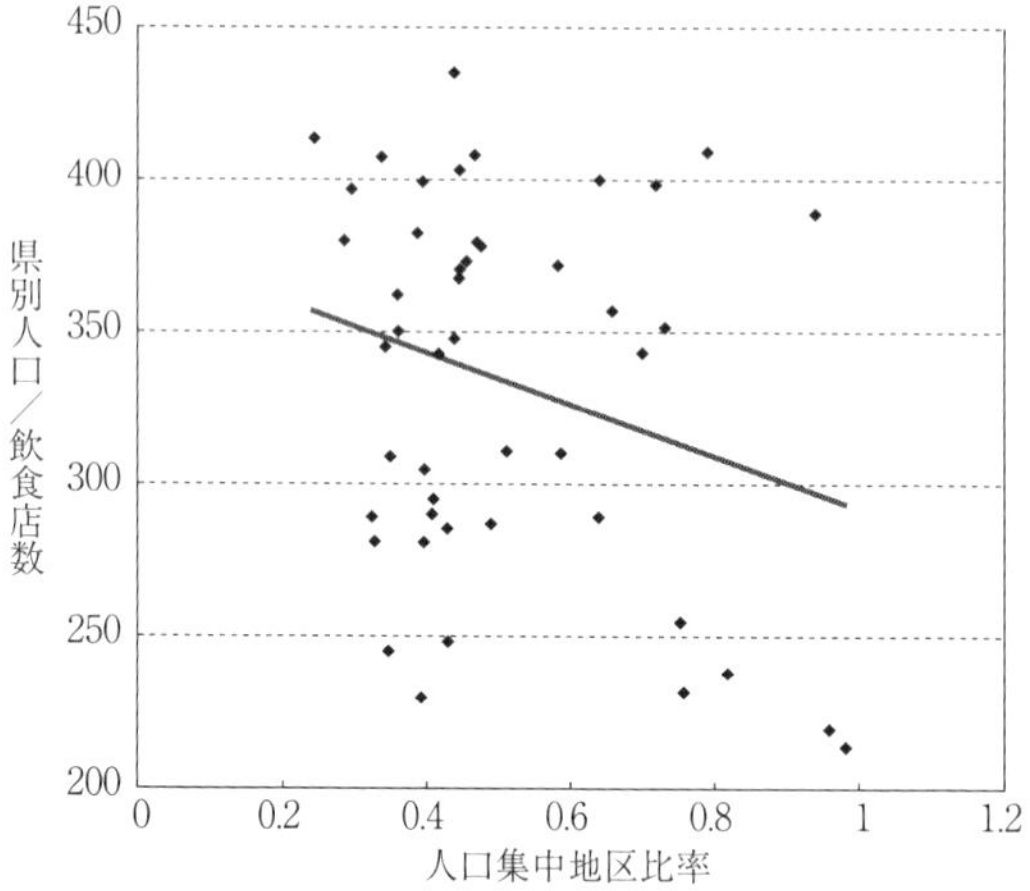

（データ出所）民力

　デフレの正体は人口減少にあり、という新書（藻谷（2010））が近年、ベストセラーとなりました。この議論はマクロ経済変動における少子化トレンドと景気サイクルの区別をしておらず、また2006－07年には消費者物価指数はプラスの上昇率を示しているわけですから、マクロ統計からみればその議論が（間接的にはともかく）直接的に成り立つことはありえません。[22] にもかかわらず多くの支持を集めた理由は、ほとんどの国民は内需関連に従事し、その実感にマッチするB論の支持者が多いことが考えられます。地域出店戦略やマーケティングの本と考え、多くの地域で人口減の結果、出店等は無理だと説明した本と考えると、ヒットの理由が分かるのではないでしょうか。

産業や企業という概念で考えれば地域の衰退はやむを得ないかもしれません。しかし「老後は地域の支え合い」という医療や社会保障の観点から考えれば、とにかく「頭数」を減らさないために兼業農家でも何でも守るという行動が理解できます。TPPや公共事業には、是認するにせよしないにせよ、「頭数」重視の観点がかかせません。

都会と地方の格差

地域格差が大きく叫ばれているものの、実は賃金の格差拡大はあまり認められていません。47都道府県の県民所得の変動係数は横ばいですし、中でも賃金俸給の変動係数はむしろ低下しています（脇田（2008））。この理由は労働移動によるものです。若い人たちは仕事を求めて移動します。その結果、さほど賃金所得の格差は開きません。一方、高齢者は移動しませんから、どうしても若者の集まる地域と高齢者が取り残される地域に2分されます。

図5-3-5 若者と高齢者に分離する地域

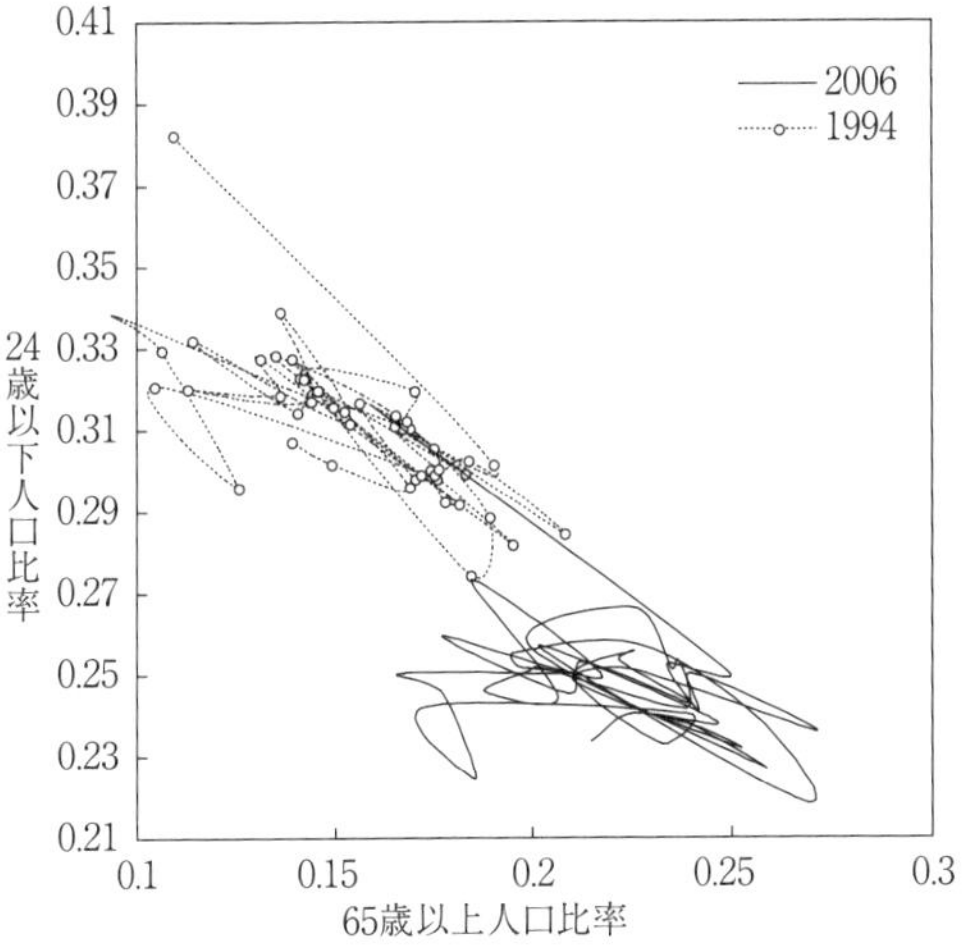

（データ出所）民力

図5-3-6 若者人口の流出入と出生率

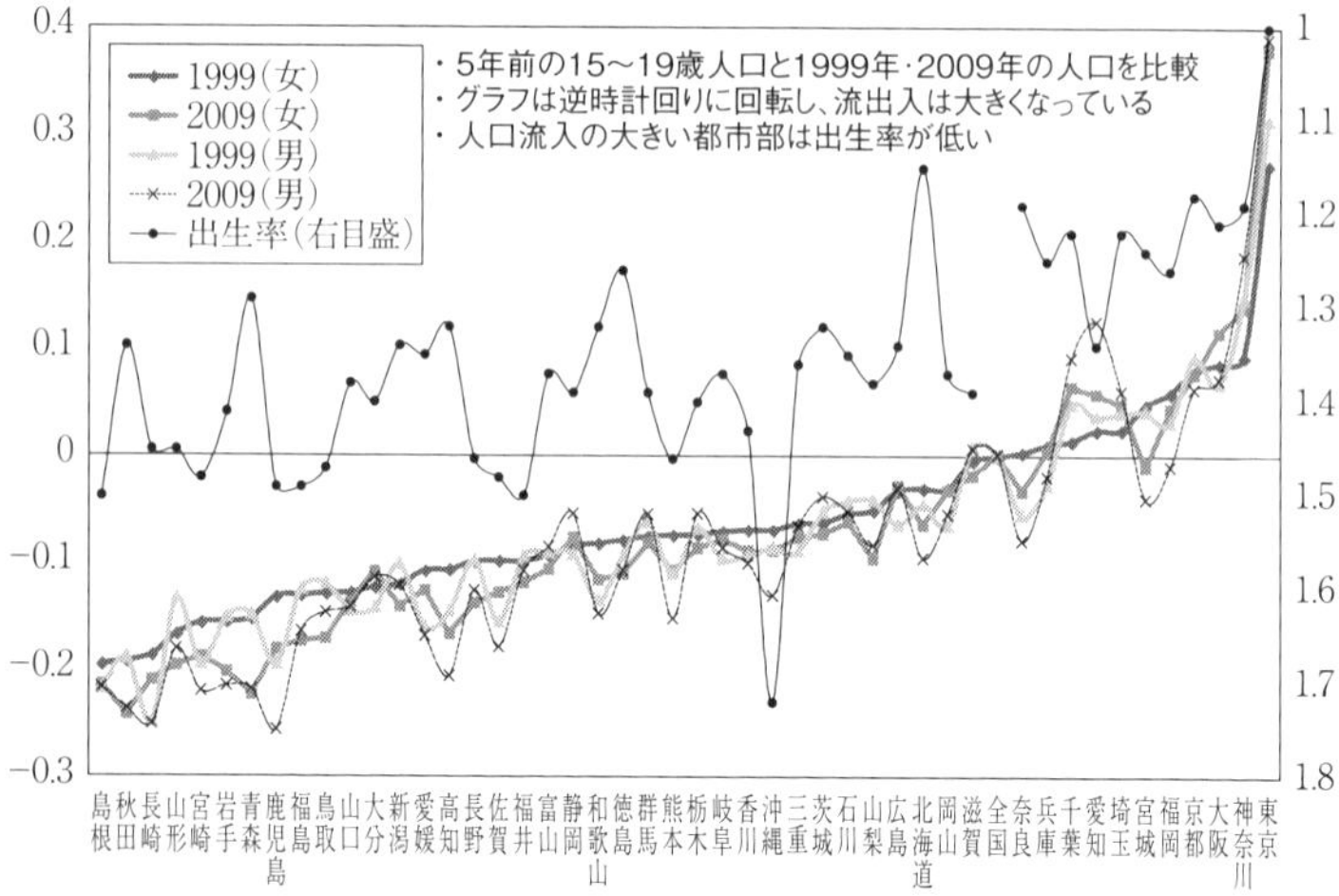

（データ出所）民力

図5－3－5は各県の24歳以下人口比率と65歳以上人口比率を散布図としてプロットしたものです。右下がりの傾向から分かるように、若年層の多い県と高齢者の多い県に分かれており、この分離を保ったまま右下方にシフトしています（市町村別のグラフは細野（2007）参照）。

この分離の結果、地価に影響します。図5－3－1に戻ってみると、2006年前後の好況期には三大都市圏は上昇に転じたものの、地方では地価、特に商業地価は大幅に下落している場合が多いのです。住宅地価下落は緩やかですが、それは老人が移動しないということが考えられます。図5－3－6は若者人口の変動を県別に示しています。大体、地方の15～19歳の若者は、5年後に1割が首都圏に流入すると考えるとよいでしょう。合計特殊出生率は全国平均で約1・3ですが、

・地方は比較的多産（出生率1・4程度）だが、分母の若年人口の流出が激しく
・首都圏は少産だが、分母の若年人口の流入（東京は4割増）が大きい

とまとめられます。時として都市部の高齢化が地方の状況より問題になると言われますが、若者が都市に流入して子どもを作らないという上記の構造がその背景にあります。ただし都市に流入すると言っても1～2割ですので、出生率向上策は地方活性化に有益です。いずれにしても地方にも政治家はいるはずなのに、旧来の家族観から子ども手当などの少子化対策に反対するなど、筆者にとっては理解に苦しむばかりです。

社会資本の廃棄

平成22年度国土交通白書（国土交通省）は、高度成長期に集中的に整備した橋やダムなどの社会資本が今後、急速に老朽化すると指摘しています。10年度の国と地方を合わせた公共事業費（推計値、用地費などを除く）は8・3兆円ですが、現状でも更新費（0・9兆円）と維持管理費（3・3兆円）で50％を占めています。このまま更新していくと、37年度には更新費は4・4兆円に増加。維持管理費や災害復旧費と合わせた額は8・3兆円を上回ると試算しています（図

5-3-7)。国交省は「今後は社会資本を更新せず、廃棄するという選択も必要になる」とまで述べています。

地方分権の陥穽

以上で示したように、

A 地方のインフラ整備はもはや限界であり

B 広域化の促進(平成の大合併により、3000以上あった市町村が1727となりました)

がなされてきました。実際、県内総生産に占める公的分野の比率を示すと、40%近くまで達している県もあり、その政府依存度の大きさに驚きます[23](図5-3-8)。改革派知事や地域主権といっても、この高い公的依存度をみると何を自由化し、何を主体的に分配するのか、疑問に思います。せっかく予算を分配しても、結局は一時しのぎのハコモノ建設に費やす結果に終わらないでしょうか。

この状況のなかで、よりきめ細かい行政のために地方分権が叫ばれていますが、正直いって、その方策は疑問です。もちろん、筆者はさまざまな分野の行政の事情に通じているわけではありませんので、分権が有効な分野は確かにあるでしょう、特に地域の実情をよく知る市町村への分権は有効な分野が多いのかもしれないと思います。しかし本来、政府の役割は一律にナショナル・ミニマムを達成することにあるのではないでしょうか。全国一律でないサービスで、公共セ

図5－3－7 維持管理・更新費増大の予測

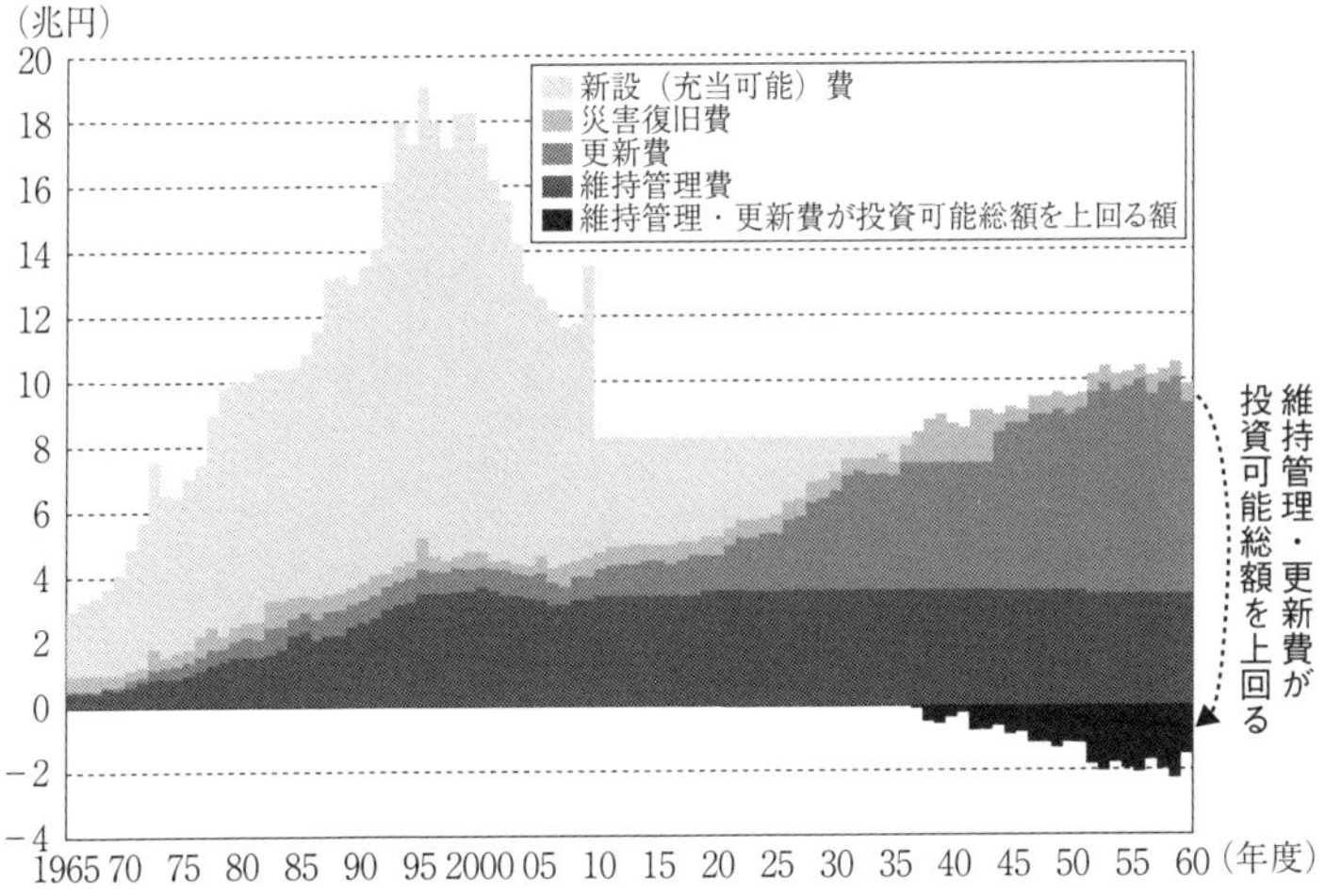

（データ出所） 国土交通白書

図5－3－8

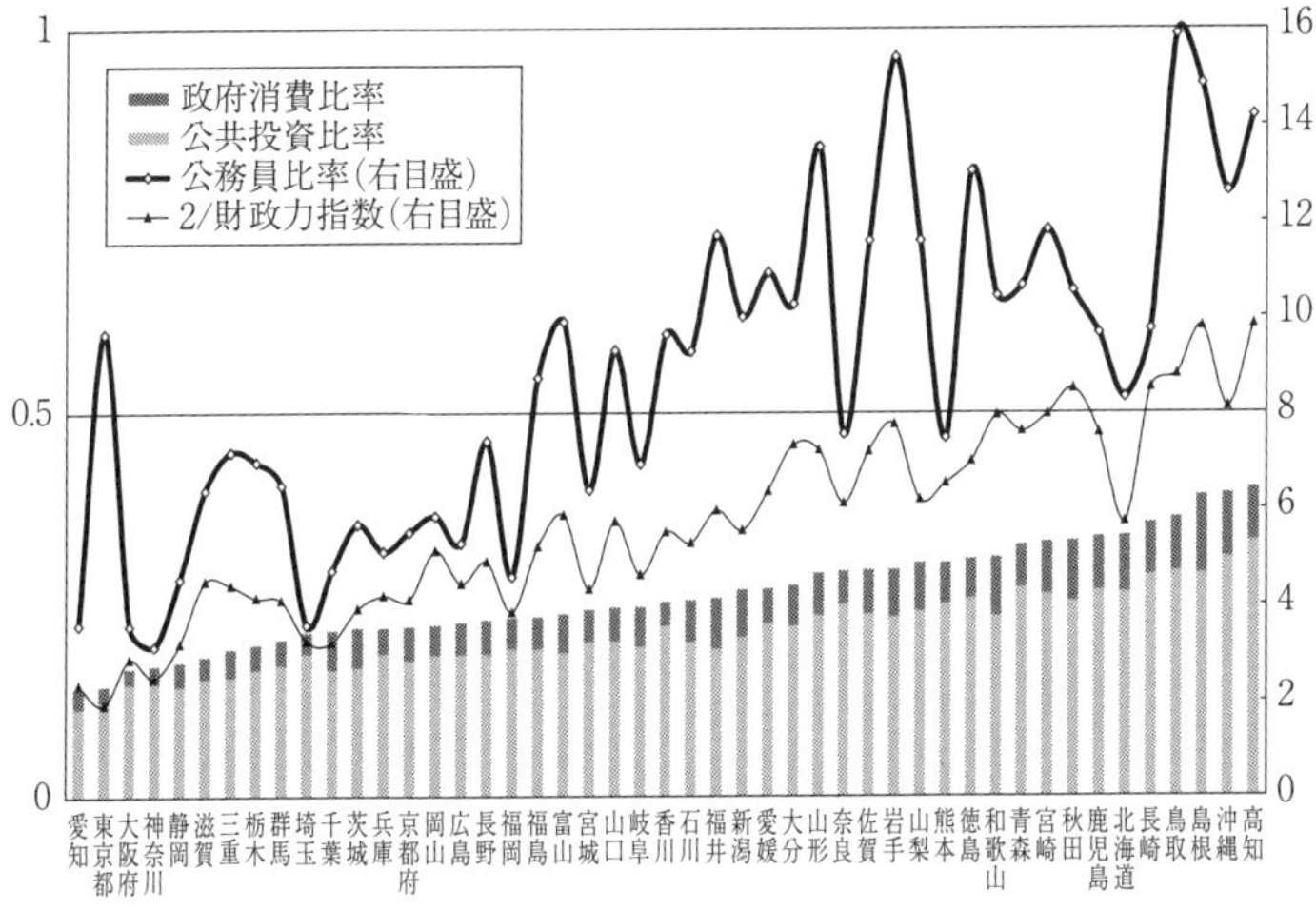

（データ出所） 民力

図5-3-9 都市化と公的支出

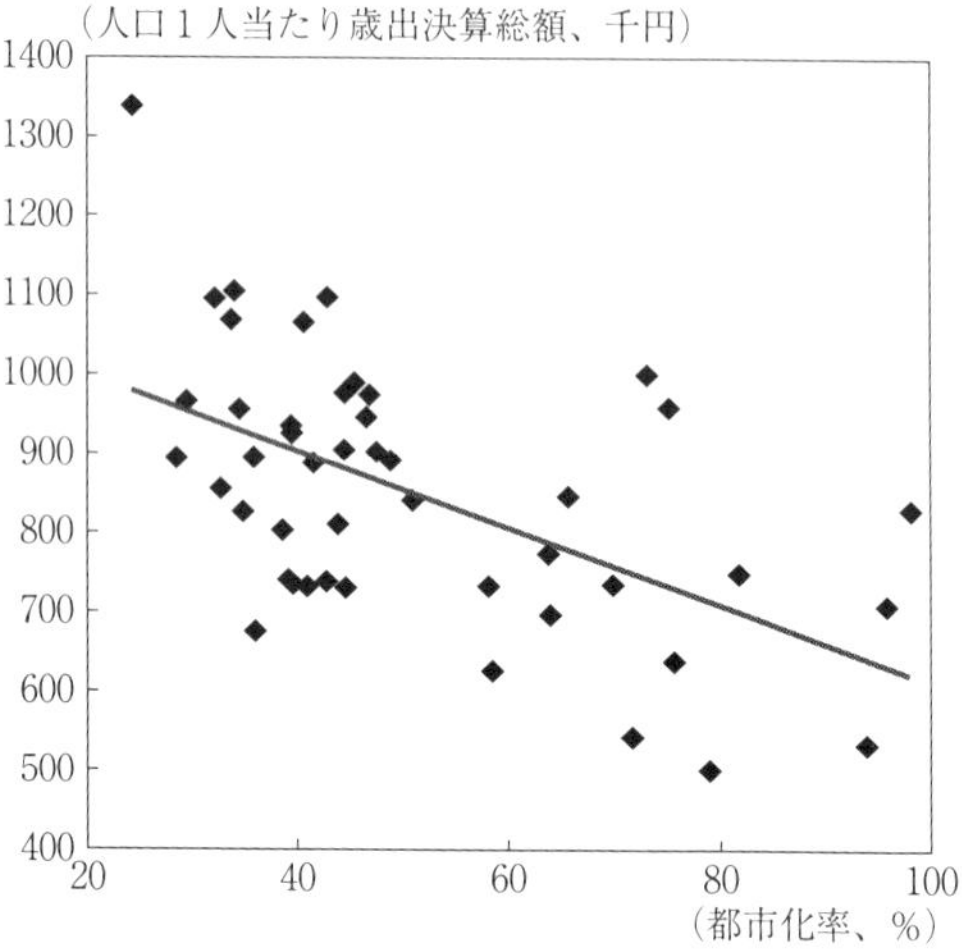

（出所）土屋（2009）

クターが提供する財・サービスはせいぜい自然環境の違いに基づくものに限られるのではないでしょうか。

- 小泉内閣時の三位一体の改革当時においても、知事側は義務教育費国庫負担制度の一般財源化を主張し、義務教育費の流用を目指しました。筆者には義務教育はナショナル・ミニマムの最たるものであると思われます。他に分権すべきと主張する分野はなかったのか、義務教育ぐらいしかないのに、分権は必要なのか、と思われるわけです。
- さらに一時、多数の知事が相次いで逮捕された時期があるように、土建業界と癒着するなど地方政界のガバナンス状況には疑問があります。地方都市には地場の土木建設会社があり、政治と密接に結びついていることはよく知られています。ただし就業者や産出量比率は10%以下であり、特定の県で建設業シェアが高いというわけではありません。むしろ選挙の際の集票力が高いなどの理由でプレゼンスが過大評価されていると思われます。

- 全国的に比較対照して、監視をするならば、まだ希望がもてますが、いまだにそのような方向とは思えません。旧経済企画庁は「国民生活指標」、いわゆる「豊かさ指標」県別ランキングを発表していましたが、毎年最下位に位置づけられていた埼玉県の知事が猛烈な抗議を行い、1999年にはランキングは消滅しました。
- 一概に人口比だけで見ることはできませんが、都市化率と人口1人当たりの歳出決算総額は逆相関（図5－3－9）し、4割にも上る公共部門の大きな県では公務員人件費比率（教員と警察を除いた）が高く財政力指数が小さいという関係（図5－3－8）があります。[24]

今後、日本経済は少子高齢化のため、財政は縮小していかざるをえません。パイが縮小し、格差が増大するなかで政府の仕事を整理していく必要があります。「きめの細かい仕事」の名の下に定型的な実務を中心とする地方に分権していって、効率的な政府が達成されるのでしょうか。いわば病巣を各地に転移させるようなものというのは言い過ぎでしょうか。

地方の人口減少には、
- きわめて深刻と
- もはやしかたがない

との二つのとらえ方があると思います。特に後者は、東京など都市圏がほどほどに堅調であること、年金財政の変化がすぐには認められないことから、本音ベースでは根強いものがあります。[25]しかしながら地方の衰退は、外堀から埋まってゆくように、都市圏に流入すべき若年労働者が消減してゆくことを意味します。そこで次章で少子化対策を検討しましょう。

1　この点は議論のあるところですが、1997年は4月に増税、11月に金融危機が生じたため、両者の影響を分離することはできません。法人企業統計でみると、金融危機以前の97年7～9月期は14四半期ぶりに、売上高対前年同期比がマイナスとなっています。

2　1998年のいわゆる「資金運用部ショック」では1998年10月に0・7％も割り込んでいた長期金利は1999年2月に2・440％まで上昇しました。

3　本来は純債務を考えるべきですが、ここでは総債務とします。

4　MM定理は、法人税が存在する場合には、支払利子の節税効果の存在により、負債比率が高いほど、企業価値が増大することを指摘しており、國枝他（2009）はこの効果が我が国でも存在することを示しています。

5　2011年度公共事業関係費は災害復旧なども含め10年度比13％の大幅減となる5兆9000億円で、08年度からの3年間で3兆円減りました。ただ総予算に占める公共事業関係費の割合は2・7％で、たしかにこれ以上削減してもあまり大きな財源となりません。

6　会社のどの部署でも、年度末には毎年、予算は使ってしまってもうないとか、貯金は銀行に預けて国債に変わっているから使えないとかの言い訳が通るのでしょうか。

7　平成18年7月に閣議決定された「経済財政運営と構造改革に関する基本方針2006」では、・国有財産については、一般庁舎・宿舎、未利用国有地等の売却・有効活用、民営化法人に対する出資等の売却に努め、今後10年間の売却収入の目安として約12兆円を見込む
・財政融資資金貸付金については、今後10年以内で合わせて130兆円超の圧縮を実現するとされています。

8　民間エコノミストが巨大な権力を持つ政府を怖れ、忖度する気持ちは分からなくもありません。近年では大学ですら、予算査定を考慮し、元官僚を受け入れると噂されるほどです。しかし、だからといって真実と逆方向の議論を先頭に立って行う人たちが、信用されるでしょうか。

9　２０００年代前半にも国の資産問題が議論されました。そこで中心となった問題は年金債務であり、２００1年度末まではいわゆる国のバランスシートにより、年金債務を含めた国の債務超過額の「最大ケース」を財務省は公表していました。

10　省庁の力に強弱があり、強い省庁の官僚が強い力を持つことは、どのみちやむを得ないことかもしれません。しかし財務官僚の出世の評価基準は増税推進にあり、経産官僚の基準が輸出振興にあるとすれば、これらの評価基準は日本国全体の国益とずれが生じることになります。そしてそれが問題だと言っているわけです。

11　日本の社会保障制度は旧社会保障制度審議会によれば、５分類されます。
①原則として強制加入の社会保険（医療保険、年金保険、労災保険、雇用保険、介護保険）
②公的扶助（生活保護）
③社会福祉（老人・障害者・児童・母子福祉）
④公衆衛生及び
⑤医療・老人保健
の５部門に分かれており、広義ではこれらに恩給、戦争犠牲者援護を加えます。

12　よく個人金融資産１５００兆円が高齢者保有に偏っていることが指摘されます。しかし高齢者の預貯金は自己責任のもと自己防衛努力であり、むしろ奨励すべきだと考えます。これらの状況については脇田（2010 p.76）も参照してください。

13　報酬比例部分は、「平均標準報酬月額×支給乗率（１０００分の９・５～７・１２５）×平成15（２００３）年３月までの被保険者期間の月数＋平均標準報酬額×（１０００分の７・３０８～５・４８1）×平成15（２００３）年４月以後の被保険者期間の月数」で計算されます。

14　こういったいい加減なシステムにかかる経費が３・17％というのですから、非効率の固まりといって良いでしょう。筆者は脇田（1998）で、できもしない積立方式にこだわる不毛な議論よりも、業務の非効率性に目を向けるべきと指摘したのですが、今なおそのような発想は見られないようです。加入者から集めた保険料額は約1兆９６００億円、約６２０億円も経費がかかっています。国税庁が公表している徴税経費は１００円当たり１・７８円。会社員から給与天引きで集める医療保険料と厚生年金保険料の徴収コストは100円当たり0・13円です。

15 この背景には、何をもって積立方式とするか、という議論の混乱があります。若干、テクニカルになりますが、年金を考える場合、通常は資本蓄積を含んだ動学モデルが使われます。しかし我が国では、バブルの経験から資本ストック過剰であった時期が長く、そのため資本蓄積を省いた簡易モデルで説明がなされることが背景にあります。

16 19世紀のイギリスは海外資本輸出が盛んだったなどと指摘されますが、もともと外国にお金を貸して、きちんと返してくれるかどうかは分かりません。借金取り立てのための海軍であり、帝国主義であるといえます。

17 内閣府の経済社会構造に関する有識者会議では「世代会計専門チーム会議」が設置され、世代会計の再検討が進められたようですが、なぜか途中までしか開示されていない議事録（http://www5.cao.go.jp/keizai2/keizai-syakai/k-s-kouzou/shiryou/sedaikaikeishiryou.html）を読むと、年金危機をあおれば良いという、あまりに率直な（率直すぎる）議論が交わされていて、驚きます。そして過去世代には年金の大判振る舞いと言っておいて、いざ過去の検証となると適当なデータがないという議論がなされていますが、これはあまりに無責任ではないでしょうか。

18 政府の一部の浅はかなキャンペーンの結果、議論が泥沼化したものには、世代間不公平・金融緩和・バラマキ子ども手当・非正規雇用などの問題が挙げられます。

19 金融広報中央委員会のアンケート調査の結果では、老後の費用について、「年金のみでは賄えない」と答えた人は78%に上っており、大盤振る舞いどころではありません。

20 マスコミは「総論」では威勢良く改革を求めますが、現場の「各論」では官庁など取材先に依存しており、結果的には改革者の足を引っ張ることになるのでしょう。この構造では何も前進しないのではないですか。

21 人口集中地区（DID〔Densely Inhabited District〕）とは市区町村の境域内で原則として1㎢に4000人以上居住する国勢調査の基本単位区が隣接して総計で5000人以上の人口を

有する地区のことを言います。

22 この本が危惧している地方の衰退という状況を筆者も危惧しています。その意味でベストセラーになったことは一面で歓迎すべきことでもあります。

23 ギリシャの公務員は全労働人口の25％を占めています。ユーロ圏は一つの中央銀行と多数の財政政策を行う地方政府に分かれたことが失敗の要因と指摘されていますが、日本の地方分権は崩壊しつつあるユーロ圏の後を追うことにならないでしょうか。都市圏の地域政党は自由経済圏を享受しながら周辺諸国救済に不熱心なドイツ的といえないでしょうか。

24 財政力指数とは基準財政収入額を基準財政需要額で除した数値です。財政力指数が1・0を上回れば地方交付税交付金が支給されない不交付団体となり、下回れば地方交付税交付金が支給される交付団体となります。

25 ＴＰＰ問題はコメであったり、農業問題として考察されることが多いのですが、私は地方の憤懣は別方向から考えた方が良い、と考えています。人口減少のもと、地域コミュニティは崩壊しつつあります。産業という観点からすると、道路問題や郵政改革、ＴＰＰなどは市場主義的解決策しかありませんし、農家の規模を拡大することが正論でしょう。地域経済という観点からは、兼業農家で良いから頭数がいてほしい、あらゆるショックは壊滅のきっかけであり、少しずつ外堀を埋められていると考えがちであることも無理のないことです。この問題に対して、筆者にはある程度の集積維持以外に妙案があるわけではありませんが、産業区分中心の近代経済学の盲点といえるかもしれません。

第6章

少子化と家庭の変容

民法出デテ忠孝滅ブ

穂積八束

今後の日本経済を考える上で、大問題は**財政悪化・社会保障維持・少子高齢化**であることは一致した見方でしょう。前者の2つの問題は3つ目の少子高齢化の問題が基礎にあります。そこで既存の処方箋を本書では検討しましたが、なかでも年金の積立方式への移行は難しいことを示しました（第5章）。もともと現在の需要拡大の速度をあまりに超えた資本蓄積速度は、バブルの経験からも分かるようにハコモノに片寄り非効率です（第1章）。端的にいえば、少子高齢化が来るからといって、古いパソコンを倉庫に積んでおいても意味がない（資本のうち機械の劣化）し、人口が減っていくのにアパート経営を拡大しては過剰供給（資本のうち建造物）になってしまいます。また女性の労働市場参加促進や個別産業における成長戦略は究極的には望ましいには違いありませんが、マクロ経済の動き方や労働市場の階層性から考えると「急がば回れ」といった状況にあることは説明しました。そこで筆者は迂遠なようでも**少子化対策**を強力に推し進めるしかないと考えてきました。

ところが少子化対策に関しては中高年男性の感情的な反発とそれをあおる財政関係者の反対が強く、抜本的な対策がとられるようには見えません。また少子高齢化の専門家であっても、少子化対策に疑問を持ち、他分野の処方箋に期待をかける傾向が強いようです。たしかに暴走しやすい国民性を考えると、「産めよ殖やせよ」と女性に対する心理的圧迫の心配もないわけではありません。しかし日本の人口は2005年にピークを打ったにすぎないにもかかわらず、すでに人口減少の影響は地方を中心にじわじわと現れています。

国立社会保障・人口問題研究所の中位推計（出生率1・26程度で推移）では、総人口は、2050年では1億人、2100年には5000万人を割り込むまで減少することを示しており、地域別には第5章で示したように、毎年、1％ずつ減少する地域や若者人口が10代から20代にかけて2割も減少する地域が出現しています。毎年1％減少すると68年で人口は半減、2％では35年で半減します。ある程度まで減ると加速がつきますから、いわば外堀が埋まるように日本全体が地方から衰退してゆくことが予想されます。

ところが対策には大きな批判がよせられます。しかもデータの不備から誤解を生じさせる研究も多くあるのです。さらにいえば日本の将来を左右する大問題ですから、できる限りの知識を持って、国民の多くが判断することが大切なのではないでしょうか。本当にこのままでよいのか、日本の現状と将来予測を理解して人口減少傾向の帰結を多くの人たちが納得しているのか、筆者には疑問に思われてなりません。少子化で通勤ラッシュが緩和されるなどと言い、人口増加策を小馬鹿にしたような態度のエコノミストには残念に思います。また財政関係者の著した論文・書

表6－1 2010年と2060年（推計）の人口比較

	10年の実績	60年の推計値
0～14歳	1684万人（総人口の13.1%）	791万人（同9.1%）
15～64歳	8173万人（63.8%）	4418万人（50.9%）
65歳以上	2948万人（23.0%）	3464万人（39.9%）

物のほとんどには、子ども（児童）手当のコの字もなく、これほど話題になっているのに不思議なことです。自主規制したほうが現在の構造のもとで大人であるという「空気」があるのでしょうが、気がついたときにはもはや人口減少は手遅れということになりかねません。[1]

1　少子化とその要因

少子高齢化の実態

まず少子高齢化の実態を簡単にまとめておきましょう。

- 国立社会保障・人口問題研究所による将来推計人口では（平成24年1月推計）、2010年に1億2806万人だった日本の総人口は、48年に1億人を割り、60年には今より3割減の8674万人と予測しています。
- 2005年には**合計特殊出生率**（1人の女性が一生涯に産む子どもの数）は1・26となり過去最低となりましたが、2010年には1・

図６－１ 出生数及び合計特殊出生率の年次推移

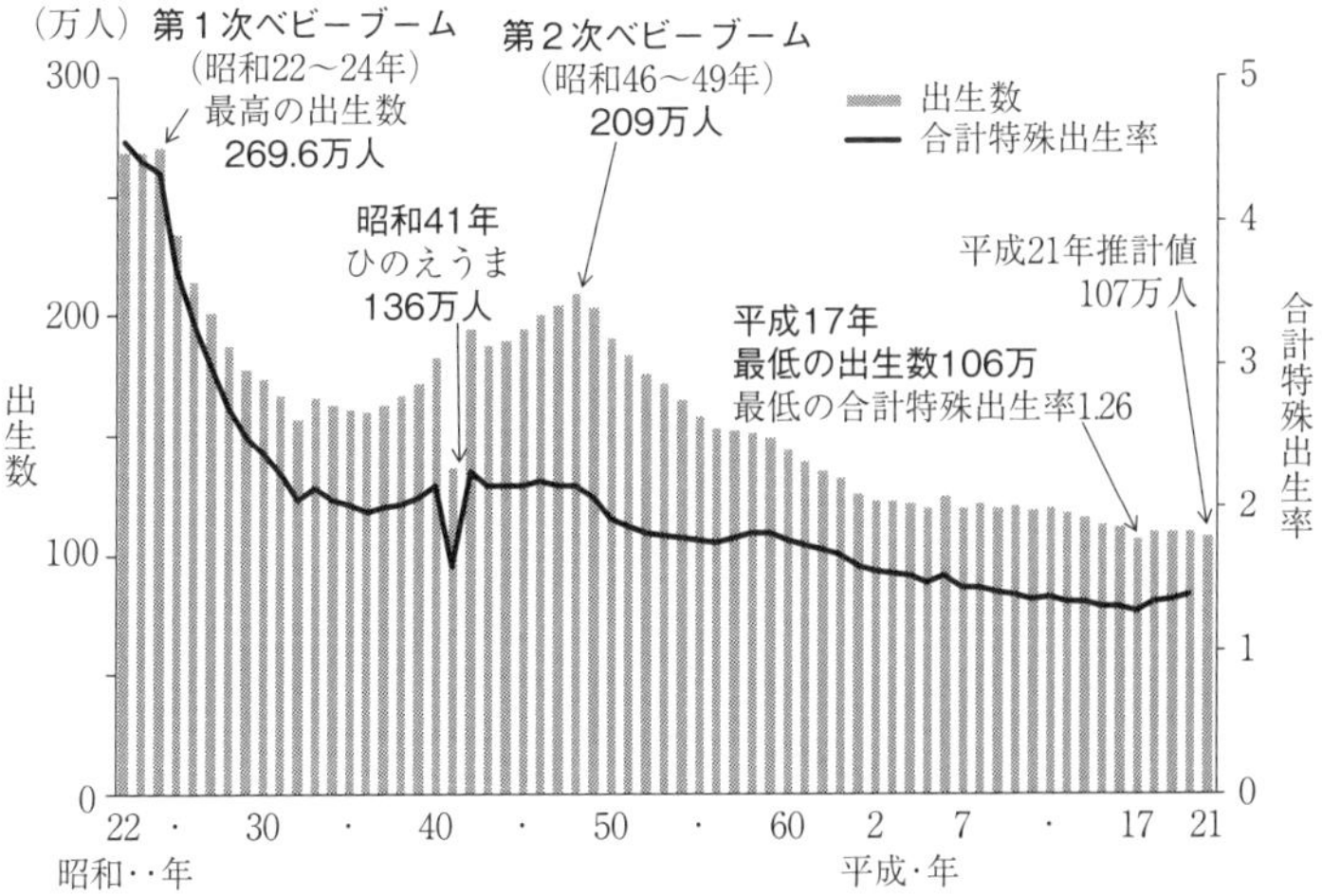

（データ出所）厚生労働省

３９に回復したため、予測は若干の上方修正をし60年に１・３５になるとしています。総人口を維持するための出生率は２・０８ですから、今の状態が続けば日本の総人口は減少が続きます。

●10年の実績と60年の推計値を年齢層別に比べると、表６－１のようになり、64歳まではほぼ半減、65歳以上は増加となります。１人の高齢者を支える働き手の数は、10年の２・８人から１・３人に減ります。

●２０３０年ごろまでの生産年齢人口はもはや既に確定しており、減少は避けられません。しかし「少ない人口で多くの高齢者を養う」という図式を避けるためにも、その後の人口増加のために対策の余地は大きいでしょう。

さらに問題を複雑にするのは、人口構成に

は以下の2つの問題があることです。まず、

A　**直線**　トレンド（一直線）的な少子高齢化であり、それに加えて、

B　**コブ**　高齢化した団塊世代（46年から49年までに出生、図6－1）であり、これから20年ほどの間、人口構成上の歪み期間（コブ）が存在します。2010年の出生数は107万人強ですが、合計特殊出生率と出生数の推移を表した図6－1を見れば明らかなように、団塊層は250万人から300万人で大きな違いがあります。団塊世代を支えるべき団塊ジュニア層（1971〜74年生まれ）もある程度は人口が多いのですが、子どもは作っていません。実はジュニア層はもう40歳を超えてきているため、団塊世代の高齢化にともなう依存人口率の是正をするのは難しくなっています。本来ならば、この10年に団塊ジュニア層をターゲットとした人口増加政策を推進するべきだったのですが、団塊ジュニアの就職時期にちょうど氷河期が重なるなど、景気状況が悪くそれどころではないという雰囲気でした。

少子化の原因と対策の有効性

少子化対策の必要性を訴えると、「昔は貧乏でも子沢山だった」とか「低開発国では人口爆発している」などと反論されます。これらの意見は経済学的な子どもの役割を混同しています。子

どものもつ役割は、

a　かわいいという消費財的側面
b　農業労働力となったり、老後の親を養ってくれる資本財（年金）としての生産要素的側面
c　私的な便益と社会全体の便益が乖離する外部性をもたらす公共財

というふうに分類されます。近代化に伴い家族経営が解体する中でbの役割は消え、aの役割は嫌になれば捨てればよいペットに取って代わられました。そこで私的なインセンティブが減少した結果、cの役割が重要視されてきました。

なかでも賦課方式公的年金のもとでは、年金給付が社会全体の出生率に依存する一方、子育て負担は個別の費用になりますので、社会と個人のインセンティブの乖離からなる外部性が生じます（この点を中心に、子育て補助金を考察した文献については **Cremer *et al.*** (2006) とそこでの参照文献を見てください）。現時点で日本の現状は賦課方式のもとで、少子化が進行しているため、外部性による弊害が生じていることは明らかです。また単純に家計の希望を聞いたアンケートを見ても、理想の子ども数は現実子ども数よりも大きく（理想は3人だが現実は2人という組み合わせが55・3％〔第13回出生動向基本調査〕や内閣府「少子化社会に関する国際意識調査」）など、その理想が達成されない理由は子育て費用にあるなどと回答されています。さらに組織や

都市には最小最適規模というものがあり、ある程度の人口がいなければさまざまなシステムが崩壊していきます[2]。これらの点を考え合わせると、少子化のための公的介入は意味があるどころではなく、充分な理由があり、必要でしょう。

子どもの聖域化

もう一方で筆者の考えるところ、近年では子どもを「聖域化」する風潮が強すぎて、かえってそれが少子化を招いているように思います。老後は子どもに迷惑はかけたくないと考える親が多い一方、子どもの就職や社会不適応、不成功を過剰に心配しています。「私のしごと館」やキッザニアなど子どもへの職業教育テーマパークというものが一時は盛んでしたが、それは夢をかなえるというよりも、子どもの社会適応を必要以上に危惧する親サイドの押し付けという側面が強かったのではないでしょうか。

その結果、現在では子どもを持つ主観的なリスクというべきものを、親がリターンなしに一方的にかぶる構造になっています。経営者に過剰な責任を問うと果断な投資ができないと言いますが、子どもをめぐる議論はあまりに優等生的ではないでしょうか。手当のパチンコ代流用ぐらいいいじゃないか、と考え、もっと気楽に構える必要があるのではないでしょうか。国全体のマクロ的経済循環がうまくいかなくなる大きな危機を危惧しているのに、細かい手順ばかりを気にしているから、かえって危機を招くといういつもながらのパターンではないでしょうか。

3つの少子化対策

先述したようにアンケートから得られる理想の子ども数は現実の子ども数より大きく、この差を埋めるための政策はさまざまに考案されてきました。これらの政策を少子化の原因は何がボトルネックとなっているのか、という観点から以下のように3分類して、順に考察しましょう。

①**結婚相手がいない**ためであり、結婚できれば子どもは生まれるので、婚活政策が必要
②仕事が過重であるため、**時間が足らない**ため、結婚しない、子どもを作らない
③**お金が足らない**ため、（結婚するしないにかかわらず）子どもが作れない

それぞれ対策は婚活支援、保育所整備とワークライフバランス、児童（子ども）手当に対応し、また②と③は現物給付・就労支援と現金給付に対応する（第5章参照）とも言えるでしょう。

結婚しない日本人——生涯未婚率の急上昇

まず結婚相手がいないという点から考えてみましょう。夫婦生活を15－19年続けている世帯の

出生児数の平均を夫婦完結出生児数といいますが、この数値は実はまだ1・96です。72年から2・2人前後で推移していましたが、直近の2010年の調査では1・96人と減少しました。このように減少してはいますが、全体としては少子化が進んでいる理由は、結婚しない人間が増加しているからです。

実際、2005年の30–34歳の男性の未婚率は47・1％（女性は32％）で半数がまだ未婚の状態であり、50歳の未婚率（生涯未婚率）は80年代以降に急上昇しています。もともと日本社会は皆婚社会と言われ、70年代までの生涯未婚率は、男女とも1％台でした。ところが、2005年には生涯未婚率は、男性で15・4％、女性で6・8％に急上昇しているのです。

この点に関して、岩澤・三田（2005）は出生動向基本調査から、結婚を恋愛結婚とお見合い結婚に分類し、結婚の減少は後者の減少にあることを示しています。女子の非正規化に伴い、社縁結婚が減少したことも、結婚減少の大きな要因であり、見合いと社縁結婚を合わせると、ほとんどが説明できるとしています。企業の共同体的雰囲気の風化が影響しているともいえるでしょう。

さて近年ではこの風潮がさらに悪くなってきました。実際、合計特殊出生率の変化を分解すると、80年代と90年代とでは合計特殊出生率の変化要因が大きく異なっていたことが分かります。

- 80年代の合計特殊出生率の下落幅0・19のうち、0・17は結婚しない人が増えたためで、結婚後の出生行動はほとんど変化していません。ところが
- 90年代では下落幅0・20のうち、結婚行動の変化で説明される部分は0・08にとどまり、

半分以上の0・12は夫婦の出生行動の変化によって説明されるのです。

つまり、80年代において少子化の原因は、主として未婚者の増加によるものなのですが、90年代においては結婚行動の変化以上に、既婚夫婦が子どもを作らない傾向が強まっているのです。先の夫婦完結出生児数は夫婦生活を15–19年続けている人たちのことですから、結婚歴の浅い人たちから完結出生児数が減少してゆくと考えられるでしょう。

児童（子ども）手当か保育所か――現金か現物か

結婚対策は政府が街コンなど「お見合いパーティー」を行うなどの婚活支援しか方策が考えられず、なかなかそれ以上の対策は難しいといえます。一方、残る2つの方策――子育てに②の時間が足らないのか、③の金銭が足らないのかの対立は従来から問題となってきました。政府の少子化対策であった従来のエンゼルプラン等は子育てが勤労女性の負担になりやすいことから、

- ②の「時間が足らない」という側面に重点を置き、保育所整備等の現物給付中心の子育て支援を行うというものです。
- ③の考え方は少子化対策に絞り、現金給付に力点を置くもので、もともと金子（2006）は「子育て基金」を提唱しており、この流れが児童（子ども）手当につながります。

この少子化対策の一つの問題は、精神論や「空気」を作ることで解決できないことです。もともと日本では、〇〇しましょう、というスローガンで物事を進めることが多く、それはそれで有効な場合も少なくないのです。しかし少子化問題の場合、「戦前の産めよ殖やせよ」の時代に戻るのか、という決め台詞があって「空気」が使えず、このためあまり有効でない間接的な対策が乱発されることにもつながります。

たしかに女性に出産を強制するような政策はあってはならないでしょう。だからといって多額の費用がかかる子育てを金銭的に支援することが何らかの倫理的な重大問題ならば、政府の行う政策のほとんどが強制・誘導でしょう。たとえばエコポイントという名目はついているものの、リーマンショック後の金融危機時に自動車や家電の購入に補助金が導入された理由は、輸出産業の過剰設備の稼働率を上げるためでありました。高所得者の購入する自動車や薄型テレビに補助金を出すことには積極的で、子育て補助はバラマキという発言は、あまりに生産中心の発想ではないでしょうか。[3]

この生産中心の発想の人たちや、財政事情だけで新たな支出に何でも反対する人たちだけのために、少子化対策は遅れに遅れてきました。やっと始まった子育て金銭支援は不必要と決めてしまって良かったのでしょうか。諸外国が着々と手を打っているなか、日本だけが目先のことしか考えない人により、国家としての安楽死の強制をなされているように思います。もう少し危機意識が高まる必要があるのではないでしょうか。

2　女性労働と2つのM字型カーブ

2つのM字型カーブ

さて先に少子化対策の違いとして、現金給付か現物給付か、と述べました。この２つの考え方の背景には実は女女格差と呼ばれる状況を反映した「もう一つのM字型カーブ」の存在が背景にあります。

少子化の背景には、結局は女性労働の状況が中途半端であり、男女共同参画がなかなか進まないことがあります[4]。従来、M字型カーブといって、女性の労働力率が30代で子育てのため、低下することが観察されてきました。図６－２は男女別に年齢階層別の就業者の実数をプロットしたものですが、１９９０年には存在していたM字の谷が２０００年には、女性労働者数では解消しています（労働力率では解消までは達しませんが、浅くなります[5]）。そこでこの変化は、一見望ましいようですが、実は以下の非正規化・未婚化・少子化を伴っているのです。

①　**非正規雇用化**　一番の問題は女性の正社員数が減少していることです（20－24歳の正規雇用者は58・１％から36・４％まで減少、25－29歳までの非正規雇用者は８・４％から24・２％

図6－2 年齢階層別労働力人口 団塊世代と負け犬世代

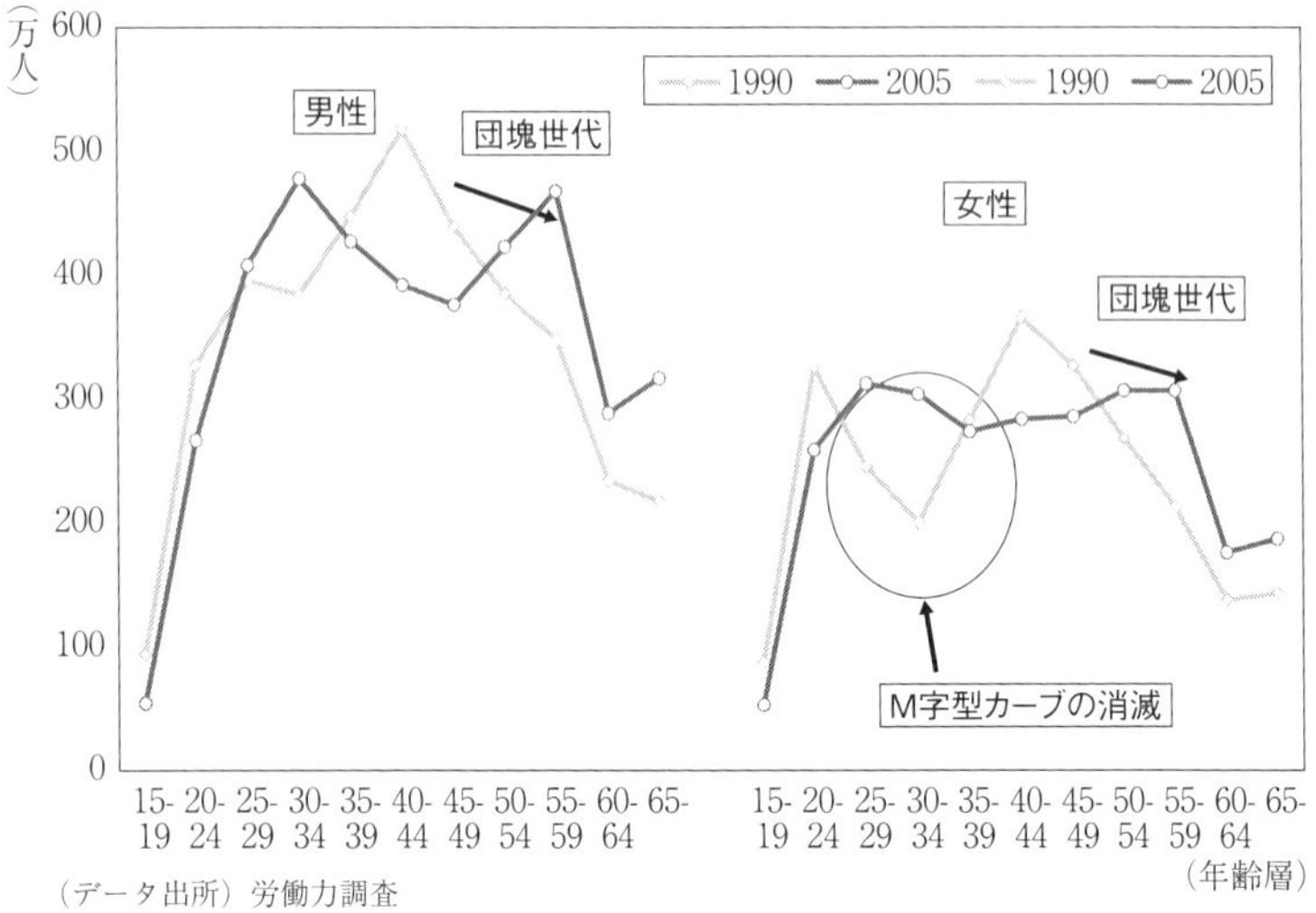

（データ出所）労働力調査

に増加)。10年前よりも133万人少ない1039万人だったことが、厚生労働省の「07年版女性労働白書」に示されています。女性の雇用者全体に占める正社員の割合は12ポイント減の46・5%に落ち込みました。男女間の賃金格差の改善ペースも以前より鈍っており、45〜54歳のフルタイム労働の女性の賃金は07年でも男性の6割未満にとどまります。

② **未婚化** M字型カーブの底は上昇しましたが、谷の部分では実は未婚者が増加したことも報告されています。25－29歳までの有業無配偶者は27・6%増加しました。

③ **少子化** 合計特殊出生率は低下を続け、少子化傾向が強まっていることは周知の通りです。つまり保育所整備等の子育て支援が目指す既婚者自体が減少している

のです。

この状況を踏まえて、筆者が考える「もう一つのM字型カーブ」とは所得階層に関するものです。図6－3が示すように500万円以上と400万円台以下で1：2の割合できれいに分かれることを指します。この背景には、非正規雇用に従事する女性の平均賃金は100万円程度、派遣で200万円程度です。また母子家庭の平均所得もきわめて低いものという事情があります。内閣府が行った「結婚・家族形成に関する調査」では男性の年収300万円が、結婚に関する分岐点とされています。

図6－3　女性の所得に関するもう一つのM字型カーブ

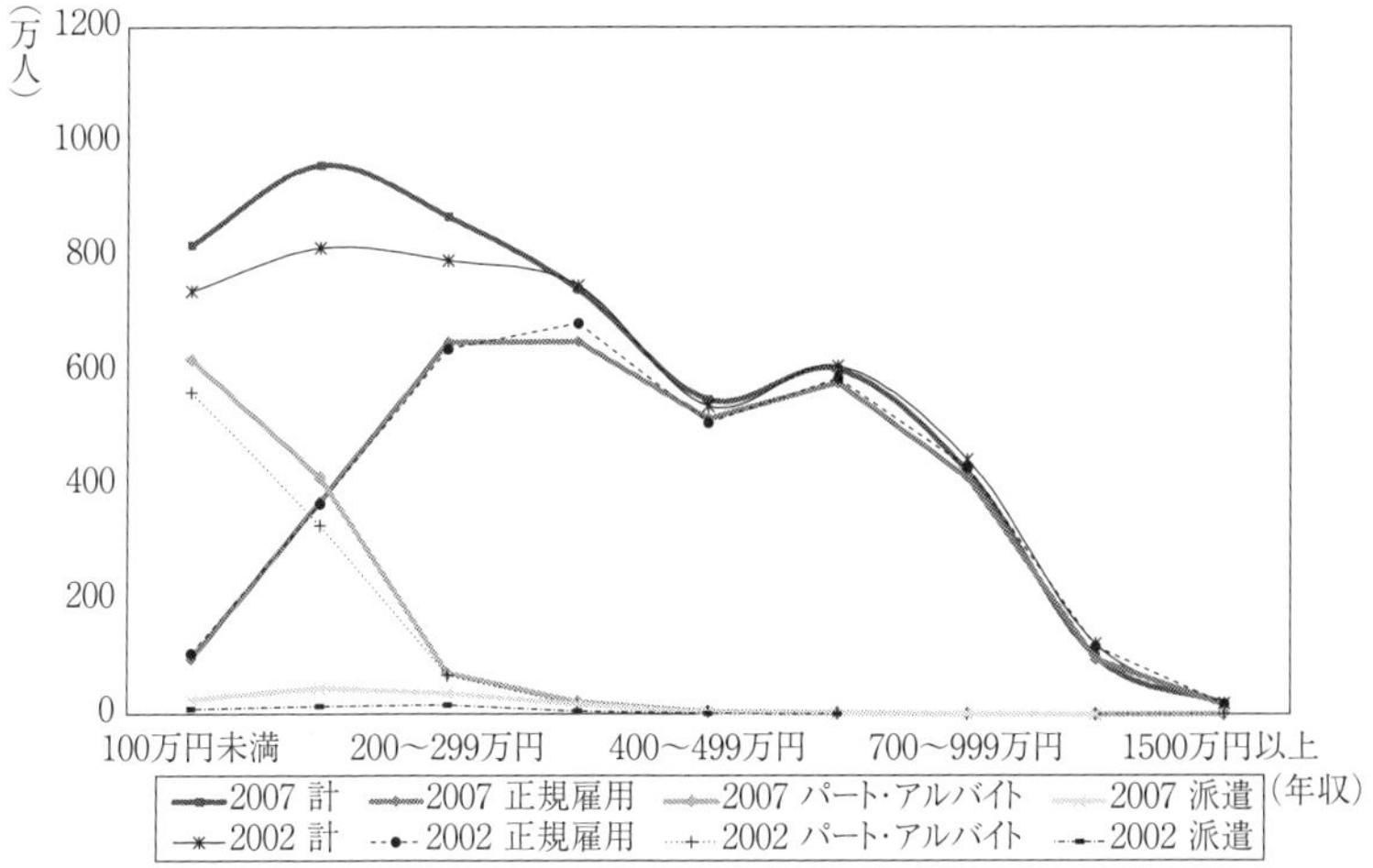

（データ出所）労働力調査

拙速な就労支援は少子化対策にならない

この状況と本書のこれまでの議論を考える

と、女性労働も「急がば回れ」ではないでしょうか。人口減少のもと、女性労働の活用が叫ばれますが、足もとで必ずしも低賃金就労を促進する必要はありません。また少子化が家計の経済状況に依存することは事実ですが、本書でここまで述べたように日本のマクロ経済は需要不足の状態にあります。この状況で安定した女性の雇用を実現するためには、非正規等への大量就労による賃金への下方圧力は望ましくありません。誤解を恐れず言えば、多くの若年女性が非正規雇用のもと、あまり将来展望のない労働に従事していますし、現実にも正社員の総人件費を男女に分けると、ほぼ一定です（賃金構造基本調査）。もちろん正規雇用と家庭の両立を図る女性への支援は惜しんではならないことを大前提として、必ずしもキャリアの中断が問題とならない職種に就いている女性の場合、子育てに専念する期間があっても良いし、それはそれで現状の日本経済において良い影響があり、回り回って女性労働の待遇改善にもつながるというのが筆者の考えです。本書の随処で議論しましたが、最終需要の裏付けがなく供給力の拡大を目指しても、事態は改善しません。

所得階層と少子化対策への評価

このような所得階層の分化に応じて、少子化対策の評価も分かれます。もともと2005年の内閣府「少子化社会対策に関する子育て女性の意識調査」では児童手当・扶養控除税制に対して8割前後が「役に立つ」と回答しています。また近年では、子ども手当に関するアンケート調査の結果は、全般的に懐疑的なように発表されることが多いのですが、労働政策研究・研修機構の第2回子育て世帯全国調査（2013年5月）では、拡充してほしい公的支援の1位は（「児童（子ども）手当の増額」、「年少扶養控除の復活」など「金銭的援助」であり、（全体の67・7～75・2％）、2位が「保育サービス」（全体の26・2～50・3％）となっています。分類してみれば、

ⓐ 低所得層で手当を歓迎する一方、実は、

ⓑ 子どもを欲しくない家計や年収が高い家計ほど手当は高いと答え、

ⓒ ワークライフバランスが可能な大企業に勤める高所得者は、もともと子どもを望みません。[6]

実際の家計調査のデータ（図6-4）でも、家計の所得別に子どもの数を見ると逆U字型であり、

• 低所得分野では、所得が増加するにつれて子どもの数が増加

• 高所得分野では、所得が増加するにつれて子どもの数が減少

しています。つまり低所得者層では子どもの数は所得に比例しているのです。

きわめて大まかな議論であることを承知でいえば、図6-4で200万円未満の階層を150

万円の所得と考え、３５０万円の階層と比較すると、所得が２００万円増加すると、子どもの数は50％増加する、と考えることもできます。合計特殊出生率は50％増加すれば、１・３から２になりますから、家計に年間２００万円配れば少子化問題は解決ということも不可能ではありません。

さらに企業等に存在する扶養手当は公務員や大企業に手厚いことを考えれば、図６－５の結果は、金銭手当が子ども数に大きく影響するという解釈もできます。この結果を勘案して、手当を再設計すべきなら、世帯の子ども数が増えるごとに加算し、中・低所得層への配分は、出生増につながりやすいでしょう（筆者は所得制限を行わず、シンプルにすべきであると考えますが、次善の策としてという意味です）。

もう少し厳密な多くの計量分析では、家計や女性の所得と子ども数の関係は不明確とされ、そこから手当の効果はないとされることが多いのですが、筆者にはいくつかの留保があります。テクニカルな点になりますが、

- まず多くの展望論文は現金給付を否定しようとする視点で書かれており、たとえば基本的な統計である出生動向基本調査のマイクロデータを使い、金銭的な要因が重要との結果を得た大山（2003）など金銭手当に好意的な論文を無視しています。
- 金銭手当に効果がないとする代表的な研究として挙げられる森田（2006）であっても、同論文を読めば養育費を引き下げる点から考えると効果があるのではないか、と示唆しています。

図6－4 所得階層別の家計内18歳未満人員数

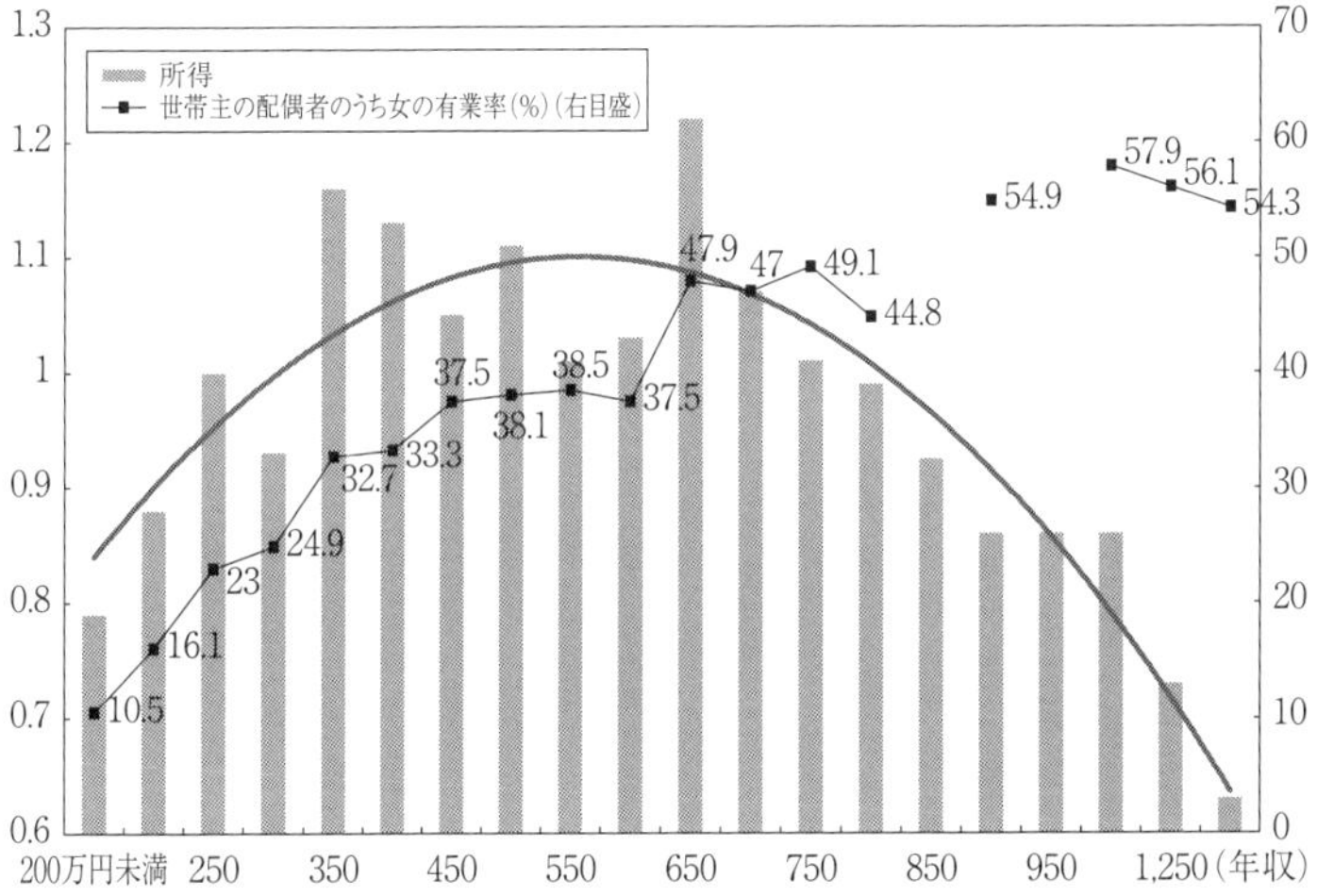

（データ出所）家計調査

図6－5 世帯主の勤め先企業規模と家計内18歳未満人員数

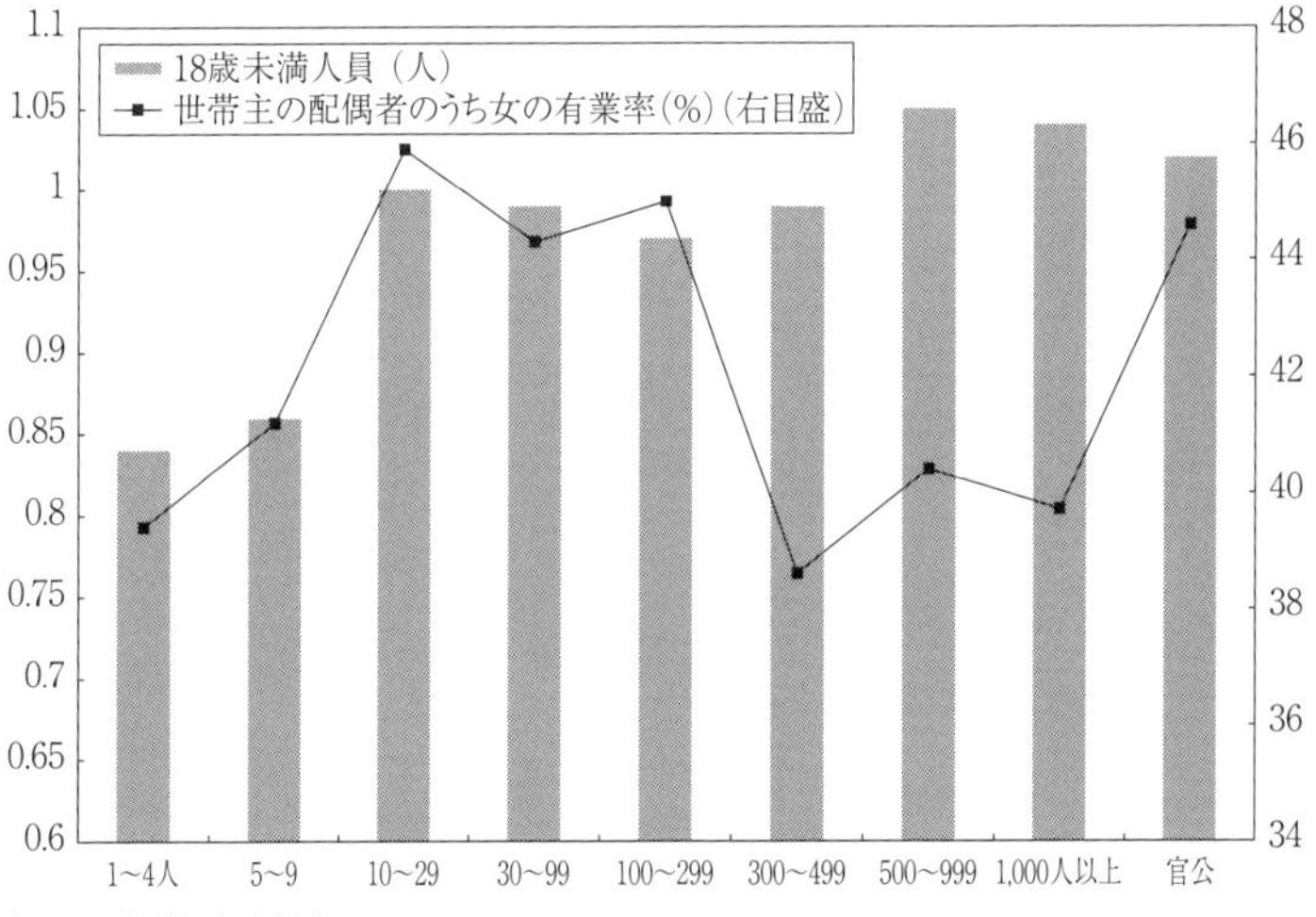

（データ出所）家計調査

●大山（2003）のサンプルの子ども数はすでに1・9であり、森田（2006）では平均月収50万円であるなど、サンプル家計は子ども数もすでに多く、かなりの高所得に偏っています。図6－4でいえばいずれの研究も、逆U字型のてっぺん部分の平らなところで推計を行っているためではないか、と推測できます。

●いずれの研究も経済力がなく未婚の集団は、（ある程度やむを得ないことではありますが）サンプル対象外となっていますから、この点を割り引いて結果を見る必要があります。図6－6は出生動向調査によるアンケートで「子育てや教育にお金がかかりすぎるから」と回答した比率を妻の従業上の地位別にプロットしています。この図から収入の少ない集団は子育て費用が負担であることを訴えていることが分かります。

●結局、金銭手当に効果がないという結論は推定式を線形にした結果であり、図6－4のように非線形なものを前提とすれば、もう少し明確な結果が得られるのではないでしょうか。図6－4の逆U字型のてっぺんで回帰分析を行えば、それは確かに効果がないという結果が出るでしょう。しかし低所得層だけを取り出せばどうでしょうか。事実、田中・河野（2009）は高所得者層と低所得者層にサンプルを分割して、後者では出産一時金の効果があると結論づけています。

いずれにせよ少子化はデータの制約から、案外、厳密に研究されておらず、また結論も財政至上の立場からなされている傾向が強いように筆者には感じられます。[7] さらに基本調査である「出

図6－6 理想の子ども数を持とうとしない理由

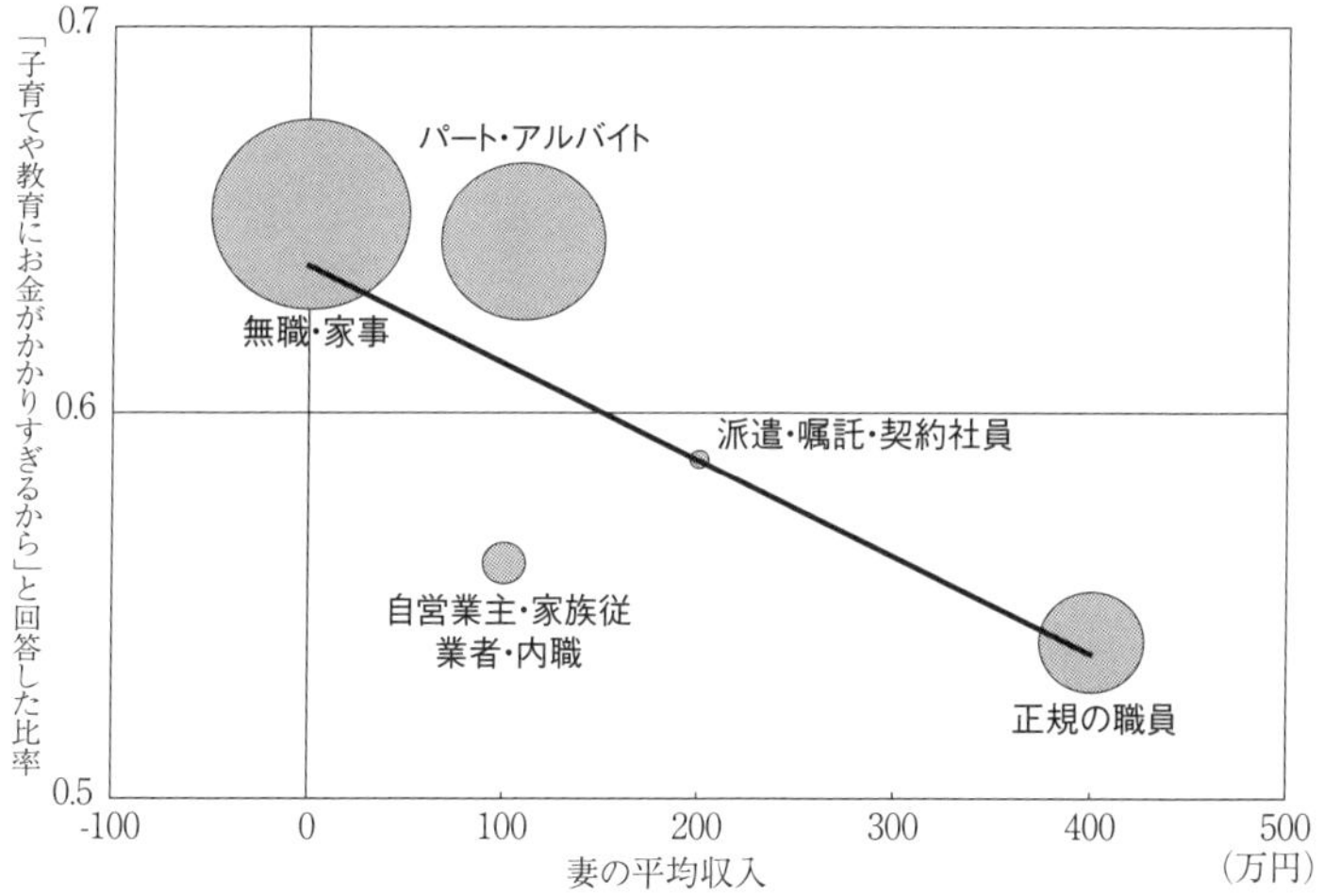

（データ出所）出生動向調査

生動向基本調査」でも、先述したように「お見合い」か「恋愛」かという設問を含みますが（これはこれで興味深いのですが）、現在の妻の収入など就労条件を中心に、旧態依然な質問事項等の改善の余地が大きいように感じられます。

出生率と女性労働

よく県別データを使って、出生率と女性の労働力率の相関が分析され、正であることが報告されています。筆者の予備的な推定結果によると、

ⓐ 女性の有業率と出生率の相関は正

を示していますが、一方で

ⓑ 女性給与と出生率の相関は負

であることは一致して推定されています。つまり高所得の女性は出産せず、低所得の県ほ

ど出生率が高いという結果になります。ところが、
ⓒ 女性の正規雇用率と出生率の相関は正
となり、3つの結果を合わせると、たとえ低賃金であっても正規雇用の職に就いている女性の出産が多いということになります。非正社員の男性が結婚する割合は正社員の4割という調査結果もあり、非婚化・晩婚化の背景には非正規雇用など経済問題があるのは明らかです。

現物給付の非効率性——時間がボトルネックか、所得がボトルネックか

以上から、筆者は児童（子ども）手当のような安定的な現金給付を高めるべき、という考え方です。少子化のボトルネックは「出会い」と「時間」と「所得」であると先述しました。育児時間は全部とは言いませんが、保育所やベビーシッター等ある程度お金で買うことができますし、社会保障・福祉の分野でよく見られる過剰な規制を克服することができます。また就労支援はマクロ的需要不足のもとで賃金の引き下げ圧力をもたらす難点があり、また就労して時間というボトルネックを強めるわけですから、ここはまず所得や手当に集中すべきでしょう。

手当には反対だが、就労支援の現物給付は必要という政策は矛盾していると筆者には思われます。就労して所得が得られるから、子どもを持てるわけですから、回りくどい政策でなく、直接的な現金給付が効率的ではないでしょうか。ところが二言目には小さな政府を目指せ、社会主義はいけない、過剰規制や過剰統制はいけないと言うのに、なぜ多くの人々が少子化対策になると

現物給付にこだわるのでしょうか。中高年男性が旧来の考え方にとらわれ、自分の出世や商売に関係ない補助金を敵視しているとしか思えません。

　実際、少子化に対してバランスの良い政策、総合的な取り組みといえば確かにもっともですが、それらは可能なのでしょうか。現実には幼稚園と保育所の幼保一元化あるいは一体化ですら、厚生労働省と文部科学省の権限争いとそれに味方する族議員の圧力により、進んでいません。こんなこともできないわけですから、まず現金給付で消費者の選択を生かすべきではないでしょうか。

　もともと子どもを作るという行動はごまかしようがなく、家計側のモラルハザードは考えられません。むしろ問題は、政府側のモラルハザードが心配となります。図6-7は県別の0~6歳までの人口数と保育所定員の比率と出生率を表していますが、県別で見ても保育所整備の効果が頭打ちであることを示しています。都心部には子ども宮殿のような保育所が

図6-7 保育所のカバー率と出生率

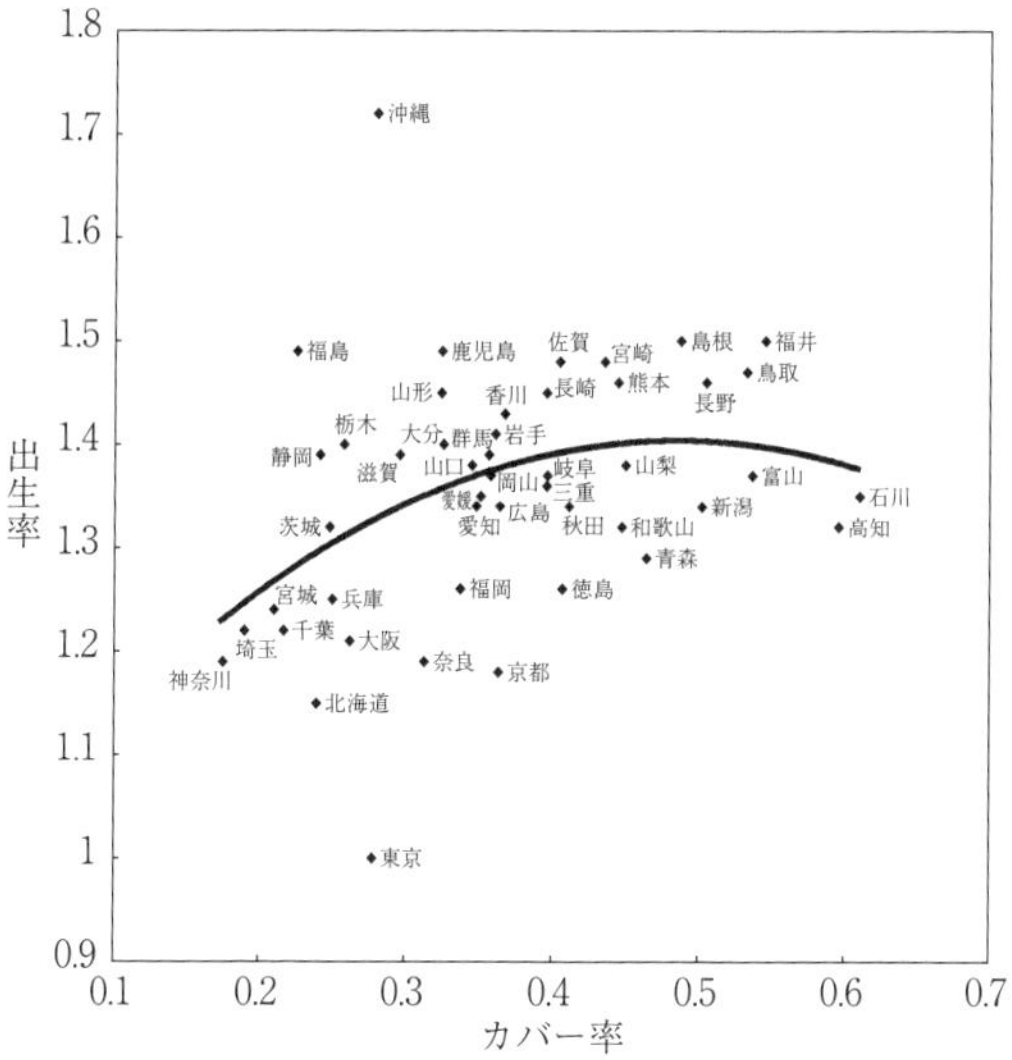

（データ出所）民力

建っているところもあります。せっかくの予算ですから、ハコモノに費やさないようにしたいものです。[8]

3　子ども手当は過大だったか

手当のインパクト① 子育て費用

さて具体的な現金給付のレベルについて、

① 財政へのインパクト
② 子育て費用へのインパクト
③ 女性労働へのインパクト

の3つの視点から考えてみましょう。

まず概要から考えると、民主党政府の「子ども手当」では、中学校修了までの子ども1人につき、月2万6000円を支給すると、財源は5兆8000億円が必要としていました。それが半額支給となり、さらに1万円に下げられ、児童手当に名称が変化したのも報道の通りです。しかし日本が直面する大きな問題に対して、高すぎる金額でしょうか。

小学入学前の子どもは700万人弱ですので、1人月5万円の育児手当を給付すると年4兆円強かかります。出産費用は約40万円であり、仮に出生数100万人分を国が負担すると4000億円となります。100万人に100万円を出産祝いとして贈ったとしても1兆円にすぎません。

筆者は1人月額4万円ぐらいの手当を出せばよいのではないか、と考えています。現在の状況からすれば笑われそうですが、この総額は7兆~8兆円となりますが、後述するように、財政における他の支出項目と比べて、高いわけではありません。むしろこれで日本経済におけるほとんどの問題が解決するわけですから、安いものだと考えられないでしょうか。

さて各家庭における子育て費用は、

- 基礎的な費用は1300万円程度と計算され（平成17年度版国民生活白書）
- その上にお稽古ごとや教育費が上乗せされて総額4000万円程度と見積もられます。

もちろんお稽古ごとの面倒を国でみることは必要ありませんから、基礎的な費用をどれだけカバーするかを考える必要があります。月額4万円ですと、年間約50万円、15歳までで750万円となります。基礎的な子育て費用の半額を公的に負担すると考えると、ちょうど良いのではないでしょうか。さらに3人の子どもを育てると、年間140万円程度の補助が得られるならば、現在パートで働く女性の年収（100万円程度）のほとんどを超えるため、かなりの効果があることも期待されます。

手当のインパクト② 女性労働

女性の就労促進の側面から、子育ての機会費用がきわめて大きいことが指摘されることがあります。たしかに一般労働者として再就職すると、逸失額は５８８０万円であり、パートとして再就職すると2億円以上と計算されています。ただ山田（2007）も指摘するように、これまでの世代では大卒女子のパーセンテージは低く、皆が２億円の損をするわけではありません。あまりに誇張されすぎていると考えます。

また管理職を目指すエリート層においても、日本企業の慣行であるジョブ・ローテーションからみて、子育て期間が3年でも、能力という意味では、仕事の中断は本来はそんなに大きなハンディをつけることにはならないはずだと考えます。たとえば海外勤務を行えば、東京の本社の事情に疎くなります。それで出世の道が閉ざされるわけではありません。むしろ問題は出世を争う勝ち抜き型競争（ランクオーダートーナメント）にあり、出世を争う男性陣から何となくハンディをつけられる点にあるのではないでしょうか。

筆者は問題の重大さからみて、政策介入は必要と考えます。たとえば障害者雇用率制度を参考にして、企業別に出生率の公表と企業の社会保障負担の優遇を考えることはできるでしょう（**企業別出生率**の計算の場合、男性も分母に含めたり、賃金でウェイト付けしたりすることが必要です）。あるいは男性の育児休業取得率（現在１・２３％）が低いと、ペナルティーを科すことも考えられます。

また残念ながら、先述したように非正規化・未婚化・晩産化が進んでいるわけですから、女性労働の質というものを考えることが必要です。女性の社会進出といっても非正規ばかりを（結果的に）保護する政策だけでは、第2章で述べたように根本的な問題の解決になりません。むしろ企業の現場では人が余っているわけですから、まず非正規雇用の分化を促すなど「急がば回れ」の政策が必要なのではないでしょうか。

手当のインパクト③　財政

さて、以前の計画の子ども手当の総額は5兆円として考えると巨額は巨額ですが、考えられない数字ではなかったと思います。まず財政の数字と比較してみましょう。

- 近年、新たに創設された介護保険費用は年間7兆円にも上っていますから、数兆円規模の新設がありえない、というわけではありません。また、
- 社会保障給付費総額はほぼ100兆円（平成21年度）であり、その5％程度になります。
- 税収見積もりの誤差は毎年3兆円に上っています。
- 一台25万円ものエコカー補助金はバラマキではないのでしょうか。
- 2008年度までの道路関係予算は10兆円近くもあり、現在でも4兆円程度あります。
- 生活保護の受給者は210万人で、12年度の予算は3・7兆円に上ります。

・租税特別措置の見直し（2010年5月閣議決定）を各省に義務づけられていますが、まったくデータの裏付けのないものや申請件数がほとんどないものが存在すると報道されています。

このような財政の一般的状況をみると、多額の費用を使っている事業が多数あり、またその効果が厳密に検証されているわけではありません。この状況で子ども手当のみ効果がない、と喧伝されたことは、少子化対策に厳しすぎたのではないでしょうか。

先に経済サービス等の整備のための政府支出が大きいことを述べましたが、子孫がおらず使う人がいなくて道路や橋を造っても仕方がないですし、後述するように現状の年金制度では少子化のもとでは負担はいずれにせよ拡大し、増税は避けられないのですから、先取りして少子化対策を行った方がよいのではないでしょうか。

少子化対策は国民間の資金融通を行うトランスファーですから、公共事業等の非効率な事業に資金を費やして資源配分を非効率化する場合とは異なります。また生まれた子どもは税金を払い、年金を支えるわけですから、まさに「未来への投資」として考えられるでしょう。

さらに子ども手当は次世代の負担になるといわれましたが、それは逆です。現在、減少する若年人口で高齢人口を支えなくてはいけないわけですが、支え手が増加すればそれだけ1人当たりの負担は少なくなります。世代間不公平をめぐる計算の中で、今後生まれてくる世代は1億円以上財政・年金面で負担が大きいという試算があります。これは逆に考えれば、今後の世代は1億円以上政府に余分に支払ってくれることを意味します。端的にいえば、子ども手当で出生数が増加すれば、財政面からも元が取れることになりますし、将来世代の1人当たりの負担が薄まることを意味します。つまり**もっとも良い世代間不公平対策は少子化対策**であり、これから生まれてくる世代の仲間を増やすことになるわけです。

少子化対策反対の構図

日本は世界で最も少子高齢化の進んだ国となっています。2100年には5000万人に人口が減少すると政府が見積もっているわけですから、なりふりかまわず少子化対策をすべきだし、そうすることが合理的だと思います。ところが少子化をそのまま受け入れるという意見が政府内やビジネス界では優勢であり、グローバル化という美名のもとに一部のエリートだけが生き残ることを促進するかのような政策が取られてきました。それは**必勝の信念ならぬ必敗の信念**であり、社会的な「死の強制」のように筆者には思われます。少子化研究者の中には、もはや賦課方式の年金は維持できないのは当然だ、と得々と語る人がいますが、これでは日本全体が姨捨山になってしまいます。さらに日本の死が「安楽」であればまだいいかもしれませんが、実際には苦しみ抜いて衰えていくことになるのではないでしょうか。

先述したように子育て世帯の現金給付増額の願いは切実なものがあります。ところが、

- 男性エリート層は男性中心の企業共同体から、少子化対策に無関心であり

- 女性エリート層も女性は家に帰れとする考えへつながることを危惧し、ワークライフバランス政策や保育所など現物給付以上の対策を容認してきませんでした。そこで
- 本来必要な低所得層への現金給付がなおざりにされた

という3つの結果が、極端な少子化の背景にあると思われます。そしてこの立ちすくみの構造を補強したのが、

- 都市部中心の地方自治体首長の子ども手当への懐疑であり、
- 財政重視の観点からなされる「産めよ殖やせよ」に戻るのか

という決めゼリフでした。

子ども手当に反対した首長は神奈川県や川崎市など、地方からの流入のため人口減少問題がまだ深刻でないように見える都市部が多いことは近視眼的ですが、まだ理解できます。しかし過疎地出身で国家主義的発想の代議士が反対するに至っては理解に苦しみます。そんな価値観だから農村の結婚危機がすすむといえるのかもしれません。

さらに財政至上主義から反対する人たちがいますが、これでは結果的に日本の衰退をもたらしてしまうことを、国民全体が認識しておく必要があるでしょう。たしかに児童（子ども）手当は現金給付ですから、官僚の天下り先が増えたり、関連業界でビジネスマンが出世することはありません。また第5章で述べたように財政が苦しいことは事実ですが、だからといって人口減少を放置し、財政だけを一時的に好転させることが組織内の評価につながるのならば、そのような組

織と組織文化は日本経済全体のためになりません。この意味で少子化対策を敵対視したり、手当に全く触れていない人口減少に関する議論は困ります。

少子化を受け入れるコストは莫大

不良債権問題においては、住専問題がまず話題を集めました。そこから問題に取り組むのではなく、銀行への公的資金投入はかえってタブー視され、より大きな問題となりました。2010年ごろの子ども手当をめぐる迷走は、それに対応する残念な問題と筆者は考えています。もう少し少子化を受け入れるコストというものを、日本のマクロ経済全体の視点からもっと広く認識すべきではないでしょうか。

- 人口構成に依存する社会保障や賦課方式年金
- 人口規模に依存し規模の経済を持つ行政サービスや都市集積

が維持できなくなる可能性は第5章で説明しましたが、実際人口つまり頭数に依存したサービス産業や公的部門は、人口減少下でなかなか1人当たりの産出量を高めるわけにはいきません。

その主要な理由はスケールメリットというものがあるからです。最小の労働者の人数というもの（**最小最適規模**）が現場の事業所にはあり、規模が拡大する成長下と異なり、この最小最適規模が人口衰退化では制約になるからです。その結果、

- あらゆる組織で少子化のための縮小均衡を図り

● 長期的な土地や建造物価格の低下を我慢する

より、思い切って少子化対策を拡大すべきではないでしょうか。

出生率が急回復したフランスと同程度の対策を行っても、10兆円程度にすぎないと試算されています。この金額は現在の消費税総額と同じです。消費税をもう5％あげれば、すべての問題が解決というわけにはいかないでしょうが、せめて少しずつ増やしていくことはできないのでしょうか。たしかに財政には問題がありますが、少子化対策費用を削ることは、人口減少傾向を受け入れ地方から壊死するにまかせるということであり、国のあり方として本末転倒、病気は治したが患者は死んだということになりかねない、と筆者は考えます。

人口が減少して、地方から壊滅してゆき、日本全体が立ち往生して、もう少し前から少子化対策を打っていればと思ってももはや遅かった、ということは充分考えられるでしょう。そうなったときにはもはやとりかえしがつきません。このため、最悪のケースを想定して充分な人口対策が求められると思います。むしろ日本はこのような最悪のケースを想定しないという失敗を繰り返してきたのではないでしょうか。

もはや間に合わない、という意見もありますが、こういった意見は社会保障と財政の資金繰りのみを考えています。マクロ経済は将来予想が現在に影響する（フォワードルッキングといいます）ものであり、出生率が回復してくれれば消費マインドや資産価格に好影響は必ずありますが、一直線に衰退が予想されれば、それには加速がつきます。

決して揶揄したり、皮肉を言うつもりではありませんが、数十年単位で多くのコミュニティが壊滅するのに、原子力関連の問題で数百年や10万年単位のことを考えるのはどうでしょうか。人口減少下で使わない道路を造るより、子どもへの投資は未来への投資であり、長期的な経済活性化に最も有効なものです。相対的に出生率の高い地方への所得再分配にもなる児童（子ども）手当は最良の世代間不公平対策であることを認識し、それをきちんと説明すれば、ある程度の費用負担を国民も理解するのではないでしょうか。

1　東日本大震災による原発事故は怖ろしく、かつこれまでの関係者の対応を考えると腹立たしい体験でした。チェルノブイリ事故後の80年代後半に原発への疑念が高まった時期に、もう少し方針を原発依存型から脱却していれば、大惨事につながらなかったのではないか、と考える人が多いのではないでしょうか。少子化対策や子ども手当に対しては近視眼的な反感・反論が盛んですが、20年後に間違っていたと考えても取り返しはつかないと筆者は思います。

2　義務教育費は子ども数減少にもかかわらず変化していません。

3　山田（2007）は少子化を包括的に扱った著作で、公的支援一般に反対しているわけではないのですが、「『自家用車をもちたいけれど、もてないから公的に支援しろ』と言っても、一笑にふされるだろう。」という記述（p.195）があります。これは一般的な人々の感情だとは思いますが、一台25万円ものエコポイントは自動車に公的支援を出すことでしょう。

4　1985年には男女雇用機会均等法が施行されました。この法律が施行される以前には女性のみ25歳定年制など、極端な差別事例が横行していたことを考えればその意義は大きいものがあります。またある程度のエリート女性の出現もこの法律によるものと考えられるでしょう。ただし一方で女性の生理休暇・超過勤務及び夜勤の制限などの権利が制限されたこと、また総合職と一般職によるコース別人事により、共同参画が実現されたとは言い難い側面もあります。

5 『少子化と男女共同参画に関する社会環境の国内分析報告書』
http://www.gender.go.jp/danjo-kaigi/syosika/houkoku/index-kokunai.html

6 明治安田生活福祉研究所が行った「結婚・出産に関する調査」（２０１０年）では3割程度が子ども手当で出生数が増加すると回答しています。

7 もともと多くの論文が依拠するベッカーの経済学的枠組みは、子ども数と消費財がともに正常財として、効用関数に入るというもので、多くの実証研究では、
・男性の所得や家計所得が増加すればするほど、子どもを需要すると考える一方
・女性の所得は養育費の機会費用として、上昇すればするほど子どもを需要しない
と扱われます。つまり専業主婦家庭がもっとも出生率が高く、夫婦共に正規労働に従事する家庭は出生率が低いことを前提とした枠組みで、この傾向が強ければ強いほど、子ども手当の効果は高くなる結果が得られます。この枠組みは極めて物質的であり、それはそれでやむを得ない側面がありますが、そういった枠組みを使っておきながら、女性の就業率と子ども数の正の相関を強調するなど、少子化の経済分析の多くは耳障りの良い結論を脈略なくまとめた感があります。

8 団塊世代が退場すれば、高齢者人口の総絶対数は今後、増加しません。支えるほうの人口が減るため、増加する比率と混同しないようにする必要があります。この点からも現金給付の優位性があります。

第7章

立ちすくみの構造

朝鮮・台湾・樺太ないし満州を抑えて置くこと、また支那・シベリアに干渉することは、果たしてしかく我が国に利益であるか。（中略）けだしこれらの土地が、我が国に幾許の経済的利益を与えておるかは、貿易の数字を調べるのが、一番の早道である。（中略）この三地を合せて、昨年、我が国はわずかに九億円余の商売をしたに過ぎない。同年、米国に対しては輸出入合計十四億三千八百万円、インドに対しては五億八千七百万円、また英国に対してさえ三億三千万円の商売をした。

石橋湛山『大日本主義の幻想』

戦後日本映画の傑作『七人の侍』や『生きる』で著名な黒澤明監督をめぐるエピソードにこんなものがあります。終戦後に銭湯に行くと、真っ裸の人々が熱くなりすぎた風呂に入れず戸惑っていた。浴槽の近くの水道の蛇口が壊れていて、水を埋めることができない。

人々はただ、「熱い、熱い」と言ってなにもしようとしない。こういう時、烏合の衆は何の考えも浮かばないようだ。クロさんが、その時、

「皆さん。それぞれ手桶で水を汲んで、バケツリレーで浴槽に水を入れましょう。皆さん、

一列になってください。」と叫んだ。
人々はその一声で、ハッと目が覚めたように一列になって、使える蛇口から水を浴槽に入れ始めた。(堀川弘通(2000)『評伝 黒澤明』毎日新聞社)

本書では3つの現状判断をもとに2つの政策を推奨していますが、バケツリレーのように協調の失敗を克服できるでしょうか。

3つの現状判断と合成の誤謬

本書では最初に日本のマクロ経済の現状を考察しました。その状況は基本的には有効資源が活用されていない**ケインズ的状況**と**「診断」**しましたが、しかしこれまでの政策濫用のため既存のケインズ的**「処方箋」**(公共投資・減税・金利引き下げ)は**すでに難しい**状況ととらえ、規制の調整などより広い手段を考察する必要性を主張しました。

第1章・第2章では**マクロ的な経験法則**(フィリップス曲線とオークンの法則)から、失業率が4%を割り込むと労働市場がタイトになり、非正規雇用の賃金上昇からデフレ脱却し、転職の増加など多くの問題が解決されることを示しました。労働市場においては2種類の労働者、ジェネラリスト的ホワイトカラーと主婦パートが特有の問題を抱えており、両者がステレオタイプ的に認知されることによって、労働市場全体の問題を見えにくくかつ複雑にしています。

第二に第3章・第4章では日本の企業社会の側面を考察し、中核労働者の労働市場面ではいわゆる日本的雇用慣行は現実にはほとんど変化せず、安心を求める本来の意味では優れた機能を持つこと、しかし一方で企業の共同体的性格が「合成の誤謬」をもたらしやすく、そして現在は管理（職）過剰に陥っていること、その結果、企業の自己防衛努力は過大で、現状では**助け合いの共同体から**、貯蓄主体にまで至って財務と会社法を駆使した**要塞へ変化**していることを分析しました。その貯蓄を賃上げにより放出させることは、マクロ経済に大きなメリットをもたらすこと、そしてケインズ的消費関数の成立する日本経済において、この方向性は標準的なケインズ経済学から見れば、妥当であることを説明しました。

第三に第5章と第6章は、政府部門と少子化問題を考察し、財政・人口減少・地方衰退が深刻であること、そしてその背景には少子化があることを説明しました。この分野に関しては、政府の情報開示が適切でなく、統計や情報が足らないため、本書の議論に表面的な部分はあります。しかしだからこそ危険だ、といえると思います。客観的な情勢が多くの人に明らかならば、大きな災厄（敗戦や原発事故など）は生じないでしょう。多くの人が危惧しながらも、適切な知識・情報をもたず、はっきりと問題を指摘できないからこそ、危険なのです。

以上の3つの判断（マクロ経済・企業・政府）の背景にある状況は、大きな「合成の誤謬」の**ジレンマ構造**です。まずサイクルの側面においては、

A：**生産物**　家計には所得がなく、一方で企業には売上がない
B：**資本**　家計は貯蓄したいが企業は規模拡大より借金を返したがっており
C：**労働**　家計は供給したがっているが、企業は売上が伸びないと、需要できない

という構造となり、さらにトレンドの側面においては、

D：**少子化**　子どもが産みたくても、所得や時間がない

という現状も含まれます。結局、日本経済はバブル崩壊というトラウマと人口減少という危機を目前に「立ちすくんでいる」ととらえることができるでしょう。その結果、政府や企業など既存の共同体的組織には「**埋蔵金**」による貯蓄過剰が、そして職場には「**過剰な管理職**」が存在して、マクロ経済的には「**需要不足**」の状況が一般的となっています。結局、個別の共同体が目指す自己防衛努力、それは企業の自己資本比率向上に代表されますが、マクロ経済における「合成の誤謬」をもたらして事態を悪化させているのです。

すべてはつながっている——「合成の誤謬」生成の経緯

以上の「合成の誤謬」生成の経緯を考えると、大きく見れば「人口減少のトレンド」が「洗面器のカニ」のような「頭打ちのサイクル」を誘発していたと見ることができます。もともと日本経済は80年代より、少子高齢化を危惧し資産蓄積に熱心でした。その帰結が貿易黒字を生み、日米貿易摩擦から国際政策協調の美名のもとの無謀な金融緩和、バブル、そしてその崩壊につながります。このプロセス後には、不良債権問題・銀行危機が生じ、需要は不足しているが不良債権処理が必要という金融危機の状況に追い込まれてしまいました。それが小泉・竹中路線の背景にあります。本来、企業の内部留保は通常の不況期に放出してバランスを取るものですが、金融危機時にはそうではなく流動性危機に対して現金保有等を高める必要があります。そこで、

- 銀行に借金を返して自己資本比率を高め
- 共同体的企業における労働組合は賃金低下を許容して

個別の自己防衛策をとりました。この**金融危機対策モード**つまり銀行に頼らない財務中心の自己責任論の副作用として、マクロ経済全体で拡大が止まってしまい、

- 「洗面器のカニ」のように**拡大が頭打ちになるサイクル**と
- 賃金低下から物価に波及して**デフレーション**が生じてしまう

わけです。少子化のトレンドのもとで、すべての企業や組織が延命を図って「細く長く」と考えて資産積み増しに走れば、マクロ経済は失速してしまうのは当然です。

筆者は小泉改革は手術に成功したが、リハビリに失敗した、と述べてきました（脇田（2010））。手術が不良債権処理ならば、リハビリは金融危機対策モードからの脱却にあたります。ここ4〜5年の経験はこの金融危機モードというべき習性からの脱却が完全に進まないうちに、リーマンショックと東日本大震災に見舞われたといえましょう。結局、日本のマクロ経済におけるすべての問題――金融危機・企業の貯蓄主体化・内部留保増大からなるＰＢＲの低さと自己資本比率増大・労組の我慢による賃金停滞と賃金デフレ・過剰投資による資本収益率低下――はつながっているのです。

処方箋と反感① 賃金増大

以上の現状判断に対して、本書で推奨するサイクル面の処方箋は賃金増大です。この処方箋は目新しいものかといえば、そうではありません。筆者はこれまで再三、労働分配率の計算や景気循環のフェーズを通して賃上げの必要性を指摘してきました。また資金循環上の企業の黒字主体化は銀行関係者を中心に大きく問題視されてきました。理論的に企業貯蓄過剰を考えれば、ケインズ的有効需要メカニズムの簡単な応用ととらえられます。通常のケインズ・メカニズムは家計貯蓄の過剰を問題視するものですが、日本企業には共同体的性格が存在するので、家計が貯蓄して自己防衛を図る代わりに、共同体的な企業の貯蓄が増大しているわけです。この**家計の機能を企業が代替するため生じる現象**は、景気循環など日本経済のさまざまな側面で見られる（脇田

（2010）p.109）ことであり、日本のマクロ経済の分析の基本に据えなければならないと筆者は考えてきました。本書の分析が他の本より具体的だとしたら、それは日本的な慣行をエレガントな分析の夾雑物と避けることなく直視したからです。

やっかいなことに賃金節約による企業貯蓄増大や設備投資優先は、企業の自己防衛的な継続的な方針によるものです（第4章）。このままでは分配の方向性の軸が誤っており、**継続的な需要不足と資本過剰**を生みます。いわば芯棒が狂っているわけであり、マクロ経済学で仮定される一時的な各自価格・賃金硬直性の結果ではないことを認識する必要があります。政府の繰り出す成長戦略が真の成長戦略にならない理由は、この最終的な家計消費が伸びないことが理由です。

経済学的に考えると、企業貯蓄過剰はケインズ的には好ましくないばかりか、企業ガバナンスを重視する新古典派経済学からも異常事態です。これでは資本主義ともいえないところですが、その背景には日本企業のあり方をめぐるダブル・スタンダード的な議論や企業の提供する生活費保障的賃金設定があることは指摘したとおりです。

このように是正すべき問題は明らかなのですが、この賃金上昇という処方箋は企業共同体内部の出世志向の人たちに評判が悪く、労働者が賃金上昇を要求しても、

- 「失われた10年」時には、（本当は不良債権・金融危機に対応するためだったのですが）成果主義の名の下に総人件費節約を
- それが終われば、非正規雇用に配慮し、正規雇用の賃上げは我慢すべきといわれ

●好況期には、日本的雇用慣行の礼賛傾向が強まりますが、その維持のために内部留保が必要といわれます。ここにもダブル・スタンダード的言論があるわけで、この結果、いつまで経っても賃金はさほど上がりません。

そして人件費節約の直近の結果はどうだったでしょうか。内需に点火しないばかりか、一部の不振企業は貯め込んだ企業利潤から輸出向け巨額の設備投資を行って勝負に出たあげく、リーマンショックで過剰設備の山となって資産効率は大幅に低下しました。このプロセスを考えると、家計は往復ビンタを食らったようなものではないでしょうか。

たしかに不況期にいきなり賃金を上げろといっても、それは難しいでしょう。しかし現在、団塊世代の退出を受けて失業率は低めであり、一部では人手不足となっています。企業はリーマンショック直後の２００９年度はともかく、１年後の２０１０年度には、利益剰余金（いわゆる内部留保）は25兆円も一気に積み増しています（第４章図４－３）。さらに市場メカニズムを生かし側面から賃金上昇を促すために、供給だけが先走ってはいけないこと、「急がば回れ」という側面を、女子労働など労働市場の制度的問題に即して、本書の随処で説明しました。これらを考え合わせると、賃金上昇の余地はいくらもあります。

処方箋と反感② 少子化対策

本書で推奨するトレンド面の処方箋は児童（子ども）手当増大です。バブルや不良債権に代表される日本経済のここ20年の経緯は、実は少子化に狼狽した歴史とも言えます。筆者はかねがね不思議に思うのですが、なぜ多くの人々が正面から少子化を直視しようとしないのでしょうか。第6章で述べたように「壊死」寸前の地方出身の政治家もいるでしょうに、目先の公共事業を要求したり、権限を増やす地方分権だけを主張するだけでいいのでしょうか。なぜ衰退を前に、じっと皆で我慢しているのでしょうか。日本人は運命に対して我慢強いなどと言われますが、少子化は不可避の運命ではありません。

ビジネス誌や経済新聞には（財務省の後押しのもと）二言目には、子ども手当のようなバラマキとありました。同じ媒体には（経産省の後押しのもと）企業は人口減少のため、グローバル化せざるを得ないとあります。日本銀行は異次元緩和のもと円安株高で日本企業の外国人向けバーゲンセールを行っています。グローバル化の美名のもとに、我先に逃げることはやむを得ないことで、少子化対策はバラマキだとしたら、日本経済は今後ばらばらになっていくしかないのではないでしょうか。

合計特殊出生率が1・57ショックと言われた1989年から、もはや20年が経ちました。少子化対策は即効薬ではないといわれますが、20年も本気でやればもう少し何とかなっていたはずです。本来、必要な少子化対策であっても、わずか5兆円、GDP比1％あるいは社会保障費1

00兆円の5%の計画であった子ども手当を目の敵にして、日本の将来をあきらめるつもりなのでしょうか。ある種のタブー、「空気」と言ってよいのかもしれませんが、財政至上主義のあまり、必要な少子化対策を怠って良いのでしょうか。

A論とB論再考――本末転倒と「急がば回れ」

本書冒頭に対外進出を基本とするA論と社会保障充実を強調するB論について述べました。A論については、本末転倒の議論であり、第1章図1-10にまとめたことが基本です。景気循環のプロセスにおいて、外需はたしかにきっかけとなります(脇田(2010))。しかしそれだけでは「きっかけ」にすぎず、外需から内需へ波及するメカニズムがあって始めて、大きな景気の盛り上がりをもたらします。本書は労働市場がタイトでなく、企業が余剰資金を貯め込んで要塞化しているため、本来利益となるはずの海外進出が良い影響をもたらさないことを論じているのです。また議論の激しい金融政策も、筆者は「ひもは押せない」と考えてきましたが、企業の資金需要こそが「ひも」にあたります。資金需要がタイトならば、金融政策はコントロールが可能ですが、現実はそうではないのです。

本来は良い影響といえ、B論の推奨する社会保障充実策、いわば格差是正策にも問題があることは指摘したとおりです。あまりに非正規労働を保護すれば、そこに労働者が流入してしまいます。さらに雇用対策は技能形成策に集中していますが、本当に技能がないから不安定な職に就くしかないのでしょうか。もともと需要がないから職が不安定なのではないでしょうか。技能を人的資本と言い替えると、過剰設備と同じロジックで問題を説明できます。生産物需要がない場合に供給能力を先行して高めることや、性急な格差是正策は、いわゆる引き下げデモクラシーになってしまいます。金融政策の過激化や専門職市場の崩壊も究極の供給先行策であり、ここに本書の随処で指摘した「急がば回れ」という側面があります。

保険と安心——ミクロ経済で言いにくいこと　合成の誤謬と個別主体の最適化

以上のサイクルとトレンドの二つの処方箋をもう少し具体的に考えると、発想と政策において優先順位を変える、つまり、

① 財務上の優先順位を自己資本・設備投資・人件費から、バランスの取れた以前に戻す
② 世代間の優先順位を将来の未出生世代を助けることに重点を置く

とまとめられます。このように筆者が本書で主張していることは、弥縫的な政策です。時に解決策とされる「雇用流動化」や「年金の積立方式化」などの空想的な政策ではありません。それなのに、なぜできないのでしょうか。まず考えられる理由は、こういった企業貯蓄過剰という現象がさほど報道されないことです。諸外国で生じた企業優先の動きをビジネス誌や経済新聞は「企

業が果実を独り占め」などと報道するものの、日本経済に対しては沈黙しています。根本的理由は中高年男性の個人的インセンティブに反することにあるのでしょう。この背景には伝統的な勤労観と家族観そしてミドルの出世志向と保身があります。たしかに個別の勤労者にとって、賃上げや少子化対策はメリットが実感されないでしょう。どうしても放っておけばこういったミドル志向のバイアスがかかることは、それはそれでやむを得ないことだと、筆者も思います。しかしそれだけでは日本経済全体が困るわけですから、政府や経済学者、エコノミストなどは大所高所から判断し、バイアスを是正する政策を取るよう、説得してもらわないと困ります。

ミクロ的なガバナンスの強化

サイクルとトレンドに対応した政策に加えて、筆者が訴えたいことは、ミクロ的なガバナンスの強化です。第1章でサイクルとトレンドの区別には、タイミングの測定と「量」と「質」の区別が必要と述べました。そのためには家計・企業・政府においては、少しずつでも、本書各章で述べた以下の強化策を受け入れるべきだと思われます。

a：家計　プライバシーよりも社会保障番号制度を、
　非正規雇用と「一足飛びの平等」より、コア労働者と専門職市場の安定的育成を

主婦パートの能力に応じた分化を

b：企業　企業ガバナンスの強化と、

職場環境の安心を

c：政府　中間搾取の多い現物給付から、現金給付への切り替えを

財政の透明化を

本書で強調した企業貯蓄も含めて、日本経済には三者にスラックがあると言えます。中でも主婦パート・企業貯蓄・財政透明化は三大スラックと言ってもいいでしょう。このスラックを失くすことが、成長戦略や規制改革の中心となるべきではないでしょうか。

いずれの政策についても、面倒で言いにくいことばかりです。しかし誰も傷つかない形でこのままうまくいくとは思えないでしょう。以上のガバナンスの強化策は現場に負担をもたらすばかりに見えますが、適切にシステムが設計されるならば、マクロ経済に「安心」をもたらし、不安を解消して消費を拡大する大きなメリットがあります。また政府部門では若干のインセンティブを付与することで、大きな効果が得られるのではないでしょうか。

さらにタイミングと分量を理解するシステム強化も、わずかな予算で可能だと思われるのですが、なぜか旧態依然たるシステム（税収見積もりや少子化に関する調査）など、国家の一大事であっても全く改善しようとする動きが見られないのは残念なことです。法律の整合性は内閣法制

局が調整するのでしょうが、マクロの有効需要を総合的にマネジメントするシステムを整備すべきではないでしょうか。時にマクロ経済の司令塔が必要などといわれますが、位置をはかる計器もなく、透視ができる霊能者を求めても仕方がありません。IT化により、民間のシステムは飛躍的に向上しました。しかしながら政府のシステムは旧態依然であり、財政状況や年金の将来予測など、これでは信頼されないのも当然です。具体的な改善方向を各章末尾などで示唆しましたが、筆者の個別の指摘が正しいかどうかはともかく、この整備の方向を進めていくしか、信頼回復の方向はないのではないでしょうか。

どちらに行けばよいのか

若い時分にものの本を読むと、日本人は小さな戦術はよいが大きな戦略はダメと書かれていて、「そんなものかな」と思ったものです。しかし中年になった今、しみじみそれはあたっているのだな、日本の現状の議論は、マクロ経済を大きくつかまえることができていない、と思います。このままでどうなってしまうのか、と不安に思う人が多い一方、何か対策や方向性が打ち出されれば、それには細かく不満を言い募ります。大きくまとめることはできないが、足を引っ張りあうこの状況が続けば、日本社会は徐々にばらばらになって崩壊していくしかないでしょう。

しかし一方で、海外から帰国すると日本の清潔さ、治安やサービスの良さにほっとする人が多いのではないでしょうか。若者が内向きで海外勤務を避けると報道されています。確かに困ったことではありますが、それはそれで日本の快適さを好む若者の嗜好は納得できることです。われわれにとって日本ほど住みよいところはないのではないでしょうか。我が国の歴史観において自虐史観などと指摘されることがありますが、自虐経済観は好ましくありません。

実は本書の随処で説明したように、日本のマクロ経済の現況は、考えられているほど悪くありません。失業率は欧米各国の約半分ですし、財政は悪いことは悪いが実際には突出して悪いわけではありません。日本を捨てたもんじゃないとか、あきらめないとか、そういうことを言うこと自体が実はおかしいのです。将来を悲観してヒステリックになる必要はなく、企業の余剰資金を家計に返して需要不足を解消し、粛々と少子化対策を打っていけばよいのです。

ところがそれができません。できない理由は目先に成果が出ないからでしょう。5年、10年経てば大きな差が出てくる政策であっても、自分の任期中にできないかもしれないと思うと誰もが大反対です。不良債権処理にしても、原発問題への対応にしても、日本のビジネス社会は中期以上の課題には対応能力がなくなっていると言わざるを得ません。

このような状況を大きくつかまえることのできない思考法と細かいところに行き届いた生活の細部は実は表裏一体なのでしょう。細かく部分部分で最適を目指すから、それで頭も気持ちも一杯になり、考え直す時間がなくなってしまうのです。さらに言えば、頼りないリーダーとしっかりした普通の人々の組み合わせの構造も表裏一体です。強いリーダーにあれこれ上から言われたくないからこそ、人々は「現場」がやりやすく「御輿は軽くてパーがよい」というリーダーを選ぶのではないでしょうか。

この旧来からの日本的構造はＩＴ化に伴う情報爆発といわれる現状で強まっているのではないでしょうか。近年の日本政府が混乱を続けるのも、いいかげんな情報が氾濫し、所属する組織のためなら大げさに言っておけばよいという政府内の状況が基礎にあります。そして政府の埋蔵金や企業の内部留保の議論にはダブル・スタンダードなところがあると本書で説明しましたが、「目的のためなら大げさに言っても良い」状況から、「ウソを言っても良い」にエスカレートし、こういった議論をしているうちに、内部の人でさえ何が正しく何が真実か分からなくなってしまっています。そして互いに疑心暗鬼の状況がどんどん高まっているのではないでしょうか。大きく事態を俯瞰するためには、正しくコンパクトにまとめられた情報を集約するという基礎作業が必要ですが、現状ではそうなっていません。

結局、日本の諸問題は同一の構造を持つといえます。渦中にいる人たちは、このまま大きくそれようとしている状態に気がつかないのではないでしょうか。どこかで切り替えないといけません。需要の裏付けがないのに漠然と企業支援を続けてもピントがぼけてしまいます。家計は自ら貯蓄を増加させることをやめ、老後は政府の年金頼みになっています。地方は疲弊を続けています。そして頼みの「勤労の精神」も、供給超過の状況では世の中のために本当にこの仕事が必要だ、と思う割合が減っているのではないでしょうか。

そのためになすべき対策の費用は、日本のマクロ経済の規模から考えれば、そんなに大きな負担ではないと筆者は思います。筆者が本書で述べてきたようなことは、エリートビジネスマンの個人的短期的インセンティブに反し、現状の風潮では歓迎されないかもしれません。しかしそれだからこそ、多くの人々が本書で提示した解決策に違和感を持つからこそ、本来なされるべき政策がなされなかった、その結果、現状は「立ちすくんだ」ままだといえます。このまま人口減少を放置し、企業を要塞化していって良いのか、という問題を、自分自身の問題として考えてほしい、ということを、もう一度読者にお願いして本書を終わることとします。

参考文献

日本語

アゥアバック, アラン・J., ローレンス・J. コトリコフ, ウィリー・リーブフリッツ（1998）「世代会計の国際比較」『金融研究』17–6.

赤羽隆夫（2004）「ゼロ金利政策が貯蓄率急落の主犯」『週刊エコノミスト』11月9日号.

飯星博邦・梅田雅信・脇田成（2011）「量的緩和——レジーム・スイッチVARからみた２つの政策効果」浅子和美・飯塚信夫・宮川努編『世界同時不況と景気循環分析』東京大学出版会, p.201–220.

池永肇恵（2009）「労働市場の二極化——ITの導入と業務内容の変化について」『日本労働研究雑誌』No.584.

岩崎夏海（2009）『もし高校野球の女子マネージャーがドラッカーの「マネジメント」を読んだら』ダイヤモンド社.

岩澤美帆・三田房美（2005）「職縁結婚の盛衰と未婚化の進展」『日本労働研究雑誌』.

宇南山卓（2009）「SNAと家計調査の貯蓄率の乖離：日本の貯蓄率の低下の要因」RIETI Discussion Paper 10–J–003.

潮木守一（2009）『職業としての大学教授』中公叢書.

大竹文雄（2010）『競争と公平感』中公新書.

大山昌子（2003）「現代日本の少子化要因に関する実証研究」『経済研究』54–2, pp.137–47.

太田清（2006）『日本の所得再分配——国際比較でみたその特徴』ESRI Discussion Paper Series No.171.

小野善康（2007）『不況のメカニズム』中公新書.

クー, リチャード（2003）『デフレとバランスシート不況の経済学』徳間書店.

片山善博（2010）『日本を診る』岩波書店.

金子勇（2006）『少子化する高齢社会』NHKブックス.

北浦修敏・長嶋拓人（2007）「税収動向と税収弾性値に関する分析」京都大学経済研究所ディスカッション・ペーパー・シリーズ No.0606.

金榮愨・深尾京司・牧野達治（2010）『「失われた20年」の構造的原因』RIETI DP.

國枝繁樹・高畑純一郎・矢田晴那（2009）『日本企業の負債政策と税制』PRI Discussion Paper Series（No.09A-06）.

黒澤昌子（2003）「公共職業訓練の収入への効果」『日本労働研究雑誌』No.514, 5月号.

黒田祥子・山本勲（2007）「人々は賃金の変化に応じて労働供給をどの程度変えるのか？：労働供給弾性値の概念整理とわが国のデータを用いた推計」『金融研究』第26巻第2号.

小池和男（1981）『日本の熟練』有斐閣.

小池拓自（2011）「財政再建のアプローチを巡って――歳出削減・歳入拡大・経済成長」『レファレンス』平成23年3月号.

小林正啓（2010）『こんな日弁連に誰がした？』平凡社新書.

齋藤誠（2008）「家計消費と設備投資の代替性について――最近の日本経済の資本蓄積を踏まえて」『現代経済学の潮流 2008』東洋経済新報社.

佐藤忠男（2004）『誇りと偏見』ポプラ社.

城繁幸（2004）『内側から見た富士通「成果主義」の崩壊』光文社.

シラー, ロバート（2004）『新しい金融秩序』日本経済新聞社.

白塚重典・寺西勇生・中島上智（2010）「金融政策コミットメントの効果：わが国の経験」『金融研究』第29巻第3号.

城山三郎（1977）『うまい話あり』角川文庫.

数土直紀（2010）『日本人の階層意識』講談社選書メチエ.

高田創（2011）『戦後初の日米欧企業・家計同時余剰状況』みずほ総合研究所リサーチ TODAY.

高橋恭仁子（2006）「トップ企業の利益率日米比較」伊丹敬之編著『日米企業の利益率格差』有斐閣.

滝澤美帆・鶴光太郎・細野薫（2007）「買収防衛策導入の動機 経営保身仮説の検証」RIETI ディスカッションペーパー :07-J-033.

竹内宏（1979）『路地裏の経済学』日本経済新聞社.

竹村泰・白須洋子・川北英隆（2010）『買収防衛策導入の株価への影響について』金融庁金融研究センター ディスカッションペーパー.

田中辰雄（2010）『日本企業のソフトウエア選択と生産性――カスタムソフトウエア対パッケージソフトウエア』RIETI DP.
田中隆一・河野敏鑑（2009）「出産育児一時金は出生率を引き上げるか――健康保険組合パネルデータを用いた実証分析」『日本経済研究』.
土屋宰貴（2009）「わが国の「都市化率」に関する事実整理と考察――地域経済の視点から」日本銀行ワーキングペーパーシリーズ No.09-J-4.
内閣府（2009）『市町村合併による歳出変動分析――行政圏の拡大による歳出削減効果はどの程度か』政策課題分析シリーズ.
内閣府（2010）『規制・制度改革の経済効果――規制・制度改革の利用者メリットはどの程度あったか』政策課題分析シリーズ.
八田達夫・小口登良（1999）『年金改革論 積立方式へ移行せよ』日本経済新聞社.
ハバード, グレン・伊藤隆敏（2007）「日本の政府債務・展望」貝塚啓明他編『日本財政 破綻回避への戦略』日本経済新聞社.
深尾京司（2012）『「失われた20年」と日本経済』日本経済新聞出版社.
深田和範（2010）『マネジメント信仰が会社を滅ぼす』新潮新書.
藤田昌久＝ポール・R．クルーグマン＝アンソニー・J．ベナブルズ（2000）『空間経済学 都市・地域・国際貿易の新しい分析』東洋経済新報社.
細野助博（2007）『中心市街地の成功方程式』時事通信社
本田一成（2010）『主婦パート 最大の非正規雇用』集英社新書.
増島稔・田中吾朗（2010）『世代間不均衡の研究I――財政の持続可能性と世代間不均衡』ESRI Discussion Paper Series No.246.
増島稔・島澤諭・田中吾朗・杉下昌弘・山本紘史・高中誠（2010）『世代間不均衡の研究III――現存世代内の受益・負担構造の違い』ESRI Discussion Paper Series No.246.
松谷明彦（2003）「人口減少下の財政政策に係る諸問題」（「日本の社会福祉」研究プロジェクト東京財団）http://www3.grips.ac.jp/~depopulation/m030314.pdf.
みずほ総合研究所（2010）『製造業誘致の地方雇用創出に対する有効性は低下したのか』みずほリポート.
村上智彦（2013）『医療にたかるな』新潮新書.
村瀬英彰（2012）「日本の長期停滞と弱い企業統治のマクロ経済学」青木玲子・浅子和美編『効率と公正の経済分析――企業・開発・環境』ミ

ネルヴァ書房.
森田陽子（2006）「子育てに伴うディスインセンティブの緩和策」樋口美雄他編『少子化と日本の経済社会』日本評論社.
藻谷浩介（2010）『デフレの正体――経済は「人口の波」で動く』角川書店.
山崎正和（1984）『柔らかい個人主義の誕生』中央公論社.
山田昌弘（2007）『少子社会日本』岩波新書.
山本勲（2009）「最近の雇用情勢について――非正規雇用増加の背景と課題」RIETIコラム http://www.rieti.go.jp/jp/projects/employment_crisis/column_01.html
米澤康博・佐々木隆文（2001）「コーポレート・ガバナンスと過剰投資問題」『フィナンシャル・レビュー』第60号.
労働政策研究・研修機構（2010）『欧米における非正規雇用の現状と課題――独仏英米をとりあげて』資料シリーズ79.
若杉隆平他（2008）「国際化する日本企業の実像 企業レベルデータに基づく分析」RIETI DP 08-J-046.
脇田成（1998）『マクロ経済学のパースペクティブ』日本経済新聞社.
脇田成（2003）『日本の労働経済システム』東洋経済新報社.
脇田成（2008）『日本経済のパースペクティブ』有斐閣.
脇田成（2009）「「日本人」論の「行動」経済学」『書斎の窓』連載 有斐閣.
脇田成（2010）『ナビゲート！日本経済』ちくま新書.
脇田成（2012）『マクロ経済学のナビゲーター 第3版』日本評論社.

英語

Belan, Pascal, Martine Carre, and Stephane Gregoir (2010) "Subsidizing Low-Skilled Jobs in a Dual Labor Market," *Labour Economics*, 17–5, 776–778.
Blanchard, Olivier (2009) *Macroeconomics Fifth Edition* Pearson Education.
Cremer. H., F. Gahvari and P. Pestieav (2006) "Pensions with Endoqenoos and Stochastic Fertility," *Journal of Public Economics*, 90–12, 2303–2321.
Guiso, L., L. Pistaferri, and F. Schivardi (2005) "Insurance within the Firm,"

Journal of Political Economy, 113–5, 1054–1087.

Klaus, Abbink (2004) "Staff Rotation as an Anti-Corruption Policy: an Experimental Study," *European Journal of Political Economy*, 20, 887–906.

Kletzer, Lori G. (2004) "Trade-related Job Loss and Wage Insurance: A Synthetic Review," *Review of International Economics*, 12, 724–48.

Laffont, J.J. (2000) *Incentives and Political Economy*, Oxford University Press.

Manning, A. (2003) *Monopsony in Motion: Imperfect Competition in Labor Markets*, Princeton University Press.

Moen, Espen R. and Asa Rosen (2004) "Does Poaching Distort Training?," *Review of Economic Studies*, 71–4, 1143–1162.

Olivei, Giovanni and Silvana Tenreyro (2010) "Wage-Setting Patterns and Monetary Policy: International Evidence," *Journal of Monetary Economics*, 57, 785–802.

Pourpourides, Panayiotis M. (2011) "Implicit Contracts and the Cyclicality of the Skill-Premium", *Journal of Economic Dynamics and Control*, 35–6, 963–979.

Singh, Aarti (2010) "Human Capital Risk in Life-Cycle Economies," *Journal of Monetary Economics*, 57, 729–738.

Wakita, S. (1998) "A Model for Patterns of Industrial Relations," in Isao Ohashi and Toshiaki Tachibanaki (eds.) *Internal Labour Markets, Incentives and Employment*, Macmillan.

Wakita, S. (2001) "Why has the Unemployment Rate Been so Low in Japan? An Explanation by Two-Part Wage Bargaining," *Japanese Economic Review*, 52–1, 116–133.

Wakita, S. (2004) "What is Firm-Specific Human Capital? A Model of Firm-Specific Combination in General Skills Generated by History Dependent Assignment Process," 東京都立大学21世紀 COE プロジェクトディスカッションペーパー No. 40.

Woodford, Michael (2010) "Simple Analytics of the Government Expenditure Multiplier," *NBER Working Paper*, No. 15714.

脇田成　わきた・しげる

一九六一年京都府生まれ。マクロ経済学者、首都大学東京大学院社会科学研究科教授。東京大学経済学部卒業。博士（経済学）。日本経済を総体的に論じる視点をそなえるマクロ経済学者。内閣府経済の好循環実現検討専門チーム会議委員。著書に、『ナビゲート！日本経済』（ちくま新書）、『日本経済のパースペクティブ』（有斐閣）、『マクロ経済学のナビゲーター（第3版）』（日本評論社）などがある。

筑摩選書　0086

賃上《ちんあ》げはなぜ必要《ひつよう》か　日本経済《にほんけいざい》の誤謬《ごびゅう》

二〇一四年二月一五日　初版第一刷発行

著　者　脇田成《わきたしげる》

発行者　熊沢敏之

発行所　株式会社筑摩書房
東京都台東区蔵前二-五-三　郵便番号　一一一-八七五五
振替　〇〇一六〇-八-四一二三

装幀者　神田昇和

印刷 製本　中央精版印刷株式会社

ISBN978-4-480-01593-8 C0333

筑摩選書 0052

ノーベル経済学賞の40年(上)
20世紀経済思想史入門

T・カリアー
小坂恵理 訳

ミクロにマクロ、ゲーム理論に行動経済学。多彩な受賞者の業績と人柄から、今日のわれわれが直面している問題が見えてくる。経済思想を一望できる格好の入門書。

筑摩選書 0053

ノーベル経済学賞の40年(下)
20世紀経済思想史入門

T・カリアー
小坂恵理 訳

経済学は科学か。彼らは何を発見し、社会にどんな功績を果たしたのか。経済学賞の歴史をたどり、経済学と人類の未来を考える。経済の本質をつかむための必読書。

筑摩選書 0054

世界正義論

井上達夫

超大国による「正義」の濫用、世界的な規模で広がりゆく貧富の格差……。こうした中にあって「グローバルな正義」の可能性を原理的に追究する政治哲学の書。

筑摩選書 0055

「加藤周一」という生き方

鷲巣力

鋭い美意識と明晰さを備えた加藤さんは、自らの仕事と人生をどのように措定していったのだろうか。没後に遺された資料も用いて、その「詩と真実」を浮き彫りにする。

筑摩選書 0056

哲学で何をするのか
文化と私の「現実」から

貫成人

哲学は、現実をとらえるための最高の道具である。私たちが一見自明に思っている「文化」のあり方、「私」の存在を徹底して問い直す。新しいタイプの哲学入門。

筑摩選書 0061

比喩表現の世界
日本語のイメージを読む

中村明

比喩は作者が発見し創作した、イメージの結晶であり世界解釈の手段である。日本近代文学選りすぐりの比喩表現を鑑賞し、その根源的な力と言葉の魔術を堪能する。

筑摩選書 0062

中国の強国構想
日清戦争後から現代まで

劉傑

日清戦争の敗北とともに湧き起こった中国の強国化への意志。鍵となる考え方を読み解きながら、その国家構想の変遷を追い、中国問題の根底にある論理をあぶり出す。

筑摩選書 0063

戦争学原論

石津朋之

人類の歴史と共にある戦争。この社会的事象を捉えるにはどのようなアプローチを取ればよいのか。タブーを超え、日本における「戦争学」の誕生をもたらす試論の登場。

筑摩選書 0067

ヨーロッパ文明の正体
何が資本主義を駆動させたか

下田淳

なぜヨーロッパが資本主義システムを駆動させ、暴走させるに至ったのか。その歴史的必然と条件とは何か。近代を方向づけたヨーロッパ文明なるものの根幹に迫る。

筑摩選書 0068

「魂」の思想史
近代の異端者とともに

酒井健

合理主義や功利主義に彩られた近代。時代の趨勢に反し、魂の声に魅き込まれた人々がいる。彼らの思索の跡は我々に何を語るのか。生の息吹に溢れる異色の思想史。

筑摩選書 0069

数学の想像力
正しさの深層に何があるのか

加藤文元

緻密で美しい論理を求めた哲学者、数学者たちは、真理の深淵を覗き見てしまった。彼らを戦慄させた正しさのパラドクスとは。数学の人間らしさとその可能性に迫る。

筑摩選書 0070

社会心理学講義
〈閉ざされた社会〉と〈開かれた社会〉

小坂井敏晶

社会心理学とはどのような学問なのか。本書では、社会を支える「同一性と変化」の原理を軸にこの学の発想と意義を伝える。人間理解への示唆に満ちた渾身の講義。